장애,
시설을
나서다

공 존 을   위 한   탈 시 설   이 야 기

장애, 시설을 나서다

김남희
김유미
김정하
변재원
이주언
조아라
최태현
최한별

진실의힘

이야기를 시작하며

2025년 현재 한국에는 28,000명 정도의 장애인들이 장애인거주시설이라 불리는 공간에서 수 명부터 수백 명까지 한데 모여 집단생활을 하고 있다. 담으로 둘러싸인 건물에서 방마다 여러 명이 함께 숙식하고 화장실을 공유하며 정해진 일과에 맞추어 똑같이 살아간다. 스스로 결정할 권한도, 기회도 거의 없이 모든 일상이 시설 관리자들에게 맡겨진 채 살고 있다. 최근에 와서 시설의 여건이 다소 개선됐다고 하지만, 한국현대사에서 시설은 좁고 열악한 공간에 수많은 사람이 수용돼 삶의 자율성을 상실한 채 아무 희망도 없이 목숨만을 부지하며 살아야 하는 장소였다. 남은 가족만이라도 부양의 부담에서 해방돼 인간다운 삶을 살도록 장애인이 머물러야 하는 장소였다.

일반 시민에게 시설은 장애인과 그 가족을 돕고 싶어 하는 독지가나 종교단체가 사재를 털어 운영하는 훌륭한 곳으로 인식되곤 한다. 이 책을 읽는 독자들도 아마 그렇게 생각할지 모르겠다. 많은 사람이 시설에 후원하거나 자원봉사를 한다. 시설은 당연히 좋은 의도로 세워진 곳이라 믿으며, 시설의 존재에 의문을 품기보다는 시설에서 사는 장애인 거주인에게 조금이라도 도움의 손길이 미치기를, 시설의 여건이 조금이라도 개선되기를 바란다. 이 이상으로 시설에 관심을 갖기에는 삶이 너무 바쁘다.

이렇듯 시설은 두 얼굴의 공간이다. 대중은 시설이 생겨난 역사적 필요성(가족들이 돌보기 어렵거나 아예 가족이 없는 장애인들은 국가가 책임을 져야 한다)과 이를 운영하는 이들(자애로운 복지법인과 그들을 지원하는 국가)의 선의에 주목하고, 막연히 '시설이 아니었다면 중증의 장애인들이 과연 어디서 저런 삶이나마 살 수 있겠느냐'고 여긴다.

하지만 이 책은 다른 관점, 특히 장애인 당사자의 관점에서 시설을 바라보고 장애인들에게 더 나은 선택지는 없는지 다 함께 생각해볼 것을 제안하는 책이다. 이 책은 장애인들을 시설에 모아 살게 하는 정책이 장애인들을 위한 것이었다기보다 오히려 이들을 사회에서 격리하려는 차별적 수단이었다는 점, 이 정책이 보호하고자 했던 것은 장애인들이 아니라 비장애인 중심의 사회 질서였다는 점, 시설은 장애인들에게도 최선의 정책 수단이 아니라는 점을 보여주고자 한다. 아울러 무엇이 최선의 정책 수단인지를 판단하는 기준은 정부도 사회도 아니고, 바로 시설에 거주하는 당사자들이라는 평범하지만 잊혀왔던 사실을 되짚고자 한다. 또한 우리는 어디로 가야 하는가, 시설에 살고 있는 장애인들은 그럼 어디서 살아야 하는가 하는 자연히 따라오는 질문에 답하기 위해 외국 사례와 한국에서 현재 벌어지는 정책 실험, 그리고 다양한 정책 제안을 소개한다. 끝으로 장애인들에게 더 나은 삶을 가능하게 할 방법은 무엇일지, 더 인권친화적이고 심지어 효과적인 대안은 무엇일지 함께 찾아가보자고 제안한다.

그리고 무엇보다 이 모든 일의 시작이었던 시설 속 장애인들의 참혹한 삶에 대한 자기 증언, 그리고 그것을 목격했던 이들의 증언을 생생하게 전하고자 한다. 증언에는 힘이 있다. 이 책에서 저자들은 어떤 이데올로기의 구현을 지향하거나 단순히 정부의 사회서비스 공급 부족을 비판하는 것이 아니라, 시민이라면 사람으로 태어났으나 사람으로 살 수 없었던 이들의 증언에 응답해야 한다는 단순하고 담백한 동기에서 시작된 탈시설운동을 살펴보고 대안을 함께 모색해보자고 손을 내밀어본다.

이 책에서 가장 핵심적인 말은 '탈시설'이다. 탈脫시설은 시설에서 벗어나 거주인들이 자유로운 삶을 회복할 수 있는 사회적, 정책적 여건을 마련해가는 과정을 의미한다. 거주인들의 삶의 질을 개선한다는 목적에 봉사하는 정책 수단은 다양하다. 오랜 시간 우리 사회는 여러 가능한 수단들 가운데 '시설의 개선'에 상당한 자원을 투입해왔다. 한때 각 방에 거주하는 사람 수가 10명 이상이었던 시대를 지나 이제는 1인 1실 개념이 새롭게 제시되고 있다. 한 시설에 수백 명이 거주하던 시대를 지나 지금은 그룹홈이라는 형태로 잘게 쪼개진, 그러나 운영 방식은 시설과 크게 다르지 않은 주거공간도 등장했다. 정부는 시설 개선 사업에 2024년에만 236억 원을 투입했다.

그러나 우리는 반드시 시설의 개선이라는 경로만을 선택할 필요는 없다. 장애인들 역시 시설뿐 아니라 비장애인들처럼 눈에 보이는 동네의 집에서 적절한 지원에 기반해서 삶을 영위해나갈 수 있다. 혹시 이 말이 낯설게 들리는가? 장애인들이 동네에서 비장애인들과 함께 살기는 어렵다고 생각하는가? 함께 살기가 가능하고 옳으며 더 효과적인 길이라는 것이, 바로 이 책이 담고 있는 탈시설운동의 아이디어이자 정부 역시 부분적으로 실행하고 있는 탈시설정책의 목표다.

탈시설운동은 '가만, 생각해보니 장애인들이 군이 시설에만 거주할 필요는 없네!'라는 생각이 어느 날 반짝 떠올라서 시작된 것이 아니다. 탈시설 아이디어가 등장한 중요한 이유는 바로 시설이라는 공간이 인권의 관점에서 막다른 골목에 도달했다는 역사적 경험이다. 이 책 전체에서 자주 등장하듯이 시설에서 개인의 자기결정권과 인권을 억압하는 일이 너무도 빈번하게 발생했기 때문이다. 국가의 감독이 미치지 않는 사각지대에서 시설의 운영자들은 때로는 폭력을 행사하거나 횡령을 저질렀고, 때로는 도덕적 해이로 얼룩진 가족 경영을 했다. 물론 이러한 일탈이 일부의 잘못일 뿐이라고 할 수도 있으나, 시설의 운영 구조에서는 이러한 일탈이 언제든 발생할 가능성이 있다는 점이 문제다. 국제적으로 시설은 이제 좋은 수단이 아니라 인권 관념이 충분하지 않았던 과거의 유산으로 이해되고 있다.

시설에는 장애인거주시설만 있는 것이 아니다. 최근 우리 사회에서는 고령화 때문에 노년의 삶의 질이 이슈화됐다. 현실적으로 많은 이들이 노인요양시설 즉 요양병원이나 요양원에 갈 것이고, 거기서 생을 마감하게 될 것이다. 노인요양시설은 시설의 그림자가 장애인뿐 아니라 일반 시민에게도 드리움을 보여준다.

나아가 시설은 물리적 공간만 뜻하지 않는다. 시설의 핵심은 한 사람이 권력적 통제의 대상이 돼 자신의 삶을 스스로 실현해가는 권능을 상실한 상태에서 살아가게 되는 사회적 조건이다. 이렇게 시설을 더 넓게 이해하면 우리 사회 도처에 시설성이 스며들어 있음을 알 수 있다. 정도의 차이는 있겠지만, 사람들은 학창 시절을 돌아볼 때 종종 학교가 감옥 같다고 느낀 적이 있을 것이다. 군대도 마찬가지다. 과거 부랑인거주시설의 관리자들이 소대장, 분대장 등으로 불린 것은 우리 사회에 시설성이 얼마나 가득한지를 잘 보여준다. 시설성은 소수가 다수를 효과적으로 통제할 때 드러나고, 이러한 시설성이 가득한 사회를 우리는 시설사회라고 부른다. 그렇기에 탈시설은 시설거주 장애인들의 지역사회 전환을 포함해 이 사회 전반의 시설성을 완화하고 더 고양된 민주주의를 지향하는 폭넓은 운동이다.

이 책의 목적은 이 책을 읽는 분들이 시설을 당연하고 유일한 방도로 무심결에 생각했던 사고의 틀을 깨고, 다른 길들에 눈을 돌리는 기회를 마련하는 데에 있다. 탈시설정책의 핵심 아이디어는 현재 시설에 거주하는 장애인들이 시설에서 나와 주택과 주거유지지원서비스[01], 활동지원서비스[02]와 같은 개인 맞춤 지원서비스를 통해 집단적 통제를 받지 않고 자립적인 방식으로 비장애인들과 지역사회에서 공존하는 환경을 조성해가는 것이다. 아울러 시설에 수용됐던 장애인들의 잃어버린 삶과 그들에게 가해진 폭력에 대해 국가가 공식적으로 사과하고 그들의 남은 삶에 대한 책임 있는 지원책을 마련하라는 것이다. 탈시설운동은 시설에서 벌어진 인권침해를 목격한 이후 시설을 폐지하자는 주장에서 시작해 이러한 환경을 조성해나가자는 주장으로 발전해왔다. 탈시설은 한국만의 현상이 아니라 이미 서구에서는 수십 년 전 먼저 전개된 정책이다.

시설의 역사는 불행한 역사였다. 시설을 관리하는 이도, 수용된 이도, 진정으로 행복하지 않았다. 시설은 인권에 민감하지 않았고 자원이 부족했으며 정치적 권위주의가 팽배했던 시대에 시작돼 필요악처럼 확장된 후 단지 우리가 해오던 방식이라는 이유로 지금도 유지되고 있다. 그러다 보니 더 나은 대안을 찾아보자는 탈시설 아이디어는 기득권을 해치려는 것처럼 받아들여지면서 과도한 비판과 비난, 외면을 받아왔다. 이 책은 이런 비판에 맞서 시설에 거주하는 장애인 당사자의 삶을 개선하고 인권을 보장할 수 있는 또 다른, 더 나은 방법이 무엇인지를 치열하게 찾아보고자 하는 시도이다.

이 책은 세 부분으로 구성돼 있다. 우선 이 책에는 네 가지의 목소리들이 담겨 있다. 첫 번째는 탈시설장애인 당사자인 조상지의 목소리다. 뇌병변장애[03]가 있는 조상지의 목소리는 시설이 어떤 곳인지, 어떤 곳일 수 있는지에 대한 생생한 증언이자, 시설에서의 삶과 탈시설한 삶의 차이를 극명하게 들려주는 증언이다. 이 책을 읽는 독자들은 조상지의 목소리를 통해 왜 이 책이 나오게 됐는지를 이해할 수 있을 것이다.

「두 번째 목소리」는 역시 탈시설하여 살고 있는 박만순의 목소리다. 박만순의 목소리에는 시설에서 나오기 원치 않았던 모습이 담겨 있다. 그것은 지역사회에서 살아보지 못했기에, 자신의 관계들이 시설에서 맺어진 것이었기에 그러했지, 사람들이 말하듯 시설이 더 좋아서 그랬던 것이 아니라는 사실을 보여준다.

「세 번째 목소리」에는 탈시설하여 사는 여러 장애인의 짤막한 이야기들을 담았다. 세상에 완벽한 삶은 없지만 적어도 더 나은 삶은 있다는 것, 시설을 상상으로만 알고 있는 일반 시민들이 생각하는 것처럼 중증장애인들이 지역사회에서 살아가는 것이 불가능한 일이 아니라는 것을 이들의 목소리를 통해 알 수 있을 것이다.

「마지막 목소리」에는 탈시설정책 확대를 위해 땀 흘려온 활동가들의 목소리를 담았다. 다소 격앙된 어조로 느껴질 수 있는 목소리를 그대로 담아서 시설에서 발생한 참혹한 인권침해를 목격하고 탈시설운동에 일생을 바쳐 일해온 활동가들의 마음이 어떠한 것인지, 그들 안에 있는 희망은 무엇인지를 전달하고자 했다. 그리고 우리 중 누구도 시설에서 생을 마감하는 일이 없는 사회를 위해 함께하자고 역설한다.

아울러 따로 장을 구성하지는 않았지만, 이 책에는 탈시설장애인 자녀를 둔 부모의 목소리들도 여러 군데 담겨 있다. 우리 사회에는 탈시설에 반대하는 부모들의 목소리가 크게 들리기도 한다. 하지만 그런 부모들만 있지는 않다는 것, 탈시설이 원가정에 다시 부양의 무거운 짐을 지우는 정책이 아니라는 것, 부모들이 잘 이해하기만 한다면 탈시설을 지지한다는 것을 이 책에 담긴 부모들의 절절한 목소리에서 알 수 있다.

어쩌면 탈시설장애인이 전하는 생생한 삶의 증언은 처음 들어보는 목소리일지 모르겠다. '아니, 이렇게 살아온 사람도 있나' 하는 충격을 받을지도 모른다. 탈시설운동은 바로 그 충격에서 시작됐다. 시설 외부의 사람들로서는 상상할 수도 없는 환경에서 인권이 상실된 채 살아왔다는, 그러한 일이 대규모로 벌어지고 있었다는 증언에서 시작된 것이다. 만일 여러분이 이들의 이야기를 읽고 놀란다면 여러분은 한 사람 한 사람의 삶에 초점을 둔 탈시설정책에 귀를 기울일 준비가 됐다는 뜻이다.

다음으로 이 책의 전반부에서는 시설이라는 특수한 공간을 자세히 설명한다. 제1장에서는 거시적 관점에서 시설을 둘러싼 정책 구조, 즉 시설 중심 정책과 제도, 행위자들의 단단한 연결망이 형성된 역사를 살펴본다. 특히 한국에 얼마나 다양한 형태의 시설이 존재해왔고 존재하는지를 보여주고, 왜 시설은 인권침해가 발생할 가능성이 높은지를 역사, 문화, 구조에 초점을 두고 설명한다. 때로는 아무도 원치 않더라도 잘못된 선택을 하는 경우가 있다. 애초의 이타적 동기는 경제적 인센티브 앞에서 다양한 모습으로 변질되고, 열악한 노동 조건은 복지에 헌신하려 했던 직원들의 행동도 변화시켰다. 우리는 시설의 한계가 일부 시설의 문제가 아니라 시설의 구조 그 자체에 있음을 강조한다.

제2장에서는 이러한 시설 중심 구조를 조장한 국가의 책임을 다룬다. 국가는 시설 중심의 장애인정책을 추진하면서 시설을 사업의 대상으로 전환했다. 이 와중에 국가는 시설에서 일어난 폭력과 차별에 대한 책임에서 한 걸음 떨어져 있었다. 그리고 이러한 시설 중심 정책은

장애, 시설을 나서다

코로나19를 지나면서 철저한 격리로 이어졌고, 그것은 대규모 감염과 사망이라는 참혹한 결과를 낳았다.

제3장에서는 시설의 한계를 먼저 깨닫고 수십 년 전부터 탈시설정책을 추진해온 국가들의 경험을 살펴본다. 그들이 탈시설정책을 추진하기 시작한 배경과 이유, 그리고 현재 도달한 지점을 살펴봄으로써 우리는 우리가 가야 할 길에 대한 아이디어를 얻을 수 있다. 캐나다에서는 온타리오주州 총리가 시설의 역사를 실패로 선언하고 시설에서 희생된 이들에게 정부의 이름으로 공식 사과했다. 시설은 더 이상 용인할 수 있는 정책 수단이 아님을 국가가 선언한 것이다. 아울러 이러한 인식은 이미 UN('유엔')의 '유엔 장애인권리협약' 및 '탈시설가이드라인'에 녹아 있음을, 탈시설이 한 줌의 장애인들이 외치는 구호가 아니라 이미 오래전부터 국제사회의 규범임을 제3장은 보여준다.

이 책의 후반부에서는 탈시설정책을 둘러싼 "자주 묻는 질문들"을 다루고 구체적인 탈시설정책을 소개한다. 시설의 한계를 인식하고 탈시설정책에 동의한다 해도, '그럼 다음은 무엇인가'라는 질문에 답을 구하는 일은 또 다른 문제다. 시설의 길은 외길이지만, 시설 밖을 나오면 수많은 길이 펼쳐져 있기 때문이다. 이 책을 읽는 여러분만이 아니라 수많은 사람이 이미 그럼 다음은 무엇이냐는 질문을 던져왔다.

제4장은 그 질문에 대해 여러 각도에서 현재까지 나온 답을 정리하여 제시한다. 이 장을 통해 독자들 마음속의 여러 의구심이나 막연한 불안감이 어느 정도 해소되기를 기대한다. 그래서 다음 걸음을 생각해볼 준비가 되기를 기대한다.

이어서 제5장에서는 탈시설을 위한 여러 정책 대안을 주거, 소득, 활동지원 측면에서 면밀히 검토한다. 이 장을 통해 저자들은 독자들도 더 나은 방법은 무엇일지 함께 고민해주시기를 기대한다. 답이 안 나오거나 확신이 부족한 지점에 이르러서는 시설로 다시 돌아가는 것이 아니라, 거기서 한 걸음 더 내디딜 방법이 무엇일지 함께 고민해주시기를 기대하는 것이다. 특히 이제는 비장애인 중심의 시혜적·통제적 관점이 아니라 주체인 장애인 당사자 입장에서 이 모든 시설정책을 재평가하고 그들의 권리를 실현하는 방법에 초점을 두자는 것이다.

탈시설은 완성된 정책이 아니다. 어떤 정책을 처음 시행할 때 보통 '시범사업'을 하듯 탈시설을 위해 다양한 실험을 하고, 거기서 얻은 지식을 바탕으로 정책을 점점 더 개선하고 정교하게 다듬어야 한다. 그래야만 지금도 시설에 남아 있는 장애인 28,000여 명이 더 자유롭고 행복한 지역사회의 삶을 시작하도록 우리 사회가 지원할 수 있다. 이 길은 이 책의 필자들을 포함하여 탈시설정책을 만들어가는 이들뿐 아니라 여러분과 같은 독자들이 함께해주어야 가능한 길이다.

이 책을 쓰는 작업을 흔쾌히 지원해준 재단법인 진실의 힘, 책을 디자인해준 김선미 디자이너, 작업 취지에 공감하고 어울리는 그림을 그려준 유승하, 황인혜 작가께 감사드린다. '진실의 힘'의 지원은 열정만으로 시작한 이 작업에 현실성을 덧입혀줬다. 인터뷰에 흔쾌히 동의하여 자신의 삶을 진솔하게 풀어주신 조상지, 박만순, 그리고 여러 장애인 당사자분들과 부모님들께도 특별한 감사를 드린다. 이 책이 이분들의 목소리를 소중하게 다루었기를 바란다. 아울러 앞서 발간된 책들에 자신들의 목소리를 담아두었던 이들에게도 감사드린다. 이 책에서 인용한 구절들을 통해 이분들의 목소리가 더 널리 퍼질 수 있기를 바란다. 이 책이 발간되기 전 열린 공개토론회에서 기꺼이 토론에 응해주신 분들께도 감사드린다. 이름을 다 호명할 수 없지만 책 작업을 음양으로 격려해주신 많은 분께 감사드린다.

　마지막으로 책 작업이 한창이던 2024년 7월 31일 세상을 떠난 마로니에 8인의 맏형 김진수 선생님께 각별한 감사를 드린다.

2025년 2월

필자 일동

차례

첫 번째 목소리: 조상지

젊은 여성이 자기 방에서 휠체어에 앉아 컴퓨터로 글을 쓰고 있다. 그녀는 노란색 머리띠를 하고 머리를 한 가닥으로 모아 올려 묶었다. 컴퓨터 책상 아래 나무판이 있다. 나무판 왼쪽에는 지름 5센티미터의 빨간색·파란색 원형 스위치 두 개가 있고, 오른쪽에는 조이스틱 모양의 마우스가 있다. 여성은 컴퓨터 화면에 띄운 키보드를 보면서 발로 나무판의 버튼과 마우스를 조작하여 글자를 입력하고 있다.

그들에게도 목소리가 있다

'세상에 목소리 없는 자란 없다.'

이는 몇 해 전부터 장애운동가들이 주요하게 사용하는 슬로건 중 하나이다. 노들장애인야학('노들야학') 교사이자 작가인 고병권은 저서 『묵묵』에서 '목소리 없는 자들의 목소리'에 대해 다음과 같이 썼다.[01]

"목소리가 들리지 않는다고 해서 우리는 타자가 목소리를 내지 않았다고, 심지어 그에게는 목소리가 없다고 간주해서는 안 된다. 타자에게 책임 있게 다가간다는 것은 타자가 이미 내게 다가와 있음을 인정하는 것이다. 즉 타자가 목소리를 내고 있으며, 다만 내게 들리지 않고 있음을 인정하는 것이다."

고병권은 장애운동가이자 동물운동가인 수나우라 테일러를 인용해 동물옹호가들이 한때 일반적으로 사용했던 '목소리 없는 자들을 위한 목소리'라는 표현과 그에 대한 비판을 소개하며, 인도 저술가이자 활동가인 아룬다티 로이의 입장을 전한다.[02]

"'목소리 없는 자'란 존재하지 않는다. 오직 고의로 침묵하게 되었거나, 듣지 않고 싶어 해서 들리지 않게 된 자들이 있을 뿐이다."

조상지가 말하는 법

조상지는 자신의 목소리가 말이 되기도 했다가, 동물의 울부짖음이 되기도 한다고 했다. 무엇이 되는가는 듣는 사람의 상태에 따라 달라진다고 했다. 조상지를 인터뷰하기 위해 그의 집에서 그의 활동지원사와 어머니 이해옥을 함께 만났을 때 나(김유미)는 고립감을 느꼈다.03 어머니와 활동지원사는 조상지가 내뱉는 말들을 잘 알아듣고 있었고, 나혼자 상황 파악을 못 해 계속 통역을 요청해야 했다.

조상지를 처음 만난 2018년 노들야학의 교실에서부터, 나는 계속해서 그와의 대화에 무참히 실패해왔다. 그의 말은 입안에서 혀에 말려버린 듯이, 모음들이 둥그렇게 말린 듯한 음성으로 나왔고, 나는 알아들을 수가 없었다. 게다가 그의 말은 음성으로만 이뤄진 것도 아니었다. 그의 표정과 손짓, 음성의 고저나 강도를 종합해야 이해할 수 있는 난이도 높은 언어였다. 언어장애가 있는 이와 소통하는 데 노련하지 못했던 나는 여러 질문을 한 번에 던지고 답을 기다리는 방식으로 진행되는 대화에서 어떤 답도 듣지 못하는 상태가 됐다. 그렇게 나는 조상지와 나 사이에 장벽을 느꼈고, 수업이 잘 이뤄지지도 못했다.

그랬던 조상지를 2020년 국회방송을 통해 보면서 충격에 빠지고 말았다. 그는 환경노동위원회 국정감사장에 참고인으로 출석해, 당시 그가 참여하고 있던 서울형 권리중심 중증장애인 맞춤형 공공일자리의 노동에 대해, 중증장애인의 노동이 얼마나 가치 있는 일인지에 대해 증언하고 있었다. 미리 준비해온 그의 발표문이 AAC(보완대체의사소통)를 통해 기계 음성으로 울렸다.

"저에게 일자리의 의미는 의식주를 위해 돈을 버는 활동, 그 이상입니다. 저는 생후 8개월에 뇌병변장애를 얻어 말도 못 하고, 손도 쓰지 못하고, 걷지도 못하는 중증장애인으로 지금까지 살아왔습니다. 저는 중증장애로 인해 집과 시설 안에만 있어야 했습니다. 일자리를 통해 직장이 생기면서 사회생활을 하게 됐습니다. 내가 해야 할 일이 있고, 출근과 퇴근이 있고, 직장 동료들이 생겼습니다. 일자리는 그동안 경험하지 못했던 사회생활을 하게 해주면서 제 삶을 180도 바꿔 놓았습니다. 좋았던 점은 중증장애인으로 태어나 혼자서는 아무것도 할 수 없는 쓸모없는 사람이 아니라 일을 하면서 나도 사회에서 필요한 사람이라는 생각이 들어 자신감을 갖게 되었고, 세상에 태어난 의미를 찾게 되었습니다."

국정감사 참고인 발언 내용

조상지는 '목소리 없는 자'의 자리에서 어느새 설득력 있게 자신의 말을 전하는 자의 자리로 이동해 있었다. 조상지와 대화하기를 사실상 포기해왔던 나로서는 적잖은 충격이었다. 이는 나와 같은 사람들에게 자신의 목소리를 무수히 외면당해왔을 조상지의 삶을 조금이나마 헤아려보는 계기가 되기도 했다. 이제 조상지는 나처럼 자신의 목소리를 제대로 이해하지 못하는 사람들과 소통하기 위해, 매일같이 쓰고 말하는 사람이 돼 있었다. 나와의 대화도 문자메시지로, 인터뷰도 서면으로 진행했다. 발언할 일이 있으면 집에서 컴퓨터를 이용해, 발로 타이핑해 원고를 작성한다.

"의자에 앉아 컴퓨터 책상 아래 고정되어 있는 나무판에 왼쪽에는 지름 5센티의 원형 스위치와, 오른쪽에는 전동휠체어 조이스틱과 같은 모형의 스틱이 달려있는 발마우스를 사용해 글자를 입력한다. 스틱을 오른발 발가락 사이에 끼우고 손 마우스처럼 좌, 우로 움직이면 컴퓨터에 띄워져 있는 화상키보드에 커서가 이동하면서 원하는 자음과 모음으로 옮길 수 있다. 원하는 위치에 커서가 옮겨지면 원형 스위치를 왼발로 누르면 엔터의 역할을 한다. 입력이 끝나면 컴퓨터 화면에 카카오톡을 열어 한글파일에 입력한 내용을 복사해서 카톡으로 옮긴다. 휴대폰으로는 화면과 글자판이 너무 작아 내가 할 수가 없어서 활동지원사가 휴대폰에서 카톡에 옮겨진 내용을 '진소리'라는 AAC 프로그램에 다시 복사해 넣고 play를 누르면 내가 얘기하는 것처럼 음성이 나온다. 인권 강의나 발언을 할 때 나는 AAC와 함께 신체 언어를 함께 쓴다."

「나는 말하고 싶다」 프로젝트 기획서」

2023년 조상지는 '나는 말하고 싶다'라는 프로젝트를 기획하고 진행했다. 강원도 철원에 있는 A, B 요양원에 살다 탈시설한 중증장애인 동료들이 자신의 시설 경험을 증언하고 영상으로 기록하는 프로젝트였다. 자신이 있었던 A, B 요양원에서 탈시설한 김탄진, 장희영과 '신아원'이라는 장애인 거주시설에서 탈시설한 장애경이 프로젝트를 함께하고 있다. 김탄진, 장애경은 『나를 위한다고 말하지 마』라는 책을 통해 자신의 탈시설기를 공개했고, 장희영 역시 프로젝트를 통해 자립생활수기를 발표한 바 있다. 하지만 조상지는 그간 자신의 시설 경험을 적극적으로 드러내지 않았는데, 코로나19 코호트 격리를 접하며 마음이 바뀌었다고 한다.

2020년 12월, 코로나19로 사회적 거리 두기라는 말이 일상 속에 자리 잡고 사람 간에 경계가 날로 심해지던 때에, 조상지는 뉴스에서 A, B 요양원을 다시 마주하게 된다. TV에서는 요양원 내에서 코로나19 감염자가 발생하면서 시설이 코호트 격리에 들어갔다는 소식이 나오고 있었다. 청도대남병원 정신병동을 시작으로 장애인거주시설들의 코호트 격리가 계속되던 때였다. 코호트 격리란 시설 안에서 코로나19에 걸린 장애인들을 병원으로 보내 치료하는 것이 아니라, 시설 안에서 일이 수습될 때까지 시설의 문을 걸어 잠그는 일이었다. 집단생활을 하는 공간이기에 바이러스가 순식간에 번지고 사망자가 발생하기도 했다.

"코로나 사태로 코호트 격리가 된 신아원에 항의 방문을 할 때 마음속에 있던 A 요양원이 다시 생각났다. 닭장 안 닭처럼 갇혀 사는 것도 억울한데, 코로나바이러스를 옮긴다고 살처분하는 닭들처럼 코호트 격리시켜 장애인들을 죽음으로 내모는 사회에 같이 분노해주는 동료들 앞에서 처음으로 나는 A 요양원

장애, 시설을 나서다

의 얘기를 시작했다."

「'나는 말하고 싶다' 프로젝트 기획서」

이때를 기점으로 조상지는 자신의 시설 경험을 적극적으로 말하기 시작했다. 당시 겪은 일에 대해 원고를 쓰고, 영상을 제작하면서 장애인거주시설에서 겪은 당사자의 이야기가 우리 사회에 전달되기를 간곡하게 바라고 있다.

장애가 있는 아이, 조상지

"아버지가 엄마 시장 갔을 때 '상지야. 아빠랑 어디 가자' 말하고 나를 차 뒷자리에 태웠어요. 차에 타면서 이상하고 불안한 느낌이 있었어요. 왜냐면 아버지는 집에 있을 때부터 엄마에게 나는 시설에서 살아야 한다고 계속 얘기했거든요. 아버지는 차에서 아무 얘기도 안 했고 나도 불안한 마음에 어디 가냐고 묻지도 못했어요. 가다가 밥을 사줬는데 그때까지도 긴가민가하면서 밥을 먹었어요. 서울에서 멀리 떨어진 곳으로 가는 느낌이었고, 산길로 들어서는 걸 보고 나는 울기 시작했어요. 3층짜리 큰 건물이 보이고 철문이 열려 있었어요. 엄마에게 데려다달라고 얘기하면서 어두운 건물 안에서 소녀가 주저앉아 울고 있다. 한 남성이 소녀를 뒤로한 채 건물 밖으로 나가고 있다. 소녀는 남성을 향해 손을 뻗어보지만 닿지 않는다. 남성이 나가는 문으로 빛이 들어오면서 떠나는 그의 그림자가 소녀에게 드리우고 있다.

계속 울었어요. 그런 나를 보며 아버지는 '너는 앞으로 여기서 살아야 한다. 집에서 살 수 없다. 너는 너 같은 아이들끼리 모여 살아야 한다'고 얘기하고 나를 시설에 버렸어요."

조상지는 1978년 서울 신림동에서 태어났다. 조상지의 어머니 이해옥은 꿈에서 큰 얼룩 돼지 두 마리를 봤고, 딸이 없던 집안에서 태어난 조상지는 온 가족의 사랑을 독차지했다. 조상지의 할머니는 한 달 동안 잔치를 하다시피 했다. 7개월째 접어들 무렵, 조상지가 경기를 했다. 어머니 등에 업힌 아기는 목이 뒤로 넘어가고, 눈동자도 돌아가 있었다. 어머니는 곧장 한의원으로 가서 아기의 손가락을 따고 피를 냈다. 상태가 호전돼 다시 집으로 돌아왔다. 하지만 어머니는 아기에게 어려움이 닥친 것을 직감했다. "나는 빨리 알았어요. 뒤집기를 안 하더라고." 어머니는 그때부터 아기를 업고 치료를 받으러 재활원을 들락거렸다. 아기를 본 사람들은 뇌성마비가 너무 심하다고, 스무 살도 못 넘길 것이라고 했다. 그도 그럴 것이 아기는 침을 제대로 삼키지 못했고, 무언가에 기대앉아 있지도 못했다. 어머니는 아기가 스스로 앉을 수 있게 하려고, 방 한구석에 기댈 수 있는 시멘트 구조물을 만들어 아기를 훈련했다.

"동생 가져서 날 달이 됐는데도 얘가 못 앉으니까, 세멘(시멘트)으로 구석에다가 이렇게 만들었어요. 계속 무릎 꿇고 앉히고. 앉혀놓으면 문어같이 이렇게 흐물흐물 쓰러져요. 그렇게 앉히는 훈련을 해서 네다섯 살 되니까 무릎 꿇고 앉기 시작하더라고. 그래도 맨

날 여기 쾅, 해서 그냥 쓰러져 있지. 얘가 그냥 손으로 쳐갔고 나도 눈탱이가 밤탱이 돼가지고…… . 뭐, 지 힘으로 되는 게 아니니까."

어머니의 훈련 끝에, 아이는 혼자서 앉아 있을 수는 있게 됐다. 하지만 다른 어려움이 많았다.

"나는 아기 때 아팠기 때문에 한 번도 말을 해본 적도 걸어본 적도 없어요. 아기 때는 잡기를 했는지 모르겠는데, 손을 쓴 기억이 한 번도 없고요. 지금은 침을 흘리지 않지만, 시설에 가서도 침을 많이 흘렸어요. …… 내가 흘린 침으로 엄마 옷에 누렇게 물이 들어서 사람들이 안쓰러워 차마 볼 수가 없었다고 했어요."

조상지는 뇌병변장애 1급 판정을 받았다. 아기 때는 어머니 등에 업혀 집 근처에 있던 삼육재활원을 다녔고, 학교 갈 나이가 돼서도 여전히 어머니 등에 업혀 주몽재활원에 다녔다. 주몽재활원에는 학교에 다니지 못하는 중증 뇌병변장애인에게 한글과 산수를 가르쳐주는 프로그램이 있었다. 학교는 못 갔지만 아이가 가족들과 보낸 시간은 좋은 기억으로 남아 있다.

"식구들과 엄마가 음식을 많이 해주셨는데 같이 맛있게 먹으면서 TV를 보던 기억이 있어요. 가족들과 여행도 많이 갔어요. 계곡에 갔는데 아빠가 튜브를 배에 끼워서 물에 넣어주셨어요. 그게 저

장애, 시설을 나서다

의 첫 물놀이예요. 많은 물이 흐르는 것도 처음 봤고, 물 안에서 서서 다리를 움직일 수 있다는 게 정말 신기했어요. 지금도 물놀이를 정말 좋아해요. 재활원은 매일 다녔는데, 친구들이 많아서 정말 좋았어요. 재활원에서 언어치료와 보행치료를 했는데 너무 힘들고, 아파서 할 때마다 하기 싫다고 울었어요. 그것만 빼면 엄마들이 돌아가면서 싸온 도시락을 같이 먹고, 친구들과 장난치면서 놀아서 재활원은 좋았어요."

하지만 조상지가 아이에서 십 대로 성장해가면서 가족은 흔들리기 시작했다. 조상지는 두 살 차이가 나는 동생이 학교에 가기 시작하자, 자신의 상태를 절감했다.

"내 동생이 초등학교 가면서 나랑 달라지기 시작했어요. 나는 엄마 등에 업혀서 재활원으로 가는데 내 동생은 가방 메고 걸어서 학교 가고, 공부하고, 책을 읽고, 시험을 보고……. 그런 걸 볼 때마다 말이라도 할 수 있었다면, 손이라도 쓸 수 있었다면, 걸을 수라도 있었다면 하는 생각을 정말 많이 했어요. 장애로 아무것도 할 수 없는 내가 화가 나고, 속상하고, 슬펐어요."

조상지의 슬픔은 부모의 것이기도 했다. 부모는 싸우기 시작했다.

"엄마 아빠가 나 때문에 자주 부부싸움을 해서 빨리 어른이 돼 혼자 독립해서 살고 싶었어요."

열다섯에 들어간 요양원

"변화가 좀 있었어. 내가 지나치게 애들을 끼고도니까. 애 아빠가 애를 떼놓으려고 시설에 보내버렸어요. 그때는 장애인은 많은데 받아주는 데가 없어가지고 지참금을 줘가지고 보낸 거예요. 그래서 그 시설을 보내고 매달 애 생활비를 보내준 거지, 아빠가. 나한테 떼어 놓으려고 한 거야. 나랑 상의해서 한 건 아니고 딸이 몸이 너무 불편하니까, 그런 애들하고 같이 지내면 좋다고 떼어 놓은 거지. 내가 밤낮으로 막 울고 그러니까 한 넉 달 만엔가? 나를 거기로 데리고 갔어요. 가보니까 엉망이지. 아기는 빼짝 마르고 마음이 아파서 볼 수가 없지, 뭐. 그냥 울고불고 난리를 쳐도 소용이 없어. 그래가지고 그렇게 떨어지게 된 거지. 생이별을 한 거야."

어머니 이해옥은 조상지의 열다섯, 시설 입소 당시를 이렇게 설명했다. 한편 조상지는 그날을 이렇게 기억한다.

"아버지가 시설에 있는 휠체어를 가지고 와서 울고 있는 나를 안고 태웠어요. 요양원 1층에 있는 시설 사무실에 들어갔어요. 사람

장애, 시설을 나서다

들과 아버지가 대화했어요. 대화 내용은 울고 있어서 기억이 잘 안 나요. 아버지가 휠체어에 나를 태우고 경사로로 올라갔는데 2층이었어요. 경사로 오른쪽 6개 방 중에 4번째 방에 나를 데려다주고, 한마디 말도 없이, 인사도 안 하고 아버지는 가버렸고, 시설 직원이 휠체어에서 방바닥에 내려주고 '니 자리는 여기야'라며 들어오는 문 왼쪽 끝을 가리켜서 나는 울면서 무릎으로 걸어가서 거기에 앉았어요. 그날은 울다 지쳐 잠들었던 것 같아요."

조상지는 3층 건물의 요양원에서 살았다. 건물 가운데 경사로를 중심으로 좌우에 6개씩 네모난 큰 방이 있었다. 방과 방 사이에 욕실이 있었고, 문이 있었지만 항상 열려 있었다. 목욕할 때도 문을 닫지 않았고, 여러 사람이 욕실을 한 번에 같이 쓰기도 했다. 여자들은 건물 2층에, 남자들은 3층에 모여 살았다. 1층은 시설 직원들이 사무실로 썼다. 넓은 콘크리트 마당이 있고, 큰 나무 두 그루와 꽃나무들도 군데군데 있었다. 시설 철문 밖으로는 산이 있고, 요양원 주위를 돌 수 있는 산책길이 나 있었다.

조상지의 기억으로는, 조상지가 입소해 살던 그 시절엔 500명 정도가 A 요양원과 B 요양원에 나눠 살고 있었다. 두 요양원은 한 울타리 안에 있는, 같은 재단 소유의 장애인거주시설이었다. A, B 요양원은 2022년 3월 기준으로도 A 요양원 160명, B 요양원 180명이 사는 대형 시설에 속한다. 조상지는 한 방에 장애인 10명이 뒤섞여 살았다고 했다. 걷지 못하는 사람, 손 사용이 어려운 사람 등 뇌병변장애가 있는 사람이 일곱, 발달장애가 있는 사람이 셋. 조상지까지 이렇게 열 명이 한 방에서 함께 지냈다. 시설에서는 각 방에 배정된 장애인을 돌보는 시설 종사자를 '엄마'라고 부르게 했다. 이 '엄마'들은 열 명이 쓰는 방을 격일로 담당해 관리했다.*

"아침 6시에 깨우러 오면 방 친구들이 이불을 개고, 시설 종사자가 락스물이 묻은 마포 걸레로 방을 닦아요. 락스 원액을 쓰는 것처럼 냄새가 너무 심하게 나서 청소할 때마다 토할 것 같았어요. 저는 무릎으로 걸어다니는데 락스 때문에 무릎이 벗겨져 헐어서 늘 아팠어요. 손발을 쓸 수 있는 친구들 먼저 한꺼번에 들어가서 목욕하고 나오면, 거동이 불편한 사람 순서대로 시설 종사자가 목욕을 시켜줬어요. 나는 맨 마지막 순서였어요. 병원에서 볼 수 있는 식기 운반기가 7시에 복도에 들어오면 이동이 자유로운 방 친구들이 식판을 가져와서 방바닥에 놓아줘요. 식기 운반기가 너무 높아서 위쪽에 있는 식판은 방 친구들이 못 꺼낼 때도 있었어요. 시설 종사자가 내게 밥을 먹이는 중간에 방송으로 "엄마들, 빨리 1층으로 내려와 모이세요"라는 방송이 주말 빼고 두 번 나와요. 시설 종사자들에게 밭일을 시키기 위해04 내려오라는 방송이에요. 그러면 시설 종사자가 나보고 빨리 먹으라고 재촉해요. 나도 마음이 급해져서 꿀꺽꿀꺽 삼키다가 사레가 들려 기침하고,

---

* 여기서는 조상지의 말을 따라 '엄마'와 시설 종사자를 함께 쓴다. 조상지는 인터뷰에서 이들을 '엄마'라고 부르고 싶지 않으니 시설 종사자라 부르겠다고 했지만, 실제로는 두 용어를 함께 썼다.

입에서 음식이 튀어나오면 제대로 못 먹는다고 매일같이 욕하고 때렸어요. 시설 종사자가 내 밥을 먹이다 말고 1층으로 가버리면 친구들이 밥을 대신 먹여줬어요. 오후 4시에 저녁을 먹었어요. 소리를 지르고 땡깡부리는 발달장애인 친구들이 있었는데, 그 친구들한테는 아침과 저녁밥 먹은 후에 두 번 약을 줬어요. 밤에는 수면제도 준 것 같아요. 약을 먹은 친구들은 9시 전에 자기도 했어요.

밤 9시에 자야 했어요. TV가 있는 방도 몇 개 있는데 내 방은 없어서 시설 들어가서 2년 동안 TV를 볼 수 없었어요. 엄마를 만나고 엄마가 내가 있던 방에 TV를 사주셔서 그때부터 볼 수 있었어요. TV가 없을 때는 9시에 불을 끄면 누워서 천장만 바라보고 있었어요. TV가 생긴 후부터는 9시에 불을 꺼도 TV 보면서 잠을 안 자도 됐어요. 발가락으로 리모컨을 누르면서 채널을 돌렸어요. 시설 종사자가 자라고 했지만, TV가 내 거여서 안 자도 특별히 욕하진 않았어요. 방 친구들도 잠이 안 오면 나와 같이 TV를 봤어요. 내가 자원봉사자를 만난 건 2년쯤 됐을 때였어요. 고등학생들이 단체로 자원봉사하러 왔는데, 밖으로 산책 나가고 싶은 사람들을 휠체어에 태워 시설 밖으로 산책을 갔어요. 그중 한 여학생이 내 휠체어를 밀어줬는데, 내게 산책 나와서 좋냐고 물어봤어요. 나보다 동생이라 쑥스러웠고, 말을 하고 싶었는데 부끄러워서 대답을 못 했어요. 외부인들이 오면 그때마다 옷을 갈아입혔고, 머리를 얌전히 빗겨줬어요. 원래는 삭발하듯이 머리를 잘랐었는데, 엄마를 만나고 난 후부터는 대머리처럼 깎지 않고, 짧은 단발머리로 잘랐어요. 시설에 있는 친구 대부분은 까까머리였어요. 외부인들이 오면 직원들이 화도 안 내고, 밭에 일도 안 가고, 하루 종일 방에서 우리를 돌봐줬어요. 평소에는 반찬에 고기라고는 볼 수 없었는데, 밖에서 누가 오기만 하면 고기반찬이 나왔어요. 그래서 나는 고기도 나오고, 종사자들이 내게 화도 안 내서 외부인이 오는 게 좋았어요. 방에 있는 다른 친구들도 좋다고 했어요."

조상지는 열다섯부터 서른 살까지, 삶이 이렇게 반복됐다고 했다. 아침 6시에 일어나서 하루 세 번, 제대로 차려지지 않은 밥을, 급하게, 먹고, 밤 9시가 되면 생활동 전체의 불이 꺼지는 일상의 반복이었다. 장애가 있는 사람 아홉 명과 함께 방을 쓰고, 내 목욕 차례가 오길 기다리며, 시설 방 안에서 누워 있다가 앉았다가 하며 시간을, 이십 대를 다 보냈다. 지금 돌이켜보면, 인생의 한 구간이 덜어내진 것처럼, 비어 있다.

"시설에서는 생각할 필요가 없어요. 고민할 일도 없어요. 시설에서 정해준 것만 하면 되니까요. 먹고 싶은 걸 생각할 필요도 없었어요. 어차피 시설에서는 먹을 수 없으니까요. 집에서는 엄마에게 먹고 싶은 걸 얘기하고, 가고 싶은 곳을 얘기하면 이뤄지니까 생각이란 걸 했는데 시설은 생각을 해도 이뤄질 수 없고, 생각을 하면 내가 괴로우니까 점점 생각을 안 하게 됐어요. 그게 적응 아닐

장애, 시설을 나서다

까요. 내가 할 수 있는 게 없으니까 생각하지 않으려고 하는 거. 어차피 나는 시설에서 죽을 때까지 살아야 한다는 걸 받아들이고 포기한 게 시설에 적응하는 일이었던 것 같아요."

그렇게 마음이 꺾여 죽을 때까지 이곳에서 살기로 받아들였어도, 일상은 여전히 촘촘하게, 견디기 어려웠다. 시설 직원의 일 처리를 위한 시간처럼 느껴지던 매끼의 식사 시간과 목이 마른데도 마실 수 없는, 누구도 마음껏 주지 않던 물.

"밥, 국, 반찬 세 가지가 각자 쟁반에 받쳐서 나왔어요. 나는 국물을 먹으면 사레가 걸려 기침하니까 국을 주지 않았고, 밥과 반찬을 한꺼번에 넣어 가위로 잘게 잘라서 비벼서 줬어요. 시설에 들어갈 때부터 나올 때까지 한 번도 빠짐없이 나는 개밥 같은 밥을 먹어야 했어요. 그래서 지금은 절대 비빔밥을 안 먹어요. 밥을 먹을 때 물을 종이컵 한 컵 정도만 줘서, 국도 안 먹는 나는 항상 너무 목이 말랐어요. 여름에 너무 더워 목이 말라 도저히 참을 수 없을 때는 목욕탕으로 기어가서 목욕탕 바닥에 묻어 있는 물을 핥아먹었어요. 엄마에게 말하고 싶었지만, 마음 아파할까 봐 얘기하지 않았어요. 시설에서 제일 괴로웠던 건 목이 마른데 마실 물을 주지 않는 거였어요."

시설은 열악할 뿐 아니라 폭력의 공간이기도 했다. 그저 좋지 않은 환경, 부족한 자원만이 문제는 아니었다. 고립된 공간, 반복되는 일상에서, 나쁜 일들이, 피할 수 없는 일들이 자꾸만 일어났다. 소리 내어 말하지 못하고, 손을 쓰기도 어렵고, 걷지 못하는 조상지는 시설 안에서도 쉽게 고립되고 위험에 처했다. 그렇게 시설 안에 고정된 존재로 조상지는 시설에서 벌어지는 일들을 듣고, 목격하고, 또 경험했다. 위층 사람이 건물 아래 땅바닥으로 떨어져내리는 소리를 듣기도 했고, 시설 직원에게 구타당하는 동료를 보기도 했다. 그리고 그 폭력의 자리에 조상지 자신이 놓이게 되는 날도 있었다.

> "장애인요양원에 있을 때 나는 사람들이 무시하고 혹은 폭행을 가할지라도 장애인이기 때문에 참고 살아야 한다고 생각했다. 중증 뇌병변장애인인 나는 말도 못 하고, 손도 쓰지 못하고, 걷지도 못하기 때문에 내가 나를 보호할 수도 없었고, 억울하고 분해도 항변할 방법이 없었다. 그래서 '그냥 그렇게 사는 게 맞는 거다'라고 생각했다."
>
> 「나는 말하고 싶다' 프로젝트 기획서」

조상지는 말한다.

> "너무 덥고, 추웠어요. 여름에는 선풍기 한 대로 방 친구들이 같이 사용해야 했고, 겨울에는 너무 추운 1월에만 불을 넣어줬어요. 불을 넣었다고 했지만 따뜻하진 않았고 미지근한 정도였어요. 불

을 넣지 않을 때는 바닥이 얼음같이 차가웠어요. 그래서 얼어 죽지 않으려고 계속 몸을 움직였고, 엄마가 두꺼운 이불을 사주셔서 저는 그나마 다른 친구들보다 나았어요. 나를 포함해서 방 친구들 모두 동상에 걸렸지만, 시설에서는 어떤 치료도 해주지 않았어요. 다른 방 친구 중에는 동상에 걸려 발을 자른 친구도 있었고, 직접 보진 못했지만 다른 방에서 자다가 추워서 사람이 죽었다는 말도 같은 방 동료에게 들었어요. 내 방 친구가 아침밥을 먹다가 음식이 목에 걸려서 숨을 못 쉬었는데 시설 종사자가 응급처치를 못 해 등만 두드리다가 심해지니 시설 직원을 불러 업고 나갔는데 다시는 방에 돌아오지 못했어요. 시설 종사자가 죽었다고 얘기해서 죽었구나 했어요. 너무 어처구니없이 죽어서 정말 슬펐어요. 나는 최중증이라 목욕할 때 맨 마지막 순번이었어요. 그때는 지금보다 강직이 심해 팔이 안 펴지거나 손이 안 펴질 때가 대부분이었어요. 그래서 힘주지 말라고 엄청 욕을 많이 먹었어요. 맞기도 했는데, 우리 엄마가 시설에 찾아오고 난 뒤로는 욕은 해도 때리는 건 안 했어요.

시설에 들어간 지 2년쯤 됐을 때 목욕하려고 목욕탕에 무릎으로 걸어서 들어갔어요. 목욕탕 안으로 들어가는데 앞 사람이 목욕한 비눗물이 남아 있어서 미끄러져 허리를 심하게 다쳤어요. 넘어질 때 머리를 들고 등을 오므리는 습관이 있어서 바로 넘어졌으면 안 다쳤을 텐데 중심을 잡으려고 몸을 비틀거리다가 뒤로 세게 넘어지면서 척추가 튀어나올 정도로 크게 다쳤어요. 그런데 시설 종사자는 소리를 지르며 '니가 잘못 걸어서 다친 거'라고 고함을 지르고 화를 냈어요. 너무 아파서 울기만 했어요. 아파서 일어날 수가 없었는데 일어나 앉아 밥을 먹으라고 했고, 못 일어난다고 했더니, '미친년, 개 같은 년, 니가 잘못해서 다쳐놓고 엄살 피우냐, 빨리 일어나서 밥 처먹어'라며 허리를 발로 세게 찼어요. 너무 아파서 나도 화가 나서 소리를 질렀어요. 그 사람은 '니가 잘못해놓고 어디서 소리 지르냐'며 화를 내면서 밥이 든 쟁반을 가져갔어요. 한 달 동안 일어나 앉지 못하자 시설에서 연락했는지 아버지가 왔어요. 내 얘기는 듣지도 않고, 시설 종사자 말 잘 듣지 않고 사고를 치고 다닌다면서, 아파서 죽을 것 같은 허리와 등을 손바닥으로 때렸어요. 그때 죽고 싶었던 심정은 지금도 생생히 기억나요. 지금도 아버지 얼굴도 보고 싶지 않고, 만나고 싶지 않아요. 돌아가셨다고 하면 자식이니까 장례식장에는 갈지 모르겠어요. 밥도 잘 못 먹고, 벽에 겨우 기대어 앉아 밥을 먹어야 되니, 시설에 유일하게 있던 간호사가 병원에 가야 된다고 했어요. 앰뷸런스를 타고 갔는데, 사람들이 조심히 나를 옮기지 않고, 함부로 다뤄서 허리가 더 아팠어요. 병원에서는 떨어질 수 있다며 허리가 아파 움직이지 못하는 내 손발을 침대에 묶어놨어요. 오랫동안 먹지도 못하고, 온몸이 너무 아파서 정말 죽고 싶었어요. 그때 시설에서 연락을 받고 오신 엄마를 처음 만났는데, 엄마에게 처음으로 죽고 싶다고 했어요. 그랬더니 엄마가 "그래. 엄마랑 같이 죽자"라고 하면서 울었어요. 별다른 치료를 못 받은 채 퇴원했고, 시

장애, 시설을 나서다

설에서 또 누워 있었어요. 한 번 더 입원, 퇴원을 했고, 이렇게 있다가는 누워서 똥, 오줌 싸겠다는 생각을 하고, TV에서 나오는 아침 운동 프로그램을 보며 다리를 조금씩 움직이기 시작했어요. 처음에는 다리를 살짝 들 수 있는 정도였는데 강도를 조금씩 높여서 다리 운동을 해서 나중에는 일어나 앉을 수 있었어요."

조상지의 어머니, 이해옥

어머니 이해옥은 직장생활을 하다 스물한 살에 결혼한 뒤로 쭉 아이에 매달려 살았다. 하지만 첫째 아이는 시설에 들어가 있고, 남편과 이혼하면서 둘째 아이도 남편이 키우게 됐다. 이해옥은 아이들을 되찾고 싶었다. 돈을 벌어 딸과 함께 살 계획을 세웠다. 딸에게도 엄마가 곧 데리러 오겠노라 약속했다. 그리고 일본으로 떠났다. 일본에서 정착하고 공장에서 악착같이 일해 김치를 만들어 팔면서 점차 생활이 안정되기 시작했다. 하지만 딸과 함께 살 만큼의 돈은 생각처럼 쉽게 모이지 않았다. 어머니 이해옥은 조상지를 만나러 이따금 시설로 찾아갔다. 함께 차를 타고 멀리 외출했다 돌아오기도 하고, 며칠씩 집으로 데려가 함께 지내기도 했다.

"상지는 나랑 식구들이 왔다 갔다 하니까, 그래도 거기서는 VIP 였지. 그때만 해도 부모가 시설에 애들을 갖다 버려서 시설에 그냥 그렇게 있는 애들이 많았어요. 심했어요. 내가 이렇게 가서 보면 애들이, 사람 사는 거라고 할 수가 없지. 휠체어 다니는 경사로를 내가 걸어 내려오는데 너무 그냥 사람 산다는 자체가 초라한 거지, 내가 보기에는. 그런 데다 나도 갖다 맡겼으니……. 그냥 뚫린 데서 [눈물이] 다 나와. 어떻게 해서라도 데리고 와야지, 이런 생각밖에 없었어. 사실 가서 보면 가슴이 애리지. 내 자식뿐이 아니라 다 그렇지. 사람이 그리워서, 와서 막 만지고 막 매달려. 가슴이 막 찢어지는 것 같지. 그러니 나라도 데리고 와야지. 내 새끼를. 당연하다고 생각해. 저는(본인들은) 그런 몸이 불편한 건데 그게 누구 잘못도 아니잖아요. 그러니까 '그런 애들은 그런 데서 살아야 된다' 이런 말을 들었을 때 나는 신랑이지만 같이 살고 싶지가 않더라고. 우리 딸도 상처를 받아서 아빠를 잘 안 보려고 그래."

"'이제 빨리 데리고 와야지' 하고 생각하는데 그게 내 마음대로 안 되더라고. 쟤 데리고 와서 살 만큼 넉넉하지가 못하더라고요, 내 살림이. 그래 갖고서는 한 십오 년 시설에다 두고 나는 바깥으로 돈 벌러 나갔어요. 맨 처음에는 한 3년만 벌어갖고 와서 데리고 와야지 이랬는데, 그거 갖고는 또 안 되더라고. 그래서 일본에서 10년 넘게 일하다가 한국에 오자마자 이제 가게를 차리면서 데리고 온 거지."

장애, 시설을 나서다

이해옥은 일을 해 번 돈으로 경기도 구리에서 여관을 임대해 운영했다. 딸을 데리고 지내면서 일도 해야 했는데, 직장으로 출퇴근하는 일은 할 수 없을 것 같았다. 딸과 돈벌이 둘 다 챙길 수 있는 일로 여관이 좋아 보였다. 어느 정도 사업 준비가 됐을 때, 이해옥은 딸을 데려올 마음을 먹고 시설을 찾아갔다.

"외박증 끊어갖고 데리고 나와서 안 데려다줬어요. 그런데 이제 시설에서 뭐라 하더라고. '내 자식 내가 데리고 오는데 뭐 어쩌라고?' 그랬지. 그렇게 데리고 왔어요. 막 전화 오고 난리가 났었어. '안 데려다 보낼 거니까 그런 줄 알아' 그랬지. 나중에는 전화를 안 받았어."

조상지는 시설을 벗어난 순간을 이렇게 회상한다.

"엄마가 일본에서 오셨고, 추석 전 여름 막바지에 방에 있는데 엄마가 나타나셨어요. 갑자기 엄마가 나타나 깜짝 놀랐고, 너무 좋아서 소리를 질렀어요. 엄마가 집에 가자고 해서, 엄마가 몇 번 집으로 데려가서 같이 잔 적이 있어서 이번에도 그런 줄 알았어요. 친구들에게 '집에 갔다 올게' 인사하고 나왔어요. 집으로 가는 차에서 엄마가 '이젠 요양원 가지 마. 엄마랑 살자'라고 얘기해서 나는 '엄마, 나 요양원 안 가도 돼? 엄마랑 같이 살아도 돼?'라고 물어봤어요. 엄마는 '그래. 요양원 안 가고 이제부터는 엄마랑 살 거야'라고 말했어요. 그래서 나는 어리둥절했지만, 시설에 안 가도 된다는 엄마 말이 너무 좋아서 집에 도착할 때까지 울었어요."

지역사회로

어머니를 따라 시설에서 나온 첫날, 조상지는 어머니, 남동생과 함께 저녁을 먹고, 어머니와 같이 잠을 잤다. 너무 좋아서 잠이 오지 않았다. 다시 돌아가지 않아도 된다는 어머니의 말에, 공중에 붕 뜬 것 같기도 하고 정신이 나간 것 같기도 했다. 멍하니 아무 생각이 나지 않을 정도로 좋았다. 그렇게 조상지는 어머니와 여관에 살면서 한동안 평화로운 시간을 보냈다. 매일같이 따뜻한 음식을, 배부르게 먹고, 마음껏, 물을 마시고, 너무 춥지도 덥지도 않게 지냈다. 종종 어머니, 남동생과 함께 여행을 다녀오기도 했다. 어머니는 외출할 때면 꼭 조상지를 데리고 다녔다. 조상지는 어머니 친구들과 어울려 7080 노래방에서 마이크를 잡고 노래를 부르기도 했다. 평소엔 별다른 사회활동을 하지 않고 여관 안에서 지냈다. TV를 보고 음악을 들으며 시간을 보냈다.

모녀는 처음엔 같이 밥을 먹는 것만으로도 행복했지만, 시간이 지나면서 불만과 걱정이 생겨났다. 어머니는 나이를 한 살씩 먹어가는 딸이 다시 걱정되기 시작했다. 집에서 자신하고만 시간을 보내는 것이 맞을까, 내가 없으면 어떻게 해야 할까. 어머니는 딸이 할 수 있는 일이 있을까 싶어 구청에 찾아가봤지만, 무학의 중증장애인이 할 수 있는 일이란 없었다. 어머니는 딸이 어릴 적 다녔던 재활원을 다시 찾아가 상담을 하고, 딸이 쓸 수 있는 컴퓨터를 찾아봐달라고 부탁했다. 얼마 후 어머니는 재활원 복지사에게 발로 조작하는 장치가 8개 달린 커다란 자판을 받아와 집에 컴퓨터와 함께 설치했다. 이때부터 조상지는 이 컴퓨터와 자판에 죽기 살기로 매달려 사용법을 익히기 시작했다. 조상지는 잘 움직이지 않는 발로 자판과 하루 종일 씨름하고, 이해옥은 그런 조상지에게 쉬었다가 하라며 윽박지르고, 그렇게 모녀가 서로 고집을 부렸다. 그 싸움 끝에 조상지는 컴퓨터 사용법을 익혔고, 아주 느리지만 컴퓨터 프로그램으로 글을 쓸 수 있게 됐다.

그러던 어느 날, 어머니 이해옥이 사고를 당해 병원에 입원하는 일이 생겼다. 남동생이 여관으로 와 조상지를 돌보며 지내야 했다. 어머니는 다급한 마음에 장애인 딸이 집에 혼자 있다고 주변에 걱정을 늘어놓기 시작했고, 이를 들은 누군가가 '활동지원서비스'라는 것을 알려줬다. 또 예전에 알던 학부모를 통해 '장애인야학'이라는 곳을 알게 됐다. 성인이 된 자기 아들이 그곳에 다니면서 한글을 배우고 사회생활도 하고 있노라며 이해옥에게 소개했다. 병원에서 퇴원한 이해옥은 곧장 조상지를 휠체어에 태워 그 학교를 찾아갔다. 경기도 구리에서 수동휠체어를 탄 딸을 데리고 서울 종로구에 있는 노들야학까지 직접 통학하기 시작했다. 3개월 뒤에는 활동지원서비스를 이용할 수 있게 되면서 어머니 대신 활동지원사가 조상지와 함께 서울로 통학했다.

2017년부터 노들야학에 다닌 조상지는 1년 만에 초등학교 졸업 자격 검정고시에 합격했다. 노들야학에 다니면서 사람들도 만나고, 새로운 경험을 해나가기 시작했다. 하지만 사회생활을 해나가는 데 활동지원시간이 부족했다. 모녀는 서울시에서 혼자 사는 장애인에게 활동지원시간을 추가로 300시간 더 준다는 정보를 접하고, 상의 끝에 조상지의 독립을 결정했다. 어머니는 곧장 서울 중랑구에 조상지가 살 집을 구하고, 조상지의 독립을 추진했다.

"활동지원서비스 시간이 많아지려면 혼자 나가 살아야 한다면서 나가서 혼자 살 수 있겠냐고 엄마가 물어봤어요. 엄마와 살면서 좋은 점이 많았지만 엄마가 나를 데리고 살면서 고생하는 건 싫었고, 엄마가 하라는 대로 해야만 하는 게 또 싫었어요. 그래서 혼자 살 수 있다고 했어요. 활동지원사와 함께 있으며 내가 하고 싶은 일을 하면서 살고 싶었어요. 활동지원사가 있었기 때문에 혼자 사는 건 걱정되지 않았어요."

그렇게 조상지는 서울의 원룸으로 이사하고, 어머니 없이 활동지원사와 함께 일상을 보내게 됐다. 이제서야 진짜 자립생활을 시작하는 느낌이었다. 하지만 예상치 못한 어려움이 있었다. 활동지원사가 조상지와 어머니를 함부로 대하고 이간질하는 것이 문제였다. 활동지원사는 조상지에게 '어머니가 아프니 내가 없으면 너는 다시 시설에 가게 될 것'이라며 걱정을 심고, 어머니 이해옥에게도 '당신 딸이 당신을 만나

장애, 시설을 나서다

고 싶어 하지 않는다, 너를 죽이겠다고 말했다' 같은 거짓말을 전했다. 이에 이해옥은 반찬을 만들어 조상지 집으로 수시로 갖다 나르며 딸의 상태를 살폈지만, 조상지는 겁에 질려 말을 하지 못하고 울기만 했다. 그러다 활동지원사가 조상지의 머리카락을 강제로 자르고, 술을 마시고는 조상지가 잠을 못 자게 하는 등 부적절하고 폭력적인 행동까지 하면서, 문제를 더 이상 감출 수 없어졌다. 모녀는 그 일로 상처를 입었지만, 크게 배우기도 했다.

"활동지원사가 자기 맘대로 해서 몸과 마음에 상처도 입고, 힘들었어요. 그때는 활동지원사 시간이 적어 엄마와 제가 활동지원사에게 늘 미안하고 고마운 마음이었어요. 그래서 내게 함부로 해도 그냥 참았어요. 시설에서처럼 밥을 비벼서 줘도 그냥 참고 먹었어요. 엄마가 디스크로 수술하게 되자 활동지원사가 '엄마는 허리가 아파서 더 이상 너를 돌보지 못하니 내가 없으면 너는 노들야학도 못 가고 다시 시설로 가야 된다'고 얘기했어요. 그때는 사회에 나온 지 얼마 안 돼 아무것도 모르는 상태였기 때문에 활동지원사나 엄마가 없으면 정말 시설에 가야 되는 줄 알았어요. 활동지원사가 욕실로 나를 끌고 가서 주방 가위로 머리를 자르고, 술 마신 뒤에 잠을 못 자게 해도 시설에 다시 가는 것보다는 낫다고 생각했어요. 그래서 참았어요. 지금은 사회에 나와 여러 가지를 많이 경험했고, 문제가 생기면 의논할 선생님들과 친구들이 많으니 누가 나를 시설로 보낸다고 협박해도 나는 절대 시설로 안 들어갈 자신이 있어요."

"이제 시설 가면 안 되죠. 이제 혼자 이렇게 살면 되잖아. 이제 여건이 다 만들어졌는데. 지 살기만 하면 되는데. 그럼 이제 나나 동생이 돈만 조금씩 갖다주면 살지 뭐. 내가 보니까 안 줘도 살아. 지금 제도가 잘 돼 있잖아요. 활동보조 선생님 있지. 돈이 모자라면 식구들이 보태면 되고. 지금 이 선생님이 못 하면 다른 선생님이 또 오잖아요. 지가 이렇게 이렇게 할 수가 있잖아요. 그걸 배우는 거지. 나는 책 보는 것만 공부라고 생각 안 해요. 살아가는 지혜를 배워야지. 그런 선생님 오면 맨 처음에는 당했어. 그런데 지금은 자기가 잘라요. 컴퓨터 화면에다가 '선생님 그만두세요' '오지 마세요' 이렇게 써놓는다니까. 우리 집 식구들은 다 대견하다고 생각해. 혁명이야, 혁명."

현재 조상지는 서울 중랑구에서 노원구로 이사해 살고 있다. 작은 아파트를 구해 월세를 내며 산다. 기초생활보장 수급자이고, 공공임대아파트를 신청해놓고 기다리는 중이다. 전동휠체어를 타고 활동지원사와 함께 노들야학을 다니면서, 여러 수업을 듣고 영상 제작도 배운다. 서울시의 공공일자리에 참여해 일을 하고 돈을 벌기도 했다. 최근 조상지는 집에서 마감일에 시달리며 글을 쓸 때가 많다. 활동지원사와 함께, 발 자판기로 한 글자, 한 글자 완성해나가며, 요청받은 일들을 처리한다. 조상지의 노력, 그리고 어머니와 조력자들의 노력 덕분에 우리는 이

장애, 시설을 나서다

제 조상지의 목소리를 들을 수 있게 됐다. 조상지는 주로 집회 현장이나 언론을 통해 자신의 경험과 입장이 담긴 글을 발표한다. 대부분은 장애인거주시설에서 겪은 일을 폭로하거나 공공일자리를 없애지 말아 달라는, 장애인 예산을 확보해 달라는, 일종의 호소와 요청이다.

> "언어장애가 있어 시설에서 말을 하는 동료들보다도 학대와 인권 유린의 노출이 심했고, 시설 종사자들에게 상지의 말은 개 짖는 소리와 다를 바 없이 취급되었습니다. 그로 인한 상처와 억울함을 가지고 살았고, 그 상처를 덮기보다 상처를 드러내어 상처의 치료법을 찾아내고 싶어 합니다. 시설에 상지를 내려주면서 "너 같은 아이는 너 같은 아이들끼리 모여 살아야 돼"라던 아버지의 마지막 말이, 30년이 지난 지금도 이 사회의 비장애인들이 장애인들을 보는 시각과 다르지 않다는 걸 알고 "우리 같은 사람도 비장애인들과 함께 살아야 한다"라는 걸 말해주고 싶어 합니다."
>
> 「'나는 말하고 싶다' 프로젝트 기획서」

장애인시설에 살던 과거의 조상지와 지역사회에 머무는 현재의 조상지의 삶은 아득하게 멀리, 있다. 조상지를 시설에 맡긴 아버지, 그리고 수많은 조상지를 목소리 없는 사람으로 여기며 시설에 내몰았던 이들 앞에, 조상지의 삶의 경로가, 뒤늦게 터져나온 이 목소리가 '증언'으로 살아 전달되기를 바란다.

시설은
어떤 공간인가

"나를 위한다고 말하지 마, 내 얘기를 들어."

_어느 탈시설장애인

시설은 무엇인가

시설의 종류

탈시설은 '시설'이라는 개념에 무엇으로부터 벗어난다는 의미의 '탈脫'이라는 접두어를 붙인 개념이다. 따라서 탈시설이란 시설에서 벗어나거나 사회 속에 녹아 있는 시설적 요소를 없애나가는 일을 의미한다. 개념이 이렇다 보니 탈시설을 말하려면 우리는 우선 시설을 말해야 한다. 즉 시설은 무엇인지, 어떤 특징이 있는지, 그것은 어디서 어떻게 시작됐고 지금 어디에 있는지, 그것이 나의 삶과는 무슨 관련이 있는지 등의 질문을 던지고 답을 구해야 한다. 이 답을 얻었을 때 우리는 비로소 탈시설이 무엇인지, 왜 '지역사회 정착' 같은 구체적인 말 대신 굳이 '탈시설'이라는 말을 사용하는지, 우리가 무엇을 극복하려는 것인지를 이해할 수 있다.

우선 물리적으로 존재하는 시설로는 이 책의 초점인 장애인거주시설이 있다. 고아원이라 불리는 아동보호시설도 있고, 넓게 보아 요양원이나 요양병원 역시 시설의 성격을 띤다. 한국 사회에 시설은 얼마나 존재할까.

대표적인 시설인 장애인복지시설은 「장애인복지법」상 정확한 정의와 목적이 존재하지 않는다. 대신 「장애인복지법」 제57조 1항은 시설의 목적을 다음과 같이 간접적으로만 밝히고 있다. "국가와 지방자치

장애, 시설을 나서다

단체는 장애인이 제58조에 따른 장애인복지시설의 이용을 통하여 기능 회복과 사회적 향상을 도모할 수 있도록 필요한 정책을 강구하여야 한다.” 이어 제58조에는 장애인복지시설을 크게 장애인거주시설, 장애인지역사회재활시설, 장애인직업재활시설, 장애인의료재활시설, 그밖에 대통령령으로 정하는 시설로 구분하고 있다. 즉 장애인복지시설은 법에 그 본질이 명확히 정의돼 있지 않다. 과장해서 말하자면 시설은 법 이전에 사회에서 그저 존재해왔을 따름이다. 거기에 국가가 ‘기능 회복’과 ‘사회적 향상’이라는 목표를 부여한 것이다.

2022년 12월 말 통계 기준으로 발간한 보건복지부의 「2023 장애인복지시설 일람표」에 따르면 장애인복지시설 가운데 이 책이 다루는 탈시설정책의 주요 대상인 거주시설은 총 1,532개소, 정원은 32,658명, 현원은 27,946명이다. 이 가운데는 지적장애인거주시설이 307개소, 현원 10,859명, 중증장애인거주시설이 252개소, 현원 10,450명으로 가장 큰 비중을 차지한다. 단기 시설을 제외한 장기 거주시설은 총 618개소, 정원은 27,609명, 현원은 23,950명이다.

이 책이 장애인거주시설을 둘러싼 문제에 초점을 두기는 하지만 한국에서 시설은 장애인만을 대상으로 설치해 운영하는 것이 아니다. 예를 들어 과거 고아원으로 불렸던 아동양육시설 및 보호아동 현황을 조사해 보건복지부가 2022년 12월 발간한 「2023년도 아동복지(생활)시설 현황」을 보면, 시설은 전국 306개소, 현원 10,312명으로 파악됐다. 대부분은 거주시설인 아동양육시설(245개소, 9,439명)이고, 아동보호치료시설, 자립지원시설, 아동일시보호시설, 아동상담소, 아동전용시설이 포함돼 있다.

최근 점차 여론의 주목을 받는 정신요양시설도 존재한다. 보건복지부가 발간한 「국가 정신건강현황 보고서 2022」에 따르면 2022년 12월 말 기준 전국에 정신요양시설은 59개소, 정신재활시설은 351개소가 존재한다.

또한 과거 '부랑인'이라고 불리기도 했던 이들을 수용했고 현재는 더 넓은 대상을 포괄하는 노숙인시설도 존재한다. 역시 보건복지부가 발간한 「2023년 노숙인 등의 복지사업 안내」 보고서에 따르면 2012년 이후 과거의 부랑인시설이 노숙인재활시설과 노숙인요양시설로 바뀌었고, 각각 33개소, 22개소가 존재한다. 아울러 난민과 외국인을 대상으로 하는 시설들도 존재한다.

마지막으로, 시설은 오늘날 한국 사회의 중장년 시민들을 저 멀리서 기다리고 있다. 바로 노인요양시설이다. 지난 20년간 정부는 집에서 이루어지던 노인요양이 요양병원과 요양원에서 이뤄지는 체계로 지속적으로 전환했다. 이를 두고 의료인류학자 송병기는 "'노동능력을 상실한 의존적 노인'이 생산가능인구와 국가 재정에 부담을 주지 않도록 설계된 것"이라 말했다.[01] 2000년 13개이던 요양병원 수는 2009년 714개, 그리고 2020년에는 1,582개로 늘어났다.[02] 보건복지부에 따르면 노인요양시설은 2021년 4,057개소로 파악됐다. 지금의 중장년 인구는 노후를 이러한 시설에서 보내게 될 가능성이 높다. 시설은 한국 사회의 현재이자 미래이다. 물론 과거이기도 하다.

시설의 특징과 시설화

사람들을 한곳에 모아 관리하고 서비스를 전달하는 '시설'이 이렇게 도처에 존재하는 사실을 보면 우리는 단순히 시설이 아니라 시설화 내지는 시설사회라는 개념을 생각하지 않을 수 없다. 즉 시설은 개별적으로 존재하는 것이 아니라 시설화의 산물이며, 그러한 경향을 야기하는 동시에 그 경향의 결과로 존재하는 것이 시설사회인 것이다. 물론 모든 시설들이 동일한 수준으로 억압적이지는 않다. 특히 단기적 지원시설은 복지서비스 전달 방식의 하나로서 집합적인 서비스 전달이 필요해서 시설과 유사한 물리적 형태로 운영되기도 하는데, 상대적으로 억압성이 덜한 편이다. 따라서 이 책에서 비판하는 시설이 무엇인지 명확히 정리할 필요가 있다. 우리는 다양한 시설들을 관통하면서 구체적인 시설들에서 강하게 혹은 약하게 나타나는 어떤 '시설적 요소'들을 추출할 수 있다.

점점 다양한 형태로 변모하는 시설의 종류를 일일이 나열하고 정의하기는 불가능하다. 이러한 이유로 세계보건기구WHO는 시설을 다음과 같이 정의했다.03

> "장애인, 노인, 아동 등이 가족과 떨어져서 집단으로 거주하는 모든 공간으로, 특히 사람들이 자신의 삶과 일상에 대해 완전한 통제권을 행사하지 못하는 곳이다. 시설은 단순히 규모가 크고 작음으로 정의되지 않는다."

나아가 유엔 장애인권리위원회는 2017년 발표된 일반논평[04] 5호를 통해 "100명이 살든 혼자 살든 시설적 요소institutional elements가 있는 공간이라면 모두 시설"이라고 말한다. 이렇듯, 시설이라는 공간은 모양새나 규모로 정의되는 것이 아니며, 시설적 요소(혹은 시설적 문화)를 살펴봄으로써 확인할 수 있다.

그렇다면 시설적 요소란 구체적으로 무엇을 의미할까? 유엔 장애인권리위원회는 다음과 같이 설명한다.[05]

"백 명 이상이 거주하는 대규모 시설도, 5~8명이 사는 작은 그룹홈도, 심지어는 혼자 사는 집도 시설 또는 시설적 요소를 분명히 가지고 있다면 자립적 주거 형태로 볼 수 없다. 시설화된 환경은 그 규모, 이름, 형태가 제각각 다르지만,

- 타인과 활동보조 제공자를 의무적으로 공유해야 하고,

- 보조 제공자를 선택할 힘이 제한적이거나 전혀 없으며,

- 지역사회 내 자립적 생활에서 고립 및 분리되고,

- 일상의 결정에 대한 통제권을 갖지 못하며,

- 동거인을 선택할 수 없고,

- 개인의 의지와 선호에 관계없이 정해진 일과를 수행해야 하며,

- 특정 기관에 속한 다른 사람들과 같은 공간에서 같은 활동을 해야 하고,

- 서비스 제공이 가부장적이며,

- 주거 형태가 감독의 대상이 되고,

- 일반적으로 같은 환경에 거주하는 장애인의 수가 불균형하다는 본질적 요소들이 존재한다.

시설 환경도 장애인에게 어느 정도의 선택과 통제권을 제공할 수 있다. 그러나 이들 선택은 삶의 특정 영역에 국한되며 시설의 분리적 성격을 바꾸지는 못한다. 따라서 탈시설정책을 위해서는 시설 폐쇄 이상의 구조적 개혁이 필요하다."

유엔 장애인권리위원회가 시설적 요소를 이야기하는 것은 시설의 이름이나 법적 지위가 중요한 것이 아니라 시설의 본질이 중요하다는 것을 강조하기 위함이다. 위에 나열된 시설적 요소들의 핵심 키워드를 꼽으라면 자율성autonomy 혹은 자기결정권의 부재다. 즉, 자율성이 보장되는 공간은 집, 그렇지 못한 공간은 시설이라고 구분할 수 있다는 것이다.

그렇다면 자율성 혹은 자기결정권이란 무엇인가. 여기서 자유에 대한 근대 사상의 복잡다기한 흐름을 논의하기보다는 탈시설운동에서 가장 주목하는 지점에 초점을 두어보자. 우리는 타인이 만들어준 취향, 관계, 삶의 방식에 따라 사는 삶을 자율적이라고 말하지 않는다. 자율은 말 그대로 한 사람의 고유한 취향과 선호의 인정 및 그에 따른 선택 능력이다. 그리고 그러한 능력을 스스로 활용하여 삶을 주체적으로 영위해나가는 것을 자기결정권 행사라고 부를 수 있다. 그렇다면 자율성이 보장된다는 것은 무엇을 의미하는 것일까?

미국의 한 활동가는 '부리토 테스트'라는 간단하면서도 직관적인 구별법을 제시했다.**06** 미국에서 부리토는 한국의 김밥처럼 푸드 트럭이나 가게에서 쉽게 사 먹을 수 있는 라틴계 문화권의 대중적 음식이다. 새벽 3시, 모두가 잠든 시각, 갑자기 부리토가 먹고 싶을 때 당신은 누구의 허락도 받지 않고 곧장 나가 부리토를 사 먹을 수 있는가? 물론 새벽이든 아침이든 내가 원할 때 내가 원하는 부리토 가게로 가서 부리토를 사 먹을 수 있다는 이유만으로 그 공간이 시설이 아니라고 볼 수는 없겠지만, 시설에 살면서 이렇게 부리토를 사 먹을 수 없다는 것은 분명하다.

물론 새벽에 식사하는 것이 본인의 건강 측면에서 '진정한' 자유라고 할 수 있는지 의문을 제기할 수도 있다. 다만, 이 테스트를 통해 제시하고자 하는 것은 '나 자신'의 일상에 대한 최종적 통제권이 다른 누군가가 아닌 바로 나에게 있는 것이 시설과 시설 아님을 가르는 기준이라는 사실이다. 자신의 선택이 자신에게 최선인지 판단할 기회가 주어지는 것과 그러한 판단의 기회가 원천적으로 차단되는 것은 전혀 다르다. 자유주의 사회에서 비장애인들은 설령 자신을 위한 최선의 판단을 내리지 못한다 해도 판단의 기회 자체를 박탈당하지는 않는다. 이 단순한 테스트는 그래서 장애인들을 위한다는 명목으로 장애인들의 일상의 자유를 제약하는 사회의 편견을 드러내기도 한다.

자율 혹은 자기결정권의 대척점에 시설화가 있다. 시설화는 어떤 공간이 시설의 성격을 띠게 되는 과정을 의미한다. 특히 '장애여성공감' 공동대표 조미경은 비판적 입장에서 시설화를 다음과 같이 정의했다.**07**

장애, 시설을 나서다

"지배권력이 특정 개인이나 집단을 '보호/관리'의 대상으로 규정하고, 사회와 분리하여 권리와 자원을 차단함으로써 '불능화/무력화'된 존재로 만들며, 자신의 삶에 대한 통제권을 제한하여 주체성을 상실시키는 것"

위의 정의를 중심으로 시설화를 이해하면 다음과 같은 요소들을 지적할 수 있다. 첫째, 시설화는 사람을 대상화하는 과정이다. 대상화의 주체는 지배권력이며 객체는 장애인이나 아동, 그리고 질환을 앓는 노인과 같은 특정 개인이나 집단이다. 즉 시설은 본질적으로 권력적 현상이다. 누군가가 다른 누군가의 삶을 일방적으로 규정할 수 있는 권능이 있을 때 시설이 존재할 수 있다. 사실 대상화의 주체가 반드시 지배권력일 필요는 없다. 권력은 물처럼 약간의 높낮이만 있어도 흐르게 마련이다. 시설화는 모든 사람의 삶을 위계의 사다리에 위치시킨다.

둘째, 대상화는 대상화된 이들이 지닌 주체성의 상실을 목적으로 하거나, 그것을 의도하지 않더라도 주체성의 상실이라는 결과를 낳는다.08 주체성의 상실로까지 나아가는 과정에서 대상화되는 이들은 '불능화/무력화'된다. 이러한 지적은 우리의 일상적 인식을 뒤집는다. 어떤 시민, 예를 들어 발달장애를 지닌 이가 반드시 불능/무력하기 때문에 시설에 들어가는 것이 아니라, 아무것도 할 수 없는 시설에 들어갔기 때문에 불능화/무력화되는 지점을 바라보아야 하는 것이다. 한 인간이 불능화/무력화되면 생명 유지를 위해 타인에게 의존하게 되고, 그것은 주체성의 상실로 이어진다.

셋째, 이러한 목적을 달성하는 수단은 사회로부터의 분리, 권리와 자원의 차단, 그리고 자신의 삶에 대한 통제권의 제한이다. 뒤에서 보듯이 시설에서는 기본적으로 거주인과 직원의 수에서 불균형이 만연하기 때문에 거주인들을 통제하기 위한 다양한 심리적, 사회적, 법적 기술들이 적용돼왔다. 형제복지원처럼 군대식 위계 조직의 원리를 적용한 시설도 있었고, 종교법인 산하 시설들처럼 종교적 가치에 따른 규율을 적용한 시설도 있었다. 어느 경우이든 시설에 거주하게 되는 이들은 삶을 지속하는 대가로 사회와 분리되고 선택권이 제한돼왔다.

넷째, 위의 정의에 나타나 있지는 않지만 시설화는 이러한 대상화 과정이 지속되는 것을 포함한다. 조미경은 이를 아래와 같이 잘 포착했다.[09]

> "탈시설을 위한 IL운동(장애인자립생활운동)[10]이 끊임없이 지속되자 정부는 장애인탈시설화정책을 발표하였다. 하지만 수용시설 폐쇄와 그에 따른 실제적인 지원계획이 아니라, 체험홈이나 자립생활주택을 운영할 수 있는 권한을 시설에 주는 식으로 수용시설을 소규모화하여 유지하고자 하는 정책 기조에는 변함이 없다."

시설화를 이렇게 이해할 때 시설사회는 이러한 시설화가 사회 전반에 걸쳐 나타난 결과로서의 어떤 사회 상태라고 정의할 수 있다. 시설사회에서 특정 개인이나 집단은 사회에서 분리된 채 자의적으로 관리의 대상이 돼 삶을 주체적으로 영위해나갈 기회와 역량을 상실하게 된

장애, 시설을 나서다

다. 이러한 상황이 일상적이고, 당연하게 여겨지고, 필요하거나 심지어 바람직하다고 받아들여지면 우리는 그 사회를 시설사회라고 부를 수 있다. 이런 사회는 시설화를 촉진하고, 시설화는 다시 시설사회를 강화한다.

시설적 문화

유럽연합의 「시설에서 지역사회 기반으로의 전환에 대한 전문가 보고서Report of the Ad Hoc Expert Group on the Transition from Institutional to Community-based Care」는 시설적 문화라는 개념을 제시하면서 그 특징을 설명하고 있다. 보고서가 제시하는 시설적 문화는 1) 탈개성/비인간화depersonalisation, 2) 일상의 경직성rigidity of routine, 3) 집단 관리block treatment, 4) (거주인과 직원 간) 사회적 거리social distance 등이다. 보고서는 시설의 물리적 요건이 지역사회보다 열악하기 때문에 당연히 장애인 당사자의 삶의 질이 떨어진다고 지적하면서도, 바로 이러한 시설적 문화 때문에 물리적 요건이 나아진다고 해서 시설에서 누리는 삶의 질이 올라가지는 않는다고 말한다.

문화란 우리가 함께 살아가는 이 사회의 구성원들이 당연하고 옳은 것으로 받아들이는 어떤 규범, 가치, 생활양식을 의미한다. 문화는 법조문처럼 우리의 외부에 놓여 우리의 해석을 기다리거나 외부에서 우리가 특정 양식으로 움직이도록 강제하는 것이 아니다. 문화는 우리 안에서 우리가 의문을 제기하지도 않는 채 따르게 하는, 마치 배우에게 있어 각본과도 같은 역할을 한다. 그래서 물리적 요건과 관계없이 우리에게 '시설적 체험'을 야기한다.

시설은 국가의 제도와 규칙만으로 움직이지 않는다. 관리자에 비해 거주인이 훨씬 많은 시설들에서 어떻게 질서가 유지될 수 있는가. 그것은 경찰에 비해 주민이 훨씬 많았던 권위주의 시대에 이 사회의 질서가 유지된 원리와 동일하다. 문화로서의 시설은 정당성과 강제성을 띠고 거주인들의 마음에 자리 잡아 스스로 질서에 순응하는 인간을 만들어낸다. 이렇게 보면 문화로서의 시설은 한 줌에 불과한 공권력으로 많은 사람의 삶을 규정할 수 있는 보이지 않는 힘을 의미한다.

아울러 시설이 문화라는 말의 뜻은 영화숙·재생원[11]이나 인화학교[12]처럼 이름과 경계가 지어진 공간만을 의미하는 것이 아니라, 이 사회 전체를 시설로 볼 수도 있다는 것을 의미한다. 예를 들면 학교는 이상적으로 보면 교사와 학생들이 인격적으로 만나는 가운데 학생들이 지식을 전수하고 한 사회의 구성원으로 성장할 수 있도록 돕는 공간이다. 하지만 현실에서 학교는 일정 시간 수많은 사람이 한 공간에 격리돼 동일한 지식과 가치를 주입받고, 그 과정에서 그들의 행동이 규율되는 공간으로 볼 수도 있다. 그 규율은 처벌을 한 축으로, 평가와 보상 체계를 다른 한 축으로 하여 학생들로 하여금 그 규율에 순응하도록 강요하는 측면이 있다.

사회 전체로 보아도 마찬가지다. 이 사회는 구성원들이 정해진 시간, 정해진 상호작용 방식, 정해진 목표에 따라 일사불란하게 움직여줄 것

장애, 시설을 나서다

을 요청한다. 이러한 체제에 순응하는 이상 그 구성원들은 체제가 제공하는 편익과 권위를 더 많이 누릴 수 있다. 반면 이 체제에 순응하지 않을 때 체제는 보상과 폭력을 동시에 활용하여 그 행동을 순화하려 하거나, 더 이상 순응을 확보할 수 없다고 판단되면 이들을 체제 밖으로 축출한다. 이 체제의 바깥에는 마치 선감학원[13]이 자리하고 있던 선감도처럼 사람들을 집어삼키는 바다만이 있을 뿐이다.

　규율은 수많은 사람이 부드럽게 상호작용하면서 우리 삶을 위한 여러 활동을 수행할 때 필요한 요소다. 하지만 그것이 억압, 그것도 체계적 억압이 될 필요는 없다. 더욱이 그 체계적 억압이 특정한 사람들, 즉 장애를 지닌 이들, 고아들, 집이 없는 남성과 여성들, 이주민들과 난민들에 한정되는 것은 한 집단이 다른 집단에 가하는 폭력이 된다. 규율이 폭력이 되는 순간에 그 규율의 집행자와 규율의 대상은 동등한 인간이 아니다. 그리고 누군가가 다른 누군가를 동등한 인간으로 대하지 않는 순간부터 민주주의 사회의 기본 구조는 붕괴하기 시작한다.

　문화의 차원에서 시설을 들여다보면 자칫 분명한 물리적, 법적, 사회적, 정책적 공간인 실제 장애인거주시설의 경계를 흐릴 가능성이 존재한다. 만일 시설이 문화일 뿐이라면 우리에게 탈시설이란 불가능한 관념이 돼버린다. 우리는 문화 바깥으로 나갈 수 없는 존재기 때문이다. 더욱이 실제적인 통제와 억압이 수행되는 공간을 특정할 수 없게 된다. 모든 공간에서 통제와 억압이 행해진다고 말하면, 특정 공간의 통제와 억압만 문제 삼을 수는 없기 때문이다.

　그럼에도 우리가 시설적 문화를 생각하는 이유는 시설이 여타의 사회와 완전히 격리된, 예외적 규율이 작동하는 공간이 아니라는 점을 강조하기 위함이다. 시설은 우리 사회의 단면을 반영한 공간이고, 시설의 존재는 다시 우리 사회의 억압성에 영향을 미친다. 대구에서 장애인 운동을 하며 한국 최초로 장애학 박사 학위를 받은 전근배는 시설에서 오래 거주하다가 탈시설한 장애인들의 인식을 연구했다.[14] 그 연구에 따르면 과거 시설에 수용돼 시설생활을 오래 한 사람들에 비해 최근에 시설에 수용돼 시설생활기간이 짧은 이들이 오히려 시설의 억압성을 강하게 경험한 것으로 나타났다. 한국의 민주화와 자유화가 급격하게 진행돼온 역사를 볼 때, 이는 시설적 문화가 사회에도 가득하던 시기에 시설에 거주한 이들은 시설 내의 문화를 좀 더 익숙한 것으로 여긴 반면, 좀 더 민주화된 시기에 시설을 경험한 이들은 시설 내의 문화를 사회와 유리된 억압적인 것으로 여겼다는 방증이라고 전근배는 해석했다.

이렇게 볼 때 이 책에서 이야기하는 탈시설은 특정 개인이나 집단에 대한 자의적인 억압과 배제의 역사를 끊어내고 모든 시민의 자유로운 삶을 보장하는 역사적 진전을 의미한다. 더 구체적으로는 이런 목표를 달성하기 위해 시설사회 및 문화의 결절점이라 할 수 있는 물리적·법적 실체로서의 시설을 점진적으로 폐지하고, 현재 그 안에 거주하는 이들이 (원가정으로 돌아가는 것이 아니라) 자유롭게 살 수 있는 지역사회를 조성해나가는 모든 노력을 의미한다. 결국 자유로운 삶이라는 가치의 구현은 무엇이 자유인지에 대한 추상적 논의를 넘어 구체적인 시설에 대한 논의에서 출발해야 한다. 우리 사회에서 시설이 어떻게 형성됐으며 어떻게 작동하고 있는지를 이해해야만 왜 탈시설이라는 정책 지향이 필요한지를 이해할 수 있는 것이다.

시설은 한국의 사회복지서비스 생산과 전달이라는 목적에 투입되는 자원들이 조직화되고 산출물이 생산되는 정책체계의 가장 대표적인 요소다. 시설 안에는 행위자들이 있고, 시설의 밖에는 사회복지법인이라는 구조, 그리고 사회가 있다. 이 모든 것이 시설을 중심으로 하는 정책체계를 구성하고 있다. 아래에서는 시설이 어떻게 시작돼 어떻게 이 사회에 물리적 공간으로서, 정책적 대안으로서, 그리고 문화적 현상으로서 자리 잡았는가를 이야기하고자 한다. 「첫 번째 목소리」에서 우리가 봤던 조상지의 삶이 그렇게 흘러가도록 만들었던 이 사회 전반의 힘과 구조가 낳은 공간을 알아보고자 하는 것이다.

시설은 어떻게 형성됐는가

시설의 기원과 현재

보호를 목적으로 하든 재활이나 의료를 목적으로 하든, 한국 사회의 시설들은 생물학적 개념에 비유하자면 유사한 종species이다. 이들은 초기 육아원 및 부랑인수용시설의 형태에서 유사한 유전자를 지닌 다양한 복지시설로 진화해왔다. 초기에 시설은 종교법인이나 재단법인 형태였다. 그러던 것이 오늘날에는 시설을 운영하는 주체인 사회복지법인이 있고, 사회복지법인 산하에 시설을 두는 것으로 법제화돼 있다. 즉 시설은 1) 일단 미인가 형태로 사실상 운영되다가, 2) 정부의 관련 법률 제정과 재정지원체계가 수립돼 감에 따라 시설 운영의 모체로서 법인을 설립하여 정부의 인가를 받고, 3) 그 법인이 시설을 산하에 설치하여 운영하는 구조로 돼 있는 것이다.

대규모 시설의 다양한 인권침해 때문에 2011년 「장애인복지법」이 개정되면서 현재는 신규 장애인거주시설을 30인 이하로 운영하도록 규정하고, 30인을 기준으로 시설 운영비 기준을 달리 적용함으로써 소규모화를 유도한 결과, 시설의 평균 규모는 축소됐다. 그럼에도 2021년 12월 현재 장애인거주시설 618개(단기 및 공동생활시설 제외) 가운데 44.3%인 274개소가 31인 이상(현원 기준)이며, 법정 기준선인 30인 규모의 시설까지 포함하면 59.4%인 367개소가 30인 이상(현원 기준) 규모이다.[15] 특히 21~30명 규모 시설이 239개소로 다수를 차지했다. 시설의 소규모화를 의도했던 개정법의 취지와 달리 법정 기준인 30명 언저리 규모에서 운영되는 시설이 많다는 의미이다.

한편 시설 개소 수가 아닌 인원수로 분석한다면 대규모 시설에 사는 장애인은 15,711명, 30인 이하 시설에 사는 장애인은 8,239명으로, 전체 시설 (장기) 거주 장애인 23,950명 가운데 65.6%가 대규모 시설에 살고 있는 현실이다.[16] 특히 일부의 대규모 시설들은 시설 부지 내에서 행정적으로 시설을 분리한 소위 '쪼개기' 방식으로 형식적 규모만을 축

　　　　　　　　　　　　　　　　　　　장애, 시설을 나서다

소했다. 사단법인 장애인지역공동체 사무처장 조민제는 대구희망원을 사례로 시설의 소규모화 과정을 다음과 같이 묘사한다.[17]

> "'대구희망원'은 1980년대부터 연간 1,500여 명 규모의 부랑인수 용시설로 운영되다가 정부의 기능 분리 및 특성화정책에 따라 2006년 11월 1일부터 장애인거주시설 글라라의 집, 정신요양시설 성요한의 집, 노숙인요양시설 라파엘의 집, 노숙인재활시설 대구 광역시립희망원으로 분리되어 운영된다."

오늘날 시설의 또 다른 특징 중 하나는 종교법인에서 출발하여 종교 조직의 배경을 가지고 있는 곳이 많다는 점이다. 그래서 이름부터 종교 적 색채를 띤 시설이 많다. 특히 천주교는 중세 이래 전통적으로 구호 활동을 중시했다. 수도원 앞에 버려진 아이들을 받아들여 키우던 전통 이 있는 것이다. 인도 콜카타에서 빈민구제 활동을 하여 노벨 평화상 을 받은 수녀 마더 테레사와 그 조직 '사랑의 선교회'는 대중적으로 잘 알려진 종교 기반의 사회복지 활동이다. 한국의 경우 소년의집을 중심 으로 아동양육시설을 장기간 운영했던 마리아수녀회, 꽃동네로 알려 진 작은예수회(현재 꽃동네유지재단으로 별도의 재단 설립), 대구시립희망 원[18]을 운영한 천주교 대구 교구, 최근 다비타의집을 운영하는 프란치 스코 전교봉사수녀회, 여주라파엘의 집을 운영하는 하상복지재단(서 울대교구 가톨릭맹인선교회) 등 천주교 내의 다양한 조직에서 여러 시설 을 운영하고 있다. 아울러 천주교와 달리 개신교 계열의 시설은 교단

조직 단위보다는 시설을 운영하는 목사의 개인 사업 성격이 강하다는 특징이 있다.

시설의 성장:
국가, 시설, 지역사회 간 침묵의 카르텔[19]

한국은 국가가 주도적으로 복지서비스를 전달한 역사가 부재하다. 역사적으로 먼저 국가가 서비스 공급을 확대하고 이후 이를 시장에 내어 맡긴 서구에 비해, 한국은 처음부터 시장 및 시민사회 부문에서 시설이라는 형태로 복지서비스를 공급했고, 국가는 이를 재정적으로 지원하는 방식으로 복지서비스 전달체계를 형성해왔다. 이는 복지시설만이 아니다. 2018년 사회적 갈등을 일으켰던 사립유치원의 경우도 마찬가지다. 영유아 교육을 공적으로 전달할 필요성은 있었으나 국가가 이를 직접 공급할 여력이 없었던 상황에서 국가는 유치원의 민간 설립을 인가하고 여기에 소정의 재정적 보조를 하는 방식으로 영유아 교육을 전달해온 것이다.

그래서 시설에는 공적 성격과 사적 성격이 공존한다. 장애인, 노인, 고아 등 사회적 취약계층의 삶을 보살핀다는 점에서는 공적 성격을 띠지만, 법인 규모가 커지는 과정에서 시설의 '사업성'이 부각됨에 따라 사적 성격이 강해진다. 공·사 영역의 중간에 위치하는 많은 민간조직이 그렇듯 시설도 그 유인구조상 공적 동기와 사적 동기를 따로 떼어 생각할 수 없다는 데에 어려움이 있다. 시설의 '목적'이 아니라 운영 자체에 초점을 두면 어느 시점부터 그것은 일자리가 되고, 후원금을 모집할 수 있는 기반이 된다. 수용자 수는 보조금의 규모로 이어진다. 시설을 운영하는 이들이 이러한 편익을 일차적 목표로 시설을 운영한다고 확언할 수는 없지만, 시설이 제도화돼 유지되는 이유로는 충분하다. 조직이란 영속성을 확보하려 하기 마련이고, 한번 시작된 사업은 정리하기 어렵다.

시설의 성장 과정에는 일반 시민의 선의도 작용했다. 시설과 직접 관련되지 않는 일반 시민에게 시설은 '어려운 사람들을 위해 복지서비스를 제공하는 구호기관'으로 이해된다. 따라서 시민들은 후원과 봉사활동이라는 형태로 시설과 관계를 맺어왔다. 후원과 봉사활동은 개인의 입장에서는 이타적 동기에서 나오는 행동이고, 국가와 시설의 입장에서는 더 많은 자원을 끌어낼 수 있는 행동이었다. 즉 후원을 통해 국가와 시설은 스스로의 재정적 부담을 덜 수 있으며, 자원봉사 활동을 통해 인력 부담을 덜 수 있다. 아울러 후원과 봉사활동은 시설의 정당성을 사회적으로 꾸준히 재생산할 수 있도록 돕는 기능을 해왔다. 실제로 시설에 거주했던 장애인들의 구술 기록에서는 직원의 역할을 자원봉사자가 떠맡거나, 사전 교육을 제대로 숙지하지 못한 자원봉사자가 장애인을 비하했던 사례들이 발견된다.[20] 일반 시민의 선의가 빚어내는 이러한 역설적 현상은 선뜻 받아들이기 쉽지 않을 수 있으나, 우리가 직시해야 할 현실이다.

동시에 사회는 방관자의 모습을 보였다. 한국뿐 아니라 전 세계적으로 시설수용의 역사는 시설이 시설에 수용된 이들을 사회에서 격리하여 생존하게 하려는 사회적 의지의 결과물이라는 점을 보여준다.[21] 장애인거주시설, 아동보육시설(고아원), 정신요양시설, 노숙인시설 등은 주로 우리가 일상에서 굳이 마주하고 싶지 않은 이들을 공간적으로 배제하는 기능을 수행해왔다.

이렇게 시설은 누군가에게는 수익의 원천으로, 누군가에게는 종교적 헌신의 대상으로, 누군가에게는 이타심의 발로로, 그리고 우리 모두에게는 사회적 안전의 확보 수단으로 기능해왔다. 시설은 제도와 우리의 마음 모두에 깊은 역사적 뿌리를 내리고 있다.

시설의 구조

이제 눈을 돌려 사회복지법인과 시설의 구조를 들여다본다. 시설을 하나의 정책 수단으로 접근해 관념적 공간으로만 이해하면 시설의 문제를 지나치게 추상적으로만 보게 돼 흑백논리에 빠지거나, 정책 설계만 잘하면 문제가 개선될 것처럼 생각할 가능성이 있다. 동시에 시설을 단순히 건물, 직원, 그리고 거주인으로 구성된 물리적 공간으로 보면 그들이 왜 특정한 방식으로 조직화됐는지를 볼 수 없다. 시설의 구조는 왜 다른 방식으로도 작동할 수 있었을 시설이 지금과 같이 작동하는지

장애, 시설을 나서다

를 보여준다.

자체 질서를 생성하는 폐쇄적 공간

사회학자 어빙 고프먼은 '총체적 기관total institution'이라는 개념을 제시했다.[22] 총체적 기관은 "외부 사회와 공간적·제도적으로 격리된 특정 공간에 모종의 동질성을 가진 것으로 판단되는 인구 집단을 다수 수용한 뒤, 이들에 대하여 단일한 행정적 권위가 노동, 여가, 거주를 관리하는 시설 혹은 제도"로 정의된다.[23] 이러한 총체적 기관의 핵심적 특징은 그 기관 경계 바깥의 규율이 적용되지 않고, 그만의 내부 규율이 작동한다는 데 있다. 이때 외부 사회가 그 기관의 내부 규율을 견제한다면 총체적 기관은 존재할 수 없다. 총체적 기관의 존재는 외부 사회의 견제가 작동하지 않는다는 것을 의미한다.

시설, 특히 장기 집단거주시설의 가장 뚜렷한 특징이 격리되고 폐쇄적인 공간이라는 점에서 시설은 이러한 총체적 기관의 성격을 지니고 있었다. 시설은 사회복지에 헌신한다는 명분, 종교적 신념이라는 신성함, 국가의 정책적 필요라는 정당성, 그리고 일반 시민들의 암묵적 동의에 기반하여 외부 통제가 잘 작동하지 않는 공간이 돼온 것이다.

이러한 폐쇄성 때문에 불행하게도 시설은 폭력이 발생하기 쉬운 조건에 놓여 있었다. 예를 들어 하루 네 번 변기에 장애인을 묶어놔 문제가 된 강원도의 A 시설, 여성생활인 거실 안에 CCTV를 설치하고 코로나19를 핑계로 출입문에 잠금장치를 설치한 제주도의 B 시설, 치료 목적이라는 핑계로 기립기(원래는 지체장애인, 뇌병변장애인 등의 기립을 돕는 의료 장비지만 실제로는 벽면에 만들어놓은 신체구속 장치였다)에 장애인을 묶어놓은 서울시 관할 C 시설 등에서 내부 폭력이 다년간 발생했지만, 공익신고자가 나타나기 전까지 이런 문제는 외부에 알려지지 않았다. 국가 인권기관의 조사는 사전 예고 후 방문이라는 한계가 명확한 데다 인권침해가 이미 벌어지고 난 상황에서 시행하는 사후적 조치에 불과하다는 근본적인 문제가 있다. 조상지의 목소리에 담겨 있듯이 시설에 거주하는 피해당사자들은 자기 옹호, 즉 스스로 자신을 보호하기에는 취약한 위치에 있다. 시설 운영자와 직원들은 학대 상황에 대한 신고 의무자이면서 인권지킴이단을 운영하지만, 학대 상황이 외부로 알려졌을 때 받는 부담 때문에 침묵하게 된다. 이러한 내-외부의 정보 비대칭과 외부 견제가 쉽지 않은 폐쇄적 구조 때문에 동일한 문제가 반복될 가능성이 상존한다.

직접적 폭력만이 시설거주인들에게 가해진 폭력은 아니었다. 시설의 더 근본적인 문제는 삶의 희망을 꺾어버리는 경우가 많았다는 점이다. 국가가 시설을 확대할 때 내세웠던 목표는 "자활"이었다. 즉 시설은 '불완전한' 시민이 혼자 살아갈 수 있는 기능을 학습하고 사회화하는 공간을 지향했다. 이 비판할 수 없는 목적에도 불구하고, 아니 그 목적과 달리, 실제로 적지 않은 시설은 그렇게 운영되지 않았다. 예를 들어 한국방송통신대학교 교수 김재형은 형제복지원의 자활 프로그램 부재와 시설 내 폭력의 불가피한 관계를 다음과 같이 지적했다.[24]

"수용자의 일상은 엄격한 규율에 의하여 관리되는 것처럼 보이지만, 24시간을 채울 교육과 훈련의 내용이 부재했기 때문에 그자리를 일상적 폭력이 대체했다. …… 형제복지원 내 '자활' 및 직업훈련 활동은 비정기적이었고, 그 기회도 소수에게만 부여됐으며, 그나마 전문적 기술교육보다는 단순노동 위주였다. 노동은 주로 시설 관리와 유지, 그리고 돈벌이에 필요할 때만 이루어졌다."

스물일곱 살부터 다양한 시설을 옮겨다니며 거주하다가 마지막에 장애인거주시설 '향유의집'에서 2008년 탈시설한 한규선은 다음과 같이 시설 안에서 보내는 삶의 무력함을 증언했다.[25]

"그때는 시설에 어떻게든 적응하고 열심히 살려고 했어요. 그렇지만 그런 삶이 무슨 의미가 있었겠습니까? 꿈도 미래도 없이 죽어야만 벗어날 수 있는 그곳에서……."

시설은 하나의 격리된 세계였다. 그 세계는 바깥의 모습을 닮았으면서도 바깥 세계가 지닌 문명적 외피를 벗어던진, 좀 더 노골적인 폭력의 모습을 띠고 있었다.

사회복지법인시설의 운영구조

시설을 운영하는 사회복지법인은 기존의 종교법인 및 재단법인의 형태에서 1970년 「사회복지사업법」이 제정된 이후 출범한 재단법인의 특수 형태다.[26] 서울과학기술대학교 교수 김일환에 의하면 시설은 "사회복지라는 목적에 기부된 자산의 묶음에 법인격을 부여받고, 이를 규율하는 일련의 법·제도하에서 복지사업을 운영하는 조직체"다.[27]

사회복지법인은 설립자가 법인의 기본재산이 되는 재산을 출연하고, 이 재산을 사회복지라는 목적에 맞게 사용하도록 사업을 운영할 이사회를 구성함으로써 성립한다. 「사회복지사업법」 제18조에 따라 이사회는 일반적으로 7인 이상의 이사와 2인 이상의 감사를 둔다. 이사의 임기는 기본 3년에 연임이 가능하다. 민간법인의 경우 과거에는 이사회를 구성하면서 설립자의 친인척과 지인을 이사로 임명하여 이른바 '족벌 운영'이라는 말이 나왔다. 이사회의 투명성 저하와 사유화가 문제가 되자 현재는 「사회복지사업법」 제18조 제3항에서 "특별한 관계에 있는 사람"(친인척) 1/5 이상 참여 금지, 그리고 1/3은 외부 이사(법인 소재 시군구 추천) 임명을 규정하고 있다. 다만 이사는 보수를 받는 직위가 아니기 때문에 직접적인 경제적 이익이 없다. 그러다 보니 족벌 운영은 이사보다는 보수가 나오는 행정직(원장, 사무국장 등)을 가족에게 맡기는 형태로 이루어졌다. 실제로 이러한 법인의 인사 구조에 대해 장애와인권발바닥행동 활동가 김정하는 석암재단의 예를 들어 다음과 같이 묘사했다.[28]

"석암재단은 회장으로 불리던 설립자 이부일과 그의 부인, 딸, 처제, 처남, 사위까지 그 일가 전체를 먹여 살린 '집안 사업'이었어요. …… 실제로 근무하지 않는 이부일의 부인과 딸이 직원으로 이름을 올려놓고 1억 원이 넘는 인건비를 가져가는가 하면 시설에 거주하는 경증의 장애여성을 직원으로 등록해서 일을 시키고는 임금은 주지 않았어요."

시설은 이러한 법인 산하에 별개의 조직을 구성한다. 마치 하나의 학교법인 산하에 초·중·고 등 각급 학교가 있는 것처럼 하나의 사회복지법인은 유사한 구조의 여러 시설을 동시에 운영하기도 한다. 장애인거주시설은 사무행정실, 생활재활팀, 의료팀, 영양팀, 그리고 시설관리팀으로 구성된다. 사무행정실은 원장, 사무국장, 사무원으로 구성돼 각종 서류작업을 수행한다. 행정직은 시설 운영의 투명성이 확보되지 못할 때 설립자 일가에 의한 국고보조금 횡령 등이 발생하는 지점이 돼왔다.[29] 생활재활팀은 장애인 거주인들의 생활을 지도하고 돕는 사회복지사 등으로 구성된다. 의료팀은 시설의 유형에 따라 간호(조무)사, 물리치료사, 작업 치료사, 언어치료사 등 서로 다른 의료인력이 배치된다. 단 시설에 의사는 상주하지 않고, 촉탁의嘱託醫를 둬 일주일에 한 번 네 시간 정도 진료를 보는 방식으로 운영된다. 영양팀은 영양사, 위생원, 조리원 등으로 구성된다. 마지막으로 시설관리팀은 운전, 시설물관리 등을 담당한다. 전체 정원은 시설 유형에 따라 다른데, 직원의 배치 비율이 가장 높은 중증장애인요양시설의 경우 장애인 2명당 4.7명의 생활재활교사가 배치되도록 정해져 있다.

문제는 장애인-생활재활교사 비율이 현실에서는 왜곡된다는 점이다. 우선 정원과 현원은 언제든 격차가 발생할 수 있다. 실제로 2021년 12월 기준 장애인거주시설 직원 정원은 21,853명, 현원은 20,062명으로, 정원의 92%만 현원으로 종사하고 있다.[30] 하지만 현원 가운데서도 휴가 등의 이유로 근무하지 않는 이들이 있어 실제 현장근무 인원은 현원에 미치지 못하는 상황이 발생한다. 때로는 거주인-직원 비율이 1:13 정도로 벌어지기도 한다. 아울러 24시간 돌봄이 필요한 장애인들의 경우 시설에서 야간근무 인원이 줄면 심각한 문제가 발생한다.[31] 이로 인해 실제로 시설에서 야간에 갑작스럽게 거주인이 사망하면 이튿날에야 발견되는 경우가 생긴다. 사실상 시설 내 모든 거주인의 상황을 모니터링할 인력이 부족한 것이다. 시설에서 24시간 돌봄을 제공한다는 기대는 시설의 실태가 아니라 이미지에 근거한 기대일 따름이다.

가장 최근에 확대되기 시작한 노인요양시설의 경우는 상황이 더욱 좋지 않아, 인력 부족이 다양한 인권침해를 야기하고 있다. 송병기는 아래와 같이 지적한다.[32]

"저출산·고령화 위기 속에서 등장한 노인부양정책은 민간시설의 설립과 운영 규제는 완화하되 비용 통제는 강화했다. 그 결과 노인 환자와 병상수는 빠르게 늘었지만, 의료진과 돌봄노동자 수는 그만큼 늘지 않았다. 요양보호사 한 명이 입소자 20명을 돌보는 요양원이 나오고, 간호사 한 명이 환자 40명을 관리하는 요양병

장애, 시설을 나서다

원도 등장했다."

요양병원의 경우는 이른바 "4무2탈(냄새, 욕창, 낙상, 신체구속 없음, 탈기저귀, 탈와상)"에 기반한 존엄케어운동을 진행하여 이러한 문제를 해결하고자 자발적으로 노력하고 있기도 하다.[33] 하지만 비현실적인 비용 구조가 고착된 상황에서는 자발성에도 한계가 있을 수밖에 없다. 이는 개인의 의지를 넘어서는 구조의 문제다.

이렇듯 시설의 관리 실태는 거주 장애인들에게 더 나은 삶을 제공한다는 취지와는 거리가 있는 경우가 많았다. 한정된 인력과 부족한 자원이라는 한계 가운데서 거주인의 삶의 질보다는 문제가 발생하지 않도록 관리하는 데에 초점을 두었던 것이다.

관리 기법은 물리적, 절차적, 조직적 측면에서 모두 나타난다. 우선 물리적 측면에서, 향유의집이라는 장애인거주시설에서 살았던 황인현은 아래와 같이 말한다.[34]

"문은 하루 종일 열어둬야 해요. 잘 때만 닫았어요. 어떤 방은 방주인이 못 닫게 해서 밤에도 문을 열어놓고 자야 했어요. 주인처럼 행세하는 사람이 방마다 있었거든요."

같은 시설에 종사했던 생활재활교사 김만순은 아래와 같이 시설의 구조를 증언했다.[35]

"교도소처럼 좁은 복도를 가운데 두고 양쪽에 나란히 방을 뒀어요. 다 같이 모일 거실 하나가 있기를 하나, 거주인들이 활동할 수 있는 공간이 있기를 하나, 좁은 복도에 방만 탁탁탁탁 있어요."

아울러 시설은 관리 인력 부족을 거주인을 활용하여 해결하려 했다. 일종의 '방장'을 활용한 것이다. 여름은 아래와 같이 지적한다.[36]

"이렇게 시설 관리의 측면에서 효율성을 중시하다 보면, 장애 정도가 약한 입소자가 종사자를 대신하여 장애 정도가 심한 입소자를 관리하는 중간관리 역할을 하는 상황이 벌어지기도 한다."

불행히도 이는 단순히 거주 당사자에게 기능적인 역할을 부여하는 데 머물지 않는다. 거주인 중에 관리 대체 인력을 선정하는 일은 거주인들 내의 권력관계를 형성하고 나아가 폭력을 유발하는 계기가 된다.
 일반적으로 시설정책이 항시적 지원이 필요한 중증장애인을 위한 정책이라고 인식하지만, 실제로는 경증의 장애인들까지 서비스 필요도의 구분 없이 수용하고 있다는 점도 문제다. 장혜영 의원실이 입수한 자료를 볼 때, 2020년 정부가 실시한 장애인거주시설 전수조사 대상자 24,176명 가운데 17,550명을 분석한 결과 장애인거주시설 입소 불가(X1값 120점 미만, 즉 경증장애인)인 경우가 6,545명(37.3%)로 나타났다.[37]
 시설을 정당화하는 논리 중 하나인 의료서비스의 질에도 한계가 있다. 시설의 의료진은 촉탁의, 간호(조무)사, 그리고 치료사로 구성된다.

장애, 시설을 나서다

장애인거주시설에서 회진을 하는 의사(촉탁의)는 1~2주에 한 번 방문하여 네 시간 정도 거주인들을 진료한다.[38] 이러한 진료가 현장에서 제대로 집행되는지는 제쳐두고라도,[39] 시간적 제한도 물론이거니와, 분야별로 전문적인 진료를 받기에는 어려운 구조이다. 간호사(혹은 간호조무사)는 생활재활교사들이 파악한 몸 상태가 좋지 않은(열, 설사 등) 거주인을 위해 1) 병원 진료 계획 수립, 2) 촉탁의에게 문의 등의 업무를 수행한다. 아울러 평소에는 3) 당사자들이 먹는 투약 관리, 4) 간단한 의학적 처치 등 기본적 간호를 한다.

전체적으로 시설에서 적절한 의료서비스를 제공한다는 기대는 사실이 아니라 한낱 기대일 가능성이 높다. 우선 거주인은 의료 선택권을 폭넓게 보장받지 못한다. 장애의 성격에 따라 전문적인 의료 지식이 필요하지만, 거주인 대다수는 그저 촉탁의 한 명의 진료에 전적으로 의존해야 한다. 지역사회처럼 동네 의원의 1차 진단을 통해 전문의를 찾아가는 시스템과 유사하게 촉탁의제도가 운영된다면 이런 방식이 효과적일 수 있다. 하지만 시설이 대개 시내에서 떨어진 지역에 있어서 시설 거주인들이 촉탁의의 진료를 기반으로 보다 전문적인 병원에서 치료를 받기는 현실적으로 어렵다. 아울러 거주인의 건강 상태 정보가 가족에게 잘 전달되는 것도 무리다. 김정하는 직접 수행했던 시설 조사에서 낮에도 복도와 의자, 이불이 깔려 있지 않은 방에서 힘없이 누워 있거나 자고 있는 사람들을 목격했다. 시설이 제공하는 의료서비스는 일반의 막연한 기대와 달리 분명 한계가 있는 것이다.

이렇듯 시설의 인력과 자원 부족은 거주인들의 삶의 질에 악영향을 미치는 근본적 원인이다. 공간이 부족한 거주시설에서 삶의 질이 확보되기는 어렵고, 인력이 부족한 상황에서 제대로 된 돌봄서비스가 제공되리라 기대할 수 없다. 빡빡한 하루 일정 가운데 직원들의 근무 시간 안에 수십 명의 거주인들을 위한 식사와 목욕 등 모든 일과가 처리돼야 하기 때문에 더 그렇다. 문제는, 공간과 인력의 부족은 재원이 충분할 경우 어느 정도 해결이 가능한데도 그것이 근본적으로 해결되지 않았다는 점이다. 민간이 출연하고 국가가 보조금을 지급하는데도 시설의 공간과 인력 문제가 해결되지 않는 이유는 무엇일까. 이제 사회복지법인이 시설을 운영하려는 경제적 유인구조와 재생산 기제를 살펴본다.

시설의 확대재생산 유인구조

시설은 국가-시설-사회의 필요에 따라 형성되고 운영돼왔다. 실제로 시설은 기준 금리를 조정하는 것처럼 단순히 합리적 판단에 따라 신축적으로 확대하거나 축소할 수 있는 정책 수단이 아니라 이미 국가-사회 네트워크에 단단히 뿌리박은 경직적 정책 수단이다. 그리고 이렇게 뿌리박을 수 있었던 데에는 경제적 유인구조가 있었다.

1960년대 후반부터 한국에 대한 해외 원조가 줄어들어 인도주의적 차원에서 시설로 유입되던 자원이 부족해지자 국가는 한편으로는 보조금을 늘리면서 1970년대부터는 수용시설 내 영리 행위를 인정하기 시작했다.[40] 즉 사회복지법인 형태를 도입하고 이에 따라 시설들을 관리하며 시설의 공공성을 강화하는 대가로, 국가는 시설에 보조금, 수익사업, 세제 혜택 등을 제공한 것이다.**41** 이러한 정책을 일부 재단 경영자들은 기존 법인의 자율성을 제한하는 국유화로 받아들였지만 대부분의 재단 경영자들은 기회로 받아들였다고, 김일환은 지적했다. 이로써 비록 소규모일지언정 시설은 단순히 사회복지서비스를 전달하는 조직이 아니라 자물쇠와 같은 단순한 수공업품을 생산하는**42** '경영 조직'의 경로를 밟기 시작했다.

국가가 시설에 보장한 수입, 특히 수용 거주인 일 인당 지급하는 보조금은 시설 설립에 동기를 부여하는 유인구조를 만들었다. 실제로 1980년대 이후 시설은 증가세를 보였다. 구체적으로 새로운 보조금(특히 1984년부터 시설 인력에 대한 인건비 보조금 지급 시작), 시설 신축 및 개조 작업, 그리고 기존 혜택의 확대가 이루어졌다.**43** 이 과정에서 시설은 초기의 종교적 신념에 기반한 사회복지서비스 기관에서 오늘날과 같은 일종의 사회복지'사업' 기관으로 변모하게 된다.

시설은 국가 지원 외에도 개별 후원금을 통해 수입을 충당했다. 후원금은 지역 기업체, 일반 시민, 시설 법인이 속한 종교의 신도 등 다양한 곳에서 들어왔다. 후원금은 우리 사회가 어려움에 처한 이들을 얼마나 돌아보는지에 대한 사회적 연대의 상징으로 인식되기도 한다. 하지만 시설 운영 주체의 입장에서 후원금은 저절로 들어오는 것이 아니라, 시설을 적극적으로 홍보해야 들어온다. 이 과정에서 시설 운영은 사업의 성격을 띠게 된다. 기업은 이러한 시설에 대한 거대한 후원을 통해 사회적 지지를 획득할 수 있다. 일반 시민들도 시설에 대한 자원봉사를 통해 유사한 가치들을 교환해왔다.

　이런 상황에서 시설-정부-시민들 간 네트워크가 강화됐다. 모두가 선의에 따라 행동하는 듯 보이지만, 한걸음 떨어져 분석해보면 정작 시설거주인들의 진정한 삶의 질 개선은 배제된 물적·인적·이념적 자원의 순환이 일어나고 있던 것이다. 후원이라는 사회적 행위에 내재한 이타적 동기가 현재의 시설체계를 강화하는 윤리적 역설 때문에 유엔 장애인권리협약의 탈시설가이드라인[44]은 정부가 외국인 관광의 일환으로 시설에 대한 자원봉사를 독려해서는 안 된다고 규정하고 있다.[45]

　시설의 유인구조를 정리하면서 한 가지 분명히 해야 할 것은 사회적 물의까지 빚는 시설의 문제가 시설 자체에 깊이 뿌리내린 문제의 징후인가 아니면 일부 시설의 문제인가 하는 것이다. 즉 '시설의 문제'냐, '문제적 시설'이냐는 질문에 답해야 한다.[46] 사람이 살아가는 공간은 어디든 문제가 발생하기 마련이기에 시설의 경우에도 일부 '문제적 시설'에서 그러한 사고가 발생할 수 있다는 인식이 있다. 그러나 우리는 이 책에서 논의하는 시설의 문제들이 몇몇 문제적 시설에서 나타나는 현상이 아니라 '시설의 문제'라고 주장한다. 심지어 시설을 둘러싼 이들의 '선의'를 전제할 때조차 충분히 발생할 수 있는 문제라고 주장한다. 현재의 시설정책은 경제적 유인체계 중심으로 설계돼 있고, 제도적 관점에서 보자면 이는 아무리 이타적 동기로 시설 운영을 시작한 사람들이라도 자연스럽게 젖어들게 될 수밖에 없는 구조다. 강력한 부패방지법이 작동하지 않는 국가에서 모든 공무원이 부패하지는 않더라도 어떤 공무원이라도 부패할 가능성이 상존하듯이, 현재의 시설 구조에서는 모든 시설에서 문제가 발생하지는 않더라도 어떤 시설에서든 문제가 발생할 가능성이 상존하는 것이다.

시설 속 직원들

시설적 구조 안에서 삶이 왜곡되는 것은 거주 장애인 당사자들만이 아니다. 우리는 시설 직원들의 삶과 처지도 이야기할 필요가 있다. 바로 헌신과 봉사라는 이름으로 낮은 처우나 강도 높은 노동을 수용하면서 일하는 시설 직원들의 근로 조건 이야기다. 우리 사회에서 시설 직원은 그 전문성과 지위 면에서 상당히 넓은 스펙트럼을 지닌 직역이다. 따라서 이들을 지나치게 단순화해서는 안 된다. 여기서 강조하고자 하는 바는 시설적 구조 안에서 시설 직원들이 직면한 역설적 상황이다.

시설 직원들은 전문 지식을 지닌 사회복지사, 간호사, 영양사들로서 복지서비스를 위해 헌신하겠다는 마음으로 현업에 들어온다. 아울러 최초로 대규모 탈시설을 이끌었던 장애인 당사자들인 '마로니에 8인'을 내부에서 지원했던 석암재단 시설 직원들 사례에서 보듯이, 직원들은 적극적으로 시설거주 장애인들의 권익을 위해 행동해오기도 했다.

동시에 이들은 시설 특유의 조직과 문화에 직면하고, 혹독한 노동 환경에서 자신의 일을 수행해야 한다. 어떤 조직이든 사람을 좌절시키고 재사회화하듯이 시설에서도 동일한 일이 벌어진다. 이 과정에서 초기의 열정은 사라질 수도 있다. 나아가 요양병원에서 발생한 노인학대 사례들에서 보듯이 이들은 가혹한 노동의 스트레스에서 벗어나고자 자신의 지위에서 할 수 있는 일탈 행위를 하기도 한다. 직원들에게는 아주 사소한 행위일지라도 취약한 위치에 놓인 거주인들에게는 어마어마한 스트레스가 된다.**47**

> "특정 직원들이 야간 근무를 하는 날에는 [거주인이] 물을 먹지 않는 것입니다. …… 알고 보니 기저귀에 소변을 보면 욕을 먹어서였습니다."
>
> "'[직원이] 나(거주인)에게 대놓고 욕을 하거나 핀잔을 주면 그 사람을 미워하고 원망이라도 할 텐데, 혼잣말로 푸념하듯 이야기하니까 내가 죄인 같아 죄책감 때문에 너무 힘들다'라고 했습니다."
>
> "'발소리로도 그 직원들을 알 수 있고, 그 직원들이 근무하는 날이면 도망칠 수 없어서 지옥 같다'고 했습니다."

여기서 우리는 시설 직원들이 미시적 수준에서는 권력의 행사자, 거시적 수준에서는 구조적 한계 속의 피해자가 될 가능성이 높은 시설의 구조적 특성을 본다. 시설을 비판하는 입장에서 직원은 시설적 구조를 충실히 재생산하는 존재로(만) 볼 수도 있으나, 이들 역시 제대로 된 노동권을 보장받지 못한 일선의 집행자라는 측면에서 분명 시설의 피해 집단 중 하나다.

장애, 시설을 나서다

돌봄노동 현장에서 거주인과 노동자의 인권은 다양한 방식으로 동시에 침해되는 것이 현실이다. 예를 들어 시설거주인들이 괴로워하는 것 중 하나가 20분 안에 식사를 마쳐야 한다는 것이다. 20분 안에 식사를 마칠 수 있도록 시설 직원들은 식판에 나온 음식을 전부 국에 말거나 밥에 비벼서 제공한다. 이런 상황이 발생하는 현실의 이면은 복잡하다. 평균 규모인 30인 시설을 보자. 식사를 준비하는 이른바 "영양팀"에 속한 위생원, 조리원, 영양사는 하루 근로시간 8시간 안에 거주인 30명뿐 아니라 사무직과 지원인력 등 다양한 시설 운영 인력들의 하루 세 끼 식사까지 준비해야 한다. 음식을 만들고, 식사를 돕고, 치우고, 설거지를 하고, 다음 식사를 준비하는 순환 노동이 하루 종일 촘촘하게 돌아가야 하는 것이다. 이 과정에서 모든 장애인이 동시에 식사할 공간이 없거나 식당까지 이동을 지원할 인력이 부족한 상황이라면 상황은 더 어려워진다. 결국 "20분 식사"는 굳이 장애인들에게 20분 안에 식사를 마치도록 강요한 결과가 아니라, 시설을 운영하는 정교한 테일러리즘에 맞추어 역산된 결과이다.

이러한 일들이 과거에만 있었던 일이라 단정할 수 없다. 비교적 최근에 새로 지은 시설에 자녀를 두었던 한 어머니의 다음 증언은 시설의 구조적 한계, 그 구조의 피해자이자 거주인에게는 가해자가 돼가는 직원들의 모습을 생생하게 보여준다.[48]

"00이는 시설에서 '치료'라는 목적으로 오랜 시간 동안 양팔에 고정기구를 착용하고 있어야 했습니다. 약물을 먹어서 일상의 대부분 시간 동안은 누워 있었습니다. …… ㅇㅇ이가 몸이 약해서 병원에 갈 일이라도 생기면 "우리가 요양원인 줄 아느냐", "여기가 병원이냐", "아이가 시끄럽고 다른 아이들의 생활을 방해하니까 산골에 있는 조용한 다른 시설로 옮겨라" 이런 말을 해왔습니다. …… [폐렴] 치료가 잘 끝나 시설에 갔지만, ㅇㅇ이는 직원 누구에게도 환대받지 못하고 복도에 우두커니 있어야 했습니다. 시설은 "돌보기 어렵다", "탈시설이 대세"라며 어떤 지원체계도 없이 퇴소를 감행하려 했기 때문이지요."

시설의 노동 구조는 시설 직원에게도 결코 수용할 만한 것이 아니다. 김만순은 "제일 아쉬운 게 바빠서 일만 해야 하는 거였어요. 장애인분들은 하루 종일 우두커니 계세요"라고 회고했다.**49** 정영미 역시 유사하게 "열심히 하긴 하셨지만, 목욕시키고 밥 먹이고 케어하면 끝이었어요. 거주인의 성향을 파악한다든가, 어떤 행동에 대해 깊이 있게 파악한다든가 하는 개별적인 지원은 없었죠"라고 회고했다.**50**

이러한 상황에서 직원들은 어떤 행태를 보일까. 당장 눈앞에 보이는 장애인들과의 관계로 시선이 좁아질 가능성이 크다. 더욱이 그렇게 좁아진 시선은 장애인을 위한다는 마음에 지나친 통제로 나타나기 쉽다. 한 지원주택센터에서 일하는 김민재는 다음과 같은 일화를 증언했다.**51**

"그나마 의리 있는 생활재활교사를 통해 한 번 외출 후 때마침

장애, 시설을 나서다

미열이라도 나면 그날부터 간호사나 동료 생활재활교사들은 난리가 납니다. "외출하지 말라고 했는데 누가 데리고 나갔냐? 네가 책임질 거냐? 이 사람 아픈 거 어떻게 책임질 거냐?" 등등."

보다 근본적으로 시설의 인력이나 공간을 따질 여력이 이들에게는 부족하다. 시설은 거주인들뿐 아니라 직원들에게도 신념에 따른 삶을 허용할 만큼 자유로운 공간이 아니다. 정영미는 직원들의 복잡한 심경을 다음과 같이 표현했다.**52**

"'하루 종일 최선을 다하니까 우리가 장애인에게 최고로 잘해줘, 여기엔 간호사도 있고 치료사도 있어, 이곳은 안전하고 필요한 시스템을 다 갖췄어' 하는 자신감이 있어요. 하지만 이건 자신이 케어하는 그 사람을 평생 '시설거주인'으로 바라보는 관점이라고 생각해요."

물론 이러한 상황에서도 누군가는 사회복지라는 자신의 신념에 충실하고자 하고, 누군가는 시설 권력의 충실한 대리인이 된다. 그렇다면 우리는 왜 직원들이 서로 다른 선택을 하는지, 어떤 이들이 어떤 선택을 하는지 묻게 된다. 하지만 여기서 개인의 윤리를 넘어 시설의 구조적 문제를 다시 주목할 필요가 있다. 왜 시설은 이들에게 이러한 선택을 하게 만드는가? 과연 통계적으로 얼마나 많은 이가 결국 시설 권력의 대리인이 되는가? 만일 시설이 있는 한 이러한 선택을 지속적으로 해야 한다면, 왜 굳이 시설을 유지해야 하는가?

직원들의 역설적 태도는 그 자체로 어려운 문제를 제기한다. 우리 사회는 애초에 이들이 극단적 상황에 처하지 않도록 할 방안을 모색해야 한다. 즉 노동자의 인권 역시 보장되고, 조직 내부의 권력 불균형이 있더라도 조직 구성원의 인간성을 파괴하지 않을 정도의 관리적 역할만을 수행하고, 구성원 모두의 '자립'이 가능한 대안을 추구해야 한다. 탈시설이라는 개념은 바로 이런 고민까지 포함하는 개념이다. 탈시설은 거주인들만을 위한 것이 아니다. 아래 정재원의 말처럼 직원들에게도 탈시설이 필요하다.[53]

"장애인만 탈시설하는 게 아니에요. 종사자도 탈시설해야 돼요. 새로운 일에 걸맞은 직무 역량이 형성돼야죠."

탈시설운동은 직원들의 인식을 일깨운 측면도 있다. 탈시설운동은 시설에 남기로 한 직원들의 거주인 인권에 대한 감수성도 강화했다. 정재원은 다음과 같이 말한다.[54]

"그전까지는 저도 모르게 관리적인 측면에서 봐왔더라고요. 모든 걸 보호라는 관점에서 접근했어요. 말로는 서비스 대상자와 인격 대 인격으로 만나는 방식과 방법을 나름대로 열심히 고민하고 실천했다고 생각했지만 착각이었던 거죠. 지원주택은 그 시각부터 바꾸게 했어요."

장애, 시설을 나서다

특히 아래 김만순의 인터뷰는 직원을 넘어 일반 시민의 장애인 인식에 탈시설운동이 미치는 영향을 잘 보여준다.[55]

"지금은 인권이 많이 향상됐어요. 말 한마디도 함부로 하지 않아요. 우리도 인권 교육을 많이 받았어요. 편하다고 아무 생각 없이 던졌던 단어 하나도 해서는 안 되는 것들이 많더라고요. 식구들도 자기만의 공간이 생기면서 프라이버시를 좀 더 존중받게 됐죠."

시설은 직원들에게 단순한 직장을 넘어 명예이기도 했다. 지금은 폐지된 시설인 향유의집의 마지막 사무국장으로서 시설 폐지에 함께 땀 흘렸던 강민정은 탈시설이라는 용어가 한때 줬던 복잡한 감정을 다음과 같이 기술했다.[56]

"솔직히 이렇게 생각했던 부분도 없지 않아 있어요. 법인 비리를 알리는 과정에서 탈시설을 주장하는 인권활동가들을 만나면서 '탈출하고 싶은 시설'이라는 말에 거부감이 들기도 했어요. '내가 일하는 곳에서 탈시설이라니.' …… 탈시설이나 시설 폐지가 현실적으로 가장 적절한 단어라고 해도 그 말이 뭔가 상처가 되긴 해요."

이러한 심리적 저항에도 불구하고 탈시설의 정당성을 마음으로 받

아들이는 직원들도 있다. 예를 들어 정영미는 탈시설을 큰 그림에서 보면서 다음과 같이 말했다.[57]

> "향유의집이 폐지되는 게 마치 직원들의 직장을 뺏는 것처럼 보이지만 결과적으로 직원들에게도 좋은 영향을 줬다고 생각해요. 탈시설을 추진하면서 직원들도 달라졌고 일하는 것도 달라졌어요. 이게 장애인뿐만 아니라 현장의 직원들에게도 좋은 것이기 때문에……"

　이러한 직원들의 모습은 탈시설운동에 희망을 던진다. 탈시설운동은 시설거주인들을 강제로 "빼내려는" 운동이 아니다. 탈시설운동은 장기적인 관점에서 시설에 관련된 이들의 시민적 자유를 물리적 차원과 심리적 차원에서 동시에 증진하려는 운동이다. 당장은 반대하는 사람들도 있겠지만, 이것이 탈시설에 대한 근본적 비판이 될 수는 없다. 우리는 아직 탈시설이 우리 사회에 어떤 결과를 가져올지, 그리고 시설을 둘러싼 구조 안에서 삶을 영위하는 이들에게 어떤 영향을 미칠지 충분히 알지 못한다. 여기서 인용한 직원들의 목소리는 탈시설이 거주인뿐 아니라 직원들에게도 애초에 사회복지에 헌신하기로 결심했을 때의 마음을 실현하는 길이 될 수 있음을 보여준다.

　　　　　　　　　　　　　　　　　　　장애, 시설을 나서다

02

시설에 대한
국가의 책임을 묻다

"그대가 바로 그대가 찾고 있는 범인이란 말이오!"

_테이레시아스, 『오이디푸스』 중

국가, 시설사회의 또 다른 주체

앞 장에서 시설 자체에 좀 더 초점을 두었다면 이 장에서는 시설을 둘러싼 문제들을 국가에 초점을 두고 살펴본다. 국가는 시설을 지원하는 만큼 시설을 관리·감독할 책임이 있다. 특히 시설이 인권의 사각지대가 될 가능성을 인지하고 이에 적극적으로 대응해야 한다. 하지만 이 장에서 살펴보듯이 국가는 책임을 외면하거나 회피했을 뿐만 아니라, 시설 중심 정책을 적극적으로 정당화했다. 탈시설화를 일부 수용할 때조차 국가는 전면적인 탈시설보다 시설을 소규모화하거나 개보수하는 등 소극적인 방안에 주안점을 두었다. 결국 이러한 소극적인 정책은 코로나19라는 거대한 팬데믹 앞에서 그 한계를 극적으로 드러냈다. 시설 내에서 발생한 집단 감염과 사망에 여러 국가가 무책임하게 대응했고, 한국도 예외는 아니었다.

이 장에서는 장애인복지정책, 좁게 보아 시설정책의 주체인 국가를 비판적으로 분석한다. 우선 시설을 정당화하기 위해 생산했던 논리를 살펴본다. 이어서 시설을 둘러싼 국가의 책임 문제를 짚어본다. 아울러 시설정책이 지속되는 이유가 정책 변화 자체의 특성에 기인하기도 한다는 것을 외국 사례들과 함께 지적한다. 마지막으로 코로나19 앞에서 무력하고 부도덕했던 시설정책을 논의한다.

시설의 정당화

장애인복지정책이 시설을 중심으로 하는 국가-시민사회 간 정책 집행 체계로 구현된 데에는 이를 뒷받침하는 특정 이데올로기가 있음을 지적해야 한다. 이 책에서 주목하는 시설은 공식적으로 기업이 아니라 사회복지 조직이기 때문에 경제적 유인은 시설을 정당화하는 근거가 될 수 없다. 따라서 시설이라는 인위적인 공간을 정당화할 수 있는 이념이 필요하다. 특히 시설을 중심으로 장애인의 '기능 회복'과 '사회적 향상'(「장애인복지법」 제57조)을 추구하는 국가의 입장에서 필요한 논리다. 다시 말해 국가는 사회복지서비스를 전달하는 다양한 방식들 가운데 왜 하필 시설을 통한 전달을 선택했는지를 사람들에게 이념적으로 설명할 수 있어야 한다. 국가는 전통적인 의미의 가족이 아닌 집단적 주거공간을 장애인들이 더 나은 삶을 누리려면 필요한 주거 형태라고 정당화했다.

한 명의 장애인이 시설로 간다는 것은 어떤 방식으로든 가족이 이를 승인함을 의미한다. 대표적으로 경우에 따라서는 탈법적으로 요구되는 '입소비'라는 경제적 부담을 감수하겠다고 가족들이 집단적 결정을 내려야만 시설 입소가 가능하다. 입소한 장애인 당사자는 시설에서 더 좋은 의료적 돌봄을 받고 더 나은 삶을 살 수 있을 것이라는 약속, 남은 가족은 장애인을 부양해야 하는 부담에서 벗어나 자신들의 삶을 살 수 있을 것이라는 약속을 암묵적으로 국가로부터 받는다. 서로에게 더 나은 대안이 될 것이라는 약속은 이 책에 등장하는 한 부모의 외침처럼 시설이 어떤 곳인지 알면서도 "어쩔 수 없이" 내린 당사자들의 선택을 정당화할 수 있는 심리적 위안을 준다.

다만 가족에게서 부양의무를 덜어주겠다는 이념이 주는 직관적 호소력에 비해 현실은 그리 단순하지 않다. 가족의 부양의무에 대한 국가의 입장은 일관성이 없다. 시설에 수용되는 장애인이나 노인에게는 부양의무를 덜어준다는 이념을 앞세우지만, 기초생활보장수급제도 운영에서는 교류나 자원이 부족한 가족에게도 부양의무를 부과하여 부양의무 경감의 필요성을 인정해주지 않았다.[01] 노인요양병원은 간병인이 부족하여 가족들이 돌봄을 위해 여전히 경제적·시간적 부담을 져야 한다. 이러한 정책적 비일관성은 국가가 가족의 부양의무 경감이라는 아이디어를 대상에 따라 차별적으로, 그리고 제한적으로 적용함을 보여준다.

시설의 정당화 논리는 탈시설에 대한 반대 논리에서 발견된다. 한국이 가입하여 헌법에 따라 국내법적 효력이 인정되는 유엔 장애인권리협약이 국가의 탈시설정책 추진 의무를 규정함에도 한국 정부의 입장은 소극적이다. 예를 들어 서울시는 2023년 탈시설 대신 시설을 유지하되 환경을 개선하는 정책 방침을 설정했다.[02] 시설 개선은 현 예산 범위에서 가능한 만큼 하면 되는 사업이다. 탈시설보다 저렴해 보이고, 장애인 권익 개선과 예산의 효율적 집행을 모두 달성할 수 있는 수단처럼 보인다. 이는 시설 이데올로기의 배경에 공리주의적 계산과 신자유주의적 효율성의 추구가 강하게 작용하고 있음을 보여준다.

장애, 시설을 나서다

이러한 논리는 두 가지 측면에서 검토할 필요가 있다. 첫째, 그것은 사실인가. 둘째, 최대 다수의 최대 행복 식의 공리주의적 계산은 정책 가치의 측면에서 가장 윤리적인 기준인가. 과연 시설이 저렴한 방법인지는 이 책의 제4장에서 자세히 다룬다. 간략히 요점만 말하자면, 현실은 시설이 저렴한 수단이라는 전제보다 훨씬 복잡하다는 것이다. 우리는 시설이라는 정책 수단을 운용하는 비용과 편익, 게다가 시설이 아닌 다른 대안의 비용과 편익을 적절하게 계산하는 방법에 대한 합의에 아직 도달하지 못했다. 시설이 저렴한 대안이라는 판단은 단순히 피상적인 투입비용만을 고려한 판단이라는 점에서 정당성은 물론이고 타당성마저 검증되지 않았다. 특히 외국의 경우를 보면 시설은 장기적으로 저렴한 수단이 아니라 오히려 비용이 훨씬 많이 드는 수단이다.[03] 단적으로 말해 시설이 저렴한 방법인 것은 실제로 저렴하게 운영할 수 있는 정책 수단이어서가 아니라 서비스의 질을 인위적으로 낮추는 방식으로 비용을 절감해도 누구도 이를 지적하지 않았기 때문이다.

사회 전체의 효용 극대화에 초점을 두는 공리주의적 계산도 비판이 가능하다. 정치철학자 마이클 샌델은 윤리적 판단의 기준으로 공리주의, 칸트주의, 자유주의, 형평 등 다양한 기준을 제시했다.[04] 다시 말해 공적 의사결정에서 공리주의적 효용 계산은 여러 판단 기준 가운데 하나일 뿐이다. 공리주의에 입각한 비용편익분석이 중심이 되는 사업타당성분석에서조차 인간 생명의 가치나 지역 균형발전과 같이 계량화하기 어렵고 복잡한 판단을 요하는 요소들을 고려한다. 새만금 방조제와 같은 대규모 사업은 뚜렷한 경제성이 있어서가 아니라 국토 균형

발전에 이바지한다는 정책적 판단을 했기 때문에 결정과 추진이 가능했다. 더군다나 사회복지시설은 인간적 가치를 지향하고 복지를 목표로 한다는 점에서 공리주의적 계산보다 자유나 형평, 삶의 질과 같은 가치들이 함께 고려돼야 하는 영역임에도 정책 논의는 반대로 단순히 비용 측면에만 주목하는 '표면적' 공리주의에 의존하고 있다.

국가는 시설을 운영하는 주체들의 정책 연합에 영향을 받으며 주로 그들의 사고를 정당화하고 정책에 반영해왔다. 시설을 운영하는 사회복지법인(구 종교법인 및 재단법인)은 초기부터 국가정책 집행의 협력자라는 강력한 정당성을 지니고 있었다. 일부 법인들은 종교적 동기와 개인적 신념에 따라 국가 차원의 정책이 부재할 때부터 시설을 운영했으며, 다른 법인들도 국가정책의 흐름에 따라 시설의 운영과 변화를 시도해왔다. 이런 협력적 관계는 시설 중심의 전달체계에 강력한 정당성을 제공해준다. 탈시설운동은 현재 시점에서 판단하는 정책 수단의 효과성과 능률성을 넘어 이러한 역사적 협력관계에 기반한 이데올로기까지 넘어서는 가치를 제공해야 한다는 부담을 지는 것이다.

마지막으로 국가는 '자립'이라는 이데올로기를 자의적으로 적용하여 한편으로는 시설을 확장하고, 다른 한편으로는 거주인들에게 실패한 시민의 이미지를 입혀 배제와 억압을 정당화할 수 있었다. 현대의 자유주의적 자본주의 사회에서 자립은 두 가지를 의미한다. 하나는 정치적인 의미로, 이성을 지닌 존재로서 자유로운 시민으로 살아감을 의미한다. 이러한 시민은 독립적인 인간으로서 사회를 구성하는 '사회계약'에 참여할 자격이 있는 사람들이다.[05] 이러한 관점에서 이성적 '능력'이 부족한 사람은 사회계약에 참여할 시민의 자격이 없다. 그리고 그 이성적 능력에 대한 의심은 한때는 여성과 흑인, 태평양 섬들의 원주민, 그리고 오늘날은 발달장애인들에게 자의적으로 적용돼왔다.

자립의 또 다른 의미는 경제적인 것으로, 스스로 "먹고 살아갈 수 있는" 능력을 보유하고 있음을 의미한다. 이러한 의미의 자립은 선별적 복지국가 체계가 수립된 오늘날의 복지 수급 대상자들에게는 더욱 현실적이고 고통스러운 요구다. 각종 수급 자격의 요구들, 실업급여를 "시럽급여"로 표현하며 언어유희를 하는 모습들[06]은 개인이 어떤 방법으로든 이 사회에 표준화된 노동력을 제공할 것을 강압적으로 요구한다.

'자력갱생'이라는 표현이 함축하듯 시설은 원칙적으로는 자립을 준비하는 공간이었다. 장애여성공감 활동가 노다혜는 한국의 복지 역사에서 수혜 대상 집단이 처음에는 "사회의 안전을 위협하는 위험한 존재"에서 "구제"의 대상으로 변했다가 최근에는 "편입"의 대상으로 변해온 과정에 주목했다.[07] 이 세 원리는 공존해왔다. 한센인이나 부랑인, 심지어 정처 없는 고아들은 당시 무리 지어 활동하면서 사회의 안전을 위협하는 존재로 여겨졌다.[08] 동시에 이들은 표면적으로는 시설수용을 통해 자립할 수 있도록 도와야 할 구제와 재편입의 대상이기도 했다. 문제는 이들을 어떻게 표상하느냐 하는 점을 해당 개인이 아니라 국가의 관점에서 결정한다는 것이고, 사회가 진정으로 이들의 재편입을 반기지 않았다는 점이다. 한국의 시민사회는 이들을 일상적 공간에서 배제하고 감추는 방식을 통해 자신의 공간을 (엘리아스의 관점에서) '문명화'해온 것이다.[09] 김재형은 이를 다음과 같이 요약했다.[10]

"국가가 부랑 집단을 통제할 수 있었던 데에는 국가가 그럴 수 있는 권력을 독점했기 때문이기도 하지만, 사회가 사회의 치안과 위생 그리고 발전을 위해 그들을 사회적으로 배제하고 국가에 통제를 요구하고 수용을 적극적으로 지지했기 때문이다. 그리고 사회의 이러한 태도는 노동하지 않는 자와 빈곤층에 대한 혐오와 반감에서 비롯한다."

이에 더하여 자립 이데올로기를 통해 국가는 시설에 수용되는 개개인에게도 책임을 부여한다. 노다혜는 사회통합, 교통약자, 돌봄, 동행 등 소수자들의 언어를 국가가 활용하면서 그들에게 의무를 부과하는 정책을 다음과 같이 지적했다.11

"소수자가 권리를 주장하기 위해 사용했던 언어를 국가가 사용하기 시작하면 국가는 자신에게 책임이 있음을 인정하는 동시에 소수자에게도 역할이 있음을 강조한다. '사회통합' 역시 일찍이 정책의 언어가 되었고, 사회통합 대상자는 약간의 권리를 보장받는 대신 빠른 회복을 통해 생산성을 증진하여 주류에 편입하고 정상성을 획득할 것을 요구받았다."

국가가 설정한 이념상, 시설은 지속적으로 거주인들이 순환하면서 자립이라는 결과물을 생산해내는 공간이어야 한다. 하지만 현실에서는 여러 이해관계 때문에 자립 준비가 되지 않거나, 시설에 계속 머물

장애, 시설을 나서다

게 된다. 장애인들의 탈시설운동이 전개된 것은 시설이 결코 자립 준비를 위한 단기적 거주공간이 아니었기 때문이다. 한국장애인개발원의 2021년 조사에 따르면 장애인거주시설 거주인들의 평균 거주기간은 18.9년, 100인 이상 대규모 시설거주인들의 경우는 27년인 것으로 나타났다.[12] 이 책 「두 번째 목소리」에 등장하는 박만순은 49년간 시설에 거주했다. 시설에 머무는 것은 '개인이 무능력하고 의지가 없어서 그렇다'는 편견으로 구성된, 시설거주인에 대한 낙인이 된다. 이제 '복지'라는 공공선public good과 연결된 시설의 통제와 억압은 '당사자들을 위해' 이루어진다는 새로운 이데올로기로 정당화된다.

국가, 지원하되 책임지지 않는

시설을 중심으로 한 장애인정책을 추동했던 국가는 이 정책체계에서 무엇을 했으며 결과에 어떤 책임을 졌는가. 국가의 책임에 대한 질문은 정책 평가의 관점에서 반드시 필요하다. 시설 중심 정책의 핵심 주체로서 국가는 공공조직을 통해 직접 사회복지서비스를 전달하는 것이 아니라 민간 조직에 위탁하고 보조금을 지급하는 방식으로 서비스를 전달함으로써 직접적 책임에서 상당히 물러나 있다. 여기서 국가는 소수 집단을 주류 사회에서 분리하고, 그 집단을 관리하는 민간을 지원하면서, 결과에 대한 책임은 외면하는 모습으로 나타난다. 이는 장애인정책 영역뿐 아니라 사립유치원, 민간병원 등 공적 서비스를 민간 조직을 통해 전달하는 대부분의 정책 영역에서 유사하게 반복되는 구조적 문제이다.

탈시설정책을 둘러싼 논쟁은 이른바 '주류 사회'가 공존하기를 꺼리는 이들을 어디서 살게 할 것인지를 놓고 국가가 선택할 수 있는 두 가지 길을 보여준다. 하나는 어쨌든 지역사회에서 공존의 길을 모색하는 것이고, 다른 하나는 시설을 설치하여 그곳에 집단수용함으로써 사회와 격리하고 집중적으로 관리하는 것이다. 전자의 길은 멀고 후자의 길은 상대적으로 손쉽다. 그리고 역사는 국가가 후자의 길을 선택했음을 보여주었다.

격리의 역사는 길다. 근대로 오면 자본주의 체제가 고도화되기 시작하면서 표준화된 노동을 수행하는 능력을 기준으로 그것을 갖춘 사람은 작업장으로, 그렇지 못한 사람은 수용소로 가는 국가 차원의 격리가 진행됐다.[13] 김재형은 이미 일제 강점기가 시작된 즈음부터 국가가 '부랑' 혹은 '나병'을 규정하고 이들을 사회에서 격리하는 방향으로 정책이 흘렀다고 봤다.[14] 이러한 격리정책은 제2차 세계대전 중에 독일이 시행한 유대인격리정책, 자국민 중 장애인에 대한 격리 및 말살 정책인 T4정책, 일본이 실시한 부랑인격리정책 등으로 확대됐다.[15] 제2차 세계대전이 끝나고 전 세계는 인권에 대한 인식을 달리하고자 세계인권선언 등을 발표했으나, 시설이라는 정책 수단을 이미 제도화한 국가들은 이를 지속적으로 활용하는 경로에 들어선 상태였다. 이러한 흐름이

20세기 후반까지 이어진 것이다.

이러한 격리와 배제의 과정은 피해자와 가해자를 시민사회 내에 묶어두고 국가는 빠져나가는 현상을 낳는다. 예를 들어 노다혜는 국가가 HIV/AIDS 감염인들에 대한 사회의 혐오와 배제를 방기하면서 이 문제를 '일반 시민사회'와 소수 집단 간의 대립으로 틀 짓고 있다고 보았다.[16] 방역 등을 위해 기능적으로 필요한 범위를 넘어서 격리가 특정 집단에 대한 사회적 차별과 배제로 이어질 때에도 국가는 이를 방관하는 것이다. 대등한 시민들 간의 갈등에 국가가 개입을 자제하는 일은 자주 있다. 그러나 배제된 집단에 대한 왜곡된 정보 유통을 국가가 방관할 때 문제는 커진다. 시설이든 탈시설이든 장애인들의 거주 환경 조성은 국가적 정책 이슈임에도 불구하고 탈시설정책 아이디어를 제시하는 이들은 생각이 달라서가 아니라 단지 오해 때문에 정책결정자와 시설 운영자뿐만 아니라 장애인 당사자의 가족들에게도 비판받곤 한다.

시설 중심의 정책이 애초의 표면적 목표를 달성했다면 시설을 지원한 국가정책은 정당했다고 할 수 있다. 아울러 시설의 부작용을 국가가 인지하고 더 나은 정책 수단을 설계하기 위한 적극적 노력을 기울였다면 국가를 긍정적으로 평가할 여지가 있다. 하지만 역사적 경험은 시설 중심의 정책이 시설거주인 당사자보다는 시설에 더 유리하게 작동해왔음을 보여준다. 최근 보고되는 다양한 사례에서 보듯이 국가는 시설 내에서의 불법적 상황들을 방치함으로써 시설을 살찌워왔다. 일제강점기에 설치된 아동수감시설인 선감학원이 나라를 되찾고도 오랫동안 선감도라는 공간에서 국가의 경계 바깥에 있었던 사실이 이를 보여준다. 향유의집과 같은 비교적 최근의 장애인거주시설도 마찬가지였다.

국가는 시설에 여러 규제를 가하는 반대급부로 보조금 외에 다양한 특혜를 제공해왔다. 우선 김일환은 국가가 시설에 제공한 '합법적' 특혜들을 다음과 같이 요약했다.[17]

"공공적 목적에 대한 헌신을 전제로, 사회복지법인에는 상속세 및 증여세 면세 혜택, 다양한 수익사업에 대한 법인세 감면 혜택 등이 부여되고, 시설 운영비, 인건비 등에 정부 재정지원도 주어 진다. …… 사회복지법인 경영자들은 법인의 공공적 성격을 전제 로 부여되는 각종 특혜를 적극 활용하여 자체 수익사업, 외부 기 부금 및 정부보조금 등 재정 자원을 동원하기 위한 다양한 활동 을 전개해왔다."

아울러 특혜는 반드시 합법적인 것에 제한되지 않았다. 김일환은 국가가 제공한 특혜의 목록에 아래와 같은 '비합법적' 특혜들을 추가한 다.[18]

"실제로 비공식적·탈법적 방식으로 부여되는 특혜들 역시 존재했 다. 민영화 및 업무 위탁 과정에서의 일부 행위자에 대한 특혜, 사 회복지법인의 폐쇄적 지배구조 및 사유화에 대한 묵인, 수용시설 내부 상황에 대한 비간섭, 제도화된 부정부패와 감사 기능의 부 재 등이 그것이다."

장애, 시설을 나서다

시설과 같이 민간의 힘을 빌려 공공정책을 수행하는 상황에서는 공과 사의 경계가 불분명해지면서 시설에서 발생하는 문제가 공적 문제인지 사적 문제인지 구분하기 어려워진다. 오늘날 정부정책에서는 공적 행위자와 사적 행위자가 명확히 구분되지 않는다. 대부분의 사람들은 건강관리 프로그램에 참여하기 위해 지역문화센터에 등록할 때 그 센터의 운영 주체가 정부인지, 정부로부터 운영을 수탁받은 기업인지 특별히 관심을 두지 않는다. 노인요양병원은 정부가 주로 홍보해왔기에 마치 정부가 직접 운영하는 것처럼 착각하기 쉽지만, 전달 주체는 대부분 민간병원이다. 인권침해가 발생했던 광주 인화학교의 경우도 본질적으로 민간법인이다. 김정하는 시설의 모호한 법적 지위의 본질과 국가의 책임 회피를 다음과 같이 지적했다.[19]

> "시설 노동자들의 임금은 100퍼센트 국고보조금에서 나와요. 진짜 사장은 월급 주는 사람이죠. 정부가 민간법인이라는 바지 사업자를 두고 대리 사업을 하면서 뒤로 빠져 있다는 건 말이 안 돼요."

시설이라는 공간을 사적 공간으로 규정하면 시설에서 발생하는 관리 문제들 역시 시설 내에서 사적 규율에 따라 처리되는 것이 자연스러워진다. 국가가 사회복지서비스를 민간 위탁으로 전달할 때, 국가의 역할은 지원 및 관리·감독에 국한된다. 민간 위탁의 본질상 수탁 기관은 주기적인 사업 평가를 전제로 어느 정도 내부 운영의 자율성을 보장받는다. 이러다 보니 시설 내에서 발생하는 불법적 상황, 특히 폭행과 학대 문제에서 국가는 한 걸음 물러서 있다. 이러한 조건에서 시설 내부 운영은 불투명한 채로 이어져왔다. 여기에 종교적인 자치와 규율, 시설 내부 구성원들의 공동체적 문화, 시설거주인들의 수동적 사회화 등이 가미되면 시설은 쉽게 인권침해의 현장이 된다.[20]

영화 「도가니」로 유명해진 광주 인화학교 사례는 시설에 국가의 통제력이 미치지 못하는, 그래서 오히려 국가는 공식적 책임을 면제받는 모습을 잘 보여준다. 해당 학교에서 발생한 폭력 사건에 대해 폭력 당사자들을 대상으로 한 민사 및 형사 재판과 별개로, 국가의 관리감독 책임을 물어 국가배상을 요구하는 소송이 2012년 제기됐다. 재판부는 문제가 부각됐던 2005년 이전 사건들에 대해서는 「국가배상법」상 소멸시효(5년)가 지났다는 이유로 이를 인정하지 않았고, 2010년에 발생한 학생 간 성폭력 건은 국가의 관리·감독 범위 바깥에 있다는 이유로 인정하지 않았다.[21] 이 사건뿐 아니라, 2020년 거주 장애인 폭행 사망 사건이 발생했던 평택 사랑의집[22]에 대해 평택시의 책임이 인정됐던 사례를 제외하고는[23] 장애인거주시설에서 발생한 사건에 대해 국가의 배상책임을 인정한 판례는 2023년 말 현재 아직 없다.[24]

시설 내부에서 벌어지는 개별 폭력 사건과 국가의 관리·감독 사이에 직접적 인과관계가 부족하다는 판단은 사안을 좁게 해석하면 가능할 수 있다. 그럼에도 국가는 시설 운영과 관련한 전반적인 책임 주체라는 사실도 분명하다. 이러한 구조에서 국가의 책임이 완전히 부정되는 것은 법리적 해석의 문제를 넘어 입법 공백의 문제로 바라볼 필요가 있다. 20대 국회에서 「진실·화해를 위한 과거사정리 기본법」이 통과돼 형제복지원, 선감학원 사건 등 과거 사건을 조사할 법적 근거가 마련된 점은 이러한 의미에서 진일보한 것으로 볼 수 있다. 하지만 향후 국가의 책임을 규정할 수 있는 법적 근거는 여전히 필요하다.

추가적으로 시설을 사적 공간으로 규정하는 경향은 탈시설정책과 관련하여 중대한 한 가지 논란을 제기한다. 시설 법인은 초기에 설립자의 재산 출연에 기반해 운영을 시작한다. 여기에 국가가 재정 지원을 하고, 법인은 시설을 운영하면서 기초 재산과 보통 재산의 증감을 경험한다. 시설이 폐지 혹은 폐쇄될 경우 「사회복지사업법」 제27조는 "법인해산 혹은 설립 허가 취소로 남게 되는 법인의 재산은 국가(중앙정부 혹은 지방자치단체)에 귀속된다"고 규정하고 있다. 설립자의 재산 출연은 투자가 아니라 말 그대로 출연이기 때문에 공적 성격이 더 강하고, 이후 증식된 재산 가치는 공적 활동을 수행함으로써 가능해졌다. 단적으로 말해 시설에 후원금을 낸 시민들은 시설이 공적 기능을 수행한다고 인식하기에 후원금을 내는 것이다. 김일환은 사회복지법인이라는 제도 자체가 공공성과 비영리성을 전제한 제도임을 강조했다.[25] 하지만 시설을 사적 사업으로 인식하는 경우 재산 귀속 문제가 탈시설에 반대하는 이유가 되기도 한다.

마지막으로 국가의 책임에 대해서는 정책 의지의 부재를 지적할 수 있다. 대부분의 정책 영역에서 국가는 기존 정책의 한계를 발견하면 적극적으로 정책을 수정해야 한다. 그것이 좁게는 공무원의 성실 의무에 부합하고, 넓게는 국가의 존재 이유다. 그러나 시설정책 영역에서 국가는 그다지 적극적이고 신축적이지 않았다. 현재의 정책 수정은 장애인 시설의 소규모화와 전문화, 시설 환경 개선 등 상당히 점진적인 방식으로 이루어지고 있다. 탈시설은 20년 로드맵을 발표한 이후 별다른 진전이 없다. 이에 대해 김정하는 다음과 같이 말한다.[26]

> "무엇보다 답답한 건 기간이에요. 현재 거주시설에 사는 2만 9,000명의 탈시설을 2041년까지 추진하겠다는 거예요. 평균 입소 기간이 18.9년인 사람들에게 앞으로 20년을 더 기다리라고 하는 건 너무 잔인한 일이에요. 하지만 그조차도 예산은 없이 정책만 나열한 수준이라서 이행 가능성이 심각하게 우려돼요."

여기서 한 가지 국가를 위한 변론이 제기될 수 있다. 국가는 좋은 의도로 격리수용정책을 추진했는데, 민간시설의 운영 과정에서 예상치 못한 역효과가 난 것일 뿐 아니냐는 것이다. 따라서 제도와 관리·감독의 보완으로 해결할 수 있지 않겠느냐는 것이다. 백 보 양보해서 그렇다고 해도 이러한 논리가 국가 책임의 면제로 귀결될 수 있는가?

사회학자 막스 베버는 정치권력의 윤리를 심정윤리와 책임윤리로 구분했다.[27] 쉽게 말해 심정윤리란 동기가 옳으냐의 문제이고, 책임윤리란 결과가 옳으냐(바람직하냐)의 문제다. 심정윤리를 기준으로 하면 국가는 좋은 의도로 정책을 추진한 것으로 충분하다. 정책이란 부수 효과가 있기 마련이고, 정책 결정 이후에 정책 환경이 달라질 가능성이 언제든 존재하기 때문에, 정책의 결과가 의도와 달랐다고 해서 그 책임을 물을 수는 없다는 것이다.

하지만 책임윤리를 기준으로 보면 국가는 책임에서 자유로울 수 없다. 이 책 전체에서 논의하는 바와 같이 탈시설로의 전환이 주장될 만큼 시설 중심의 정책은 시민 인권을 침해하는 결과들을 야기해왔다. 강릉원주대학교 다문화학과 교수 김지혜는 사회복지시설이 결과적으로 어떤 공간이 됐는지에 대해 다음과 같이 진단한다.**28**

> "사회복지시설은 위험한 공간이 되었다. 많은 사회복지시설이 민간에 의존해 설립되면서 이를 사적 소유물처럼 여기는 운영자들이 많았던 탓도 있다. 이들은 국가의 감독을 부당한 간섭으로 여기며 개인의 권리로서 운영의 자유를 요구하곤 했다. 운영자가 시설을 사유 재산으로 여기며 국가의 감독을 거부할수록 시설은 입소자에게 위험한 환경이 되었다. 마치 가족은 사적 영역이니 간섭하지 말라는 요구가 가정폭력을 통제 불능의 상태로 만들 듯, 시설에서의 인권침해는 공적 체계가 사유화된 변형된 구조 속에서 계속되었다."

이제 심정윤리로 다시 돌아가 보자. 이러한 상황 전개가 전혀 예상할 수 없었던 것인가? 이러한 상황은 오로지 예외일 뿐인가? 이 책이 담고 있는 시설의 역사는 그렇지 않다는 점을 보여준다. 막스 베버의 지적대로 국가정책은 의도가 좋았다는 사실만으로 정당화될 수는 없다. 더욱이 이미 정책의 부정적 결과를 보고 학습할 수 있는 상황이라면 '애초의 의도'만으로 국가를 변호할 수는 없다. 누군가에게 책임을 묻는 문제를 떠나, 의도와 다른 결과가 나왔다면 그 정책을 수정하려는 노력이 필요할 따름이다.

그럼에도 사회의 시설성은 증가하고 있다. 시설은 고아에서 부랑인으로, 그다음은 장애인으로, 그리고 현재는 노인으로 그 대상을 확대해왔다.[29] 이는 자연스러운 과정이 아니라 "국가의 적극적 배치"에 의해 가능한 일이다.[30] 국가는 책임윤리의 차원에서도, 심정윤리의 차원에서도 책임을 부정하기 어렵다. 국가는 시설에 재정 지원과 여러 배타적 혜택rent을 부여함으로써 사회가 원치 않는 소수 집단을 사회에서 격리하여 관리하는 데 성공했는데, 그 과정에서 벌어지는 시설 내부의 문제는 책임지지 않아도 되는 위치에 놓여 있는 것이다.

시설 유지의 참혹한 대가

시설 중심의 장애인정책은 코로나19를 맞아 그것이 얼마나 나쁜 결과를 가져올 수 있는지를 보여주었다. 코로나19 시기, 모든 국가가 '거리 두기'를 필사적으로 외쳤지만 모순되게도 모든 국가가 '모이기'를 인정한(사실상 방임한) 공간이 바로 시설이다. 집단적 거주 형태인 시설에서 전염성이 강한 바이러스가 퍼지는 것은 순식간이었다.

유엔인권고등판무관실UN OHCHR은 정신의료기관, 요양원, 고아원, 양로원 등 집단 거주 형태의 시설 내 사람들의 코로나19 감염률과 사망률이 전체 인구에 비해 월등히 높다는 점을 공식적으로 확인했다.[31] 스코틀랜드에서는 전체 코로나19 사망자의 47%가 시설에서 발생했으며,[32] 인도네시아에서는 정신병원 내 한 병실에 20~30명가량이 수용되는 과밀화 때문에 사회적 거리 두기가 사실상 불가능한 점, 정신장애인에 대한 편견 때문에 제대로 된 정보가 제공되지 않는 점 등으로 코로나19 감염 확산 우려가 제기됐다.[33]

캐나다는 특히 코로나19가 시설에 참혹한 영향을 미친 국가로, 코로나19 사망자 5명 중 4명이 요양원에서 발생했다.[34] 퀘벡주에 있는 고급 노인요양원인 헤론요양원Herron Nursing Home은 이러한 시설의 참혹함을 적나라하게 드러냈다. 2020년 3월, 살려달라는 한 노인의 신고로 요양원에 들어간 구급대원들은 이미 사망한 사람들과 뒤섞인 채 방치된 거주인들을 발견하고 경악했다. 150명이 거주했던 헤론요양원은 3월 13일부터 4월 11일까지 한 달도 되지 않는 기간에만 최소 31명이 사망했다. 사망 원인은 코로나19, 열악한 위생 상태와 방임에 따른 건강 악화 등이었다. 시설은 인력 부족과 코로나19 대처 능력 부족 등으로 인해 거주인 개인위생부터 의료지원까지 모든 유형의 서비스가 이미 붕괴한 상태였다. 거주인들은 기저귀도 교체하지 못한 채 며칠이나 방치돼 있었는지조차 알 수 없는 상황이었고, 밥도 제대로 먹지 못했다. 코로나19로 기침과 통증을 호소하는 거주인에게 진통제마저도 제공되지 않았고, 한 거주인의 손등에 붙인 밴드는 교체를 한 번도 하지 않아 밴드

위로 새살이 덮여 돋아나고 있었다.

퀘벡 주지사는 이러한 참상을 살펴본 후 곧바로 기자회견을 열었고, 용납할 수 없는 일이라고 분노의 목소리를 높였다. 이 사건은 캐나다 국민의 공분을 샀다. 한 달에 수천 달러의 요금을 지불해야 하는 고급 요양원에서 이런 일이 벌어졌다는 점에 사람들은 경악했다. 무책임한 운영진에 대한 분노의 목소리가 높았다. 그러나 캐나다 요크대학교 교육대학 내 장애학 연구소장인 길리언 파렉Gillan Parekh 박사는 이 문제가 단순히 한두 시설의 특별히 부도덕한 운영진 때문에 발생한 일이라고 보는 것 자체가 우리가 얼마나 장애차별적 시각에 매몰돼 있는지 보여주는 것이라고 지적했다.[35] 더구나 코로나19 상황에서 대중들의 관심은 장애인들이 직면한 차별적인 사회구조가 아니라 경제적 피해였다. 파렉 교수는 "시설 감염률 및 사망률이 치솟자, 캐나다에서는 다양한 코로나19 대응 조치를 취했으나 이러한 조치들에 따른 경제적 손실이 더 큰 문제로 여겨져 이러한 제재 조치들은 곧 해제됐다"라며 "이는 '경제적 손실을 최소화하려면 원래 '약한' 장애인과 노인의 코로나19 감염과 사망은 어쩔 수 없는 피해'라고 보는 사회적 인식을 드러냈다. 그리고 이러한 사회적 인식의 근간에는 인간의 가치를 효용성과 능력에 기반해 계산하는 비장애중심주의ableism가 있다"고 분석했다.

이를 확인할 수 있는 대표적 사례가 바로 통계 부족이다. 코로나19가 시작되자, 국가들은 코로나19 대응 정책을 세우기 위해 다양한 통계를 구축하기 시작했다. 통계는 정책 구상과 예산 책정의 기반이기 때문이다. 따라서 가장 빨리 개입해야 한다고 판단한 영역부터 통계가 산출되기 시작했고, 한국을 비롯한 전 세계 국가에서 코로나19로 인한 직·간접적 피해 사례에 대한 다양한 통계를 구축해나갔다. 그러나 코로나19가 시작되고 1년이 지나도록 장애인들이 경험하는 피해의 양상과 규모를 파악할 수 있는 통계가 만들어진 국가는 영국뿐이었다. 이에 반발하여 국제 장애인권단체들은 장애인이 경험하는 코로나19 피해를 직접 파악하기로 했다. 그렇게 2020년 4월 20일부터 8월 8일까지 온라인 웹사이트와 서면을 통해 '코로나19와 장애인권 모니터COVID-19 and Disability Rights Monitor'라는 국제적 조사가 진행됐다.

온라인 설문에는 전 세계 134개국에서 2,152명이 참여했고, 약 3,000개의 서면이 모여들었다. 모두가 예상은 하고 있었으나, 현실은 예상보다 훨씬 더 심각했다. 조사보고서는 전 세계 모든 정부가 팬데믹 시기 동안 장애인의 안전과 생명, 그리고 권리를 보장하는 데 "처참하게 실패overwhelmingly failed"했다고 지적했다. 또한 대규모 시설은 물론, 소규모 시설 역시 코로나19 감염 및 사망의 진원지가 됐다는 점도 확인했다. 응답자의 83%는 정부가 시설거주인의 생명과 건강을 위한 유의미한 조치를 취하지 않았다고 답했고, 불가리아·그리스·독일·핀란드 등에서 팬데믹 동안 오히려 시설의 폐쇄성이 높아진 점이 구체적으로 확인됐다. 물리적 거리 두기가 강조됐기 때문이라고 반박할 수도 있겠지만, 모든 국가에서 시설에 발이 묶인 것은 오직 시설거주인들뿐이었고, 직원들은 자유롭게 시설 내외를 드나들었다. 고립된 공간은 학대나 방임의 가능성이 높아지므로 외부 모니터링이 더욱 중요해지는데도 '거리 두기'를 명목으로 모니터링이 금지됐고, 충분한 정보 제공 없이 갑자기 시작된 외부와의 접촉 차단은 장애인들의 심리적 고립감과 혼란을 증폭했다.

시설 내 집단 감염과 방임처럼 거주인의 생명과 건강을 심각하게 위협한 사건들의 근본 원인은 시설의 근원적 문제, 즉 통제와 자율성 박탈이다. 몸이 약하거나 늙거나 장애가 있는 사람은 '전문가의 관리'를 받을 수 있도록 한 곳에 모아두고 생활하도록 해야 한다는 생각, 그들의 삶과 거취와 일상이 전문가에 의해 보호받고 계획돼야 한다는 인식들이 그 바탕에 깔려있다. 코로나19는 이러한 낙관적 인식이 환상임을 보여주었다.

전 세계가 실시간으로 시설에서 일어나는 일들을 목격하고 충격받았으나(한국에서도 청도대남병원 사례를 보며 모든 사람이 얼마나 충격을 받았는지 떠올려보자) 관심은 오래가지 않았고, 사람들은 다시 시설로 돌아갔다. 헤론 요양원은 조사 끝에 폐쇄됐지만, 거주인들은 안전에 대한 막연한 기대에 기반하여 또 다른 요양원으로 보내졌다. 그러나 다른 시설은 나을 것이라는 증거는 없다.

국가는 코로나19라는 거대한 위기 앞에 시설에 거주하는 장애인들을 방치했다. 모든 국가가 팬데믹 앞에서 당황할 때 시설을 들여다보는 시민들은 거의 없었다. 시설에 수용된 이들의 생명과 건강은 거의 모든 국가에서 부차적 이슈였으며, 현재의 정책으로는 유사한 위기가 도래할 때 유사한 결과에 직면할 수밖에 없을 것이다. 안토니오 구테흐스 António Guterres 유엔 사무총장은 「코로나19와 인권」 보고서를 통해 "장애인권 보장을 위한 모범적 사례는 안타깝게도 전혀 찾을 수 없었다"

장애, 시설을 나서다

고 밝히기도 했다.[36]

시설정책과 시설의 지속성

지금까지 살펴본 시설의 문제들과 국가 책임의 모호성에도 불구하고 시설의 지속성은 강하다. 왜 그러한가. 앞에서는 시설의 경제적 유인구조와 국가의 역할을 중심으로 살펴봤다면 여기서는 다른 측면, 즉 대부분의 정책이 그렇듯이 시설 역시 한번 존재하면 스스로를 강화하는 속성이 있음에 주목한다. 이를 두 가지 측면에서 살펴볼 수 있다. 하나는 역사적으로 시설 중심성이 정립되고 나면 이후 서비스 개선을 위한 정책 논의는 시설을 중심으로 이루어지게 마련이고, 더 나은 대안을 시도하기 부담스럽다는 점이다. 다른 하나는 새로운 정책 요구에 대응하는 과정에서 기존 정책을 부분적으로 수정하는 방식으로 대응하면서 정책의 일관성이 떨어지고 복잡해졌다는 점이다. 이러한 정책의 지속성 문제를 살펴보는 것은 정책이 한두 사람의 의도에 의해 변하기 어려운 속성을 지니고 있음을 인식해야 보다 효과적인 논의가 가능하기 때문이다.

우선 정책 수단의 지속성 문제다. 시설 중심의 전달체계가 역사적으로 형성돼왔다는 사실만으로도 정책 개선을 위한 대안 모색에 중대한 한계가 발생한다. 국가가 정책을 집행할 때 특정 정책 수단을 한 번 도입하면 그것을 획기적으로 변화시키기보다는 기존의 수단을 점진적으로 개선하는 방향으로 가는 것이 정책결정자 입장에서는 정치적으로 훨씬 수월하다.**37** 다시 말해, 정책 수단의 효과나 정책 이념 차원에서 더 바람직한 대안이 있더라도 여러 이유로 기존 대안이 단순히 지속될 가능성이 높다는 것이다.

이러한 현상은 '경로의존path dependence'이라고 불린다. 타자기의 자판 배열이나 열차의 선로 간격 등 기술이든 정책이든 이 세상에 한 번 표준으로 자리 잡은 것들은 쉽게 바뀌지 않고, 그 경로 내에서 점진적인 개선이 이루어지는 현상을 일컫는다.**38** 정책의 경로의존이 발생하는 이유는 그것이 처음 도입될 때 어렵사리 정치적 합의를 이루었다는 점, 새로운 대안들을 원점에서 검토해 새로운 정치적 합의에 이르기 어렵다는 점, 이미 수행해온 방식이기 때문에 최소한 현 상태에서는 표면상 효율적이라는 점, 다른 대안들의 효과가 불확실하다는 점, 정책을 집행하는 관료제가 타성이 강하다는 점, 그리고 많은 사람이 이미 이를 통해 이익을 얻고 있다는 점 등이 있다.

최근의 탈시설운동이 부딪치는 한계가 바로 이 지점에 있다. 시민사회 진영은 이 책 전체에서 묘사하는 시설의 근본적인 문제들을 지적하면서 지역사회에서의 자립생활 보장이라는 혁신적 대안을 제시하는데, 정부는 시설 기능을 보강하는 점진적 대안을 선호하는 것이다. 시설 기능을 보강하는 것은 기존 시설을 폐쇄하지 않기에 다양한 행위자들의 정치적 저항이 약하다는 점, 기존 정책을 유지하면 변화가 근

장애, 시설을 나서다

본적으로 발생하지 않기에 불확실성과 행정 부담이 낮다는 점, 그러면서도 국가가 정책 개선을 위해 노력하고 있음을 보여줄 수 있다는 점에서 정부 입장에서는 정치적으로도 행정적으로도 선호할만한 대안이다.

심지어 이러한 아이디어는 코로나19 초기 시설에서 집단 감염이 다수 발생하면서 시설 내 밀집도를 낮추어야 한다는 여론마저도 활용하여 강화되기도 한다. 보건복지부에서 각 지방자치단체('지자체')에 장애인거주시설 1인1실 기능보강 수요 조사를 요청했던 것이 대표적 사례다.[39] 당시 장애운동계는 1인1실 기능보강을 위한 예산을 오히려 '장애인탈시설 긴급예산'으로 활용할 것을 주장했다.[40] 하지만 이후 전개된 논의는 탈시설이 아니라 밀집도를 낮추는, 익숙하지만 더 낫다고 할 수 없는 방향으로 계속 흐르고 있다.

다음으로, 시설과 탈시설을 둘러싼 논쟁이 지속되는 가운데 현실 정책은 시설 혹은 지역사회의 이분법으로 단순하게 전개되지 않는다. 정책 혼합policy mix은 특정한 목적을 위해 결정된 정책이 시간이 지날수록 정치적 갈등에 부딪치면서 이를 해소하고자 이질적인 목표가 추가되거나, 사실상 다른 목표를 추구하거나, 서로 다른 정책 수단이 결합하여 동시에 작동하는 등 혼합적 성격을 띠는 현상을 나타내는 개념이다.[41] 정치적 타협을 기반으로 정책이 결정되는 민주주의 정치체제에서 최초의 정책은 다른 '합리적' 정책으로 대체되기보다는 시간이 지나면서 점점 이질적인 요소를 수용하고 다양한 모습을 띠게 된다는 것이다.

시설정책에서도 이러한 정책 혼합이 발견된다. 대표적인 예는 전통적인 형태의 시설도 아니고 자립적인 지역사회 거주도 아닌, 그룹홈과 같은 중간 형태의 시설이다. 장애인들이 지역사회 주거공간에서 소규모로 모여 생활하는 그룹홈은 규모나 입지 측면에서는 탈시설한 상태와 유사해 보인다. 이는 대규모 수용시설에서 발생하는 돌봄 부족, 집단화에서 유발되는 폭력, 관리의 불투명성으로 인한 각종 관리 범죄 등에 대한 비판이 제기되자, 시설이라는 형태를 완화하면서도 시설 자체의 정당성을 유지하고자 하는 정책 혼합으로 나타난 것이다.

최근 추진되는 기존 시설의 보강, 예를 들어 1인1실정책 역시 정책 혼합의 예로 볼 수 있다. 탈시설 주장에 대응하여, 자율성의 한계 문제는 배제하고 오직 주거공간이라는 측면에만 대응하면서 정치적 갈등의 수위를 낮추고자 하는 시도인 셈이다. 게다가 이를 위해 국가가 재정 보조를 하기 때문에 시설 운영 주체의 입장에서는 반대할 이유가 없다. 아울러 '시설 전문화' 역시 시설을 유지하는 논리로 사용되고 있다. 즉 현재의 시설을 좀 더 잘게 쪼개 최중증장애인을 수용하는 시설을 남기는 논리로 활용하는 것이다.[42]

마지막으로 2021년 정부가 발표한 탈시설 로드맵의 시계視界가 2041년인 점도 정책 혼합의 관점에서 비판적으로 볼 수 있다. 탈시설 로드맵은 정책 혼합에서 두 가지 기능을 수행한다. 하나는 로드맵의 존재 자체가 국가가 이에 대해 정책적 계획이 있음을 보여줌으로써 현재를 정당화할 수 있다. 다른 하나는 시계를 길게 잡음으로써 정책적 대안의 집행을 실질적으로 지연하는 효과다. 이렇게 '중도적인' 상황이 지속되면 정부는 외부 비판에 맞서 다양한 대응 논리를 펼 수 있게 된다.

이러한 정책 혼합의 함정은 한국 정부가 벤치마킹하고자 하는 서

장애, 시설을 나서다

양 국가들도 빠져 있다. 예를 들어 스웨덴과 함께 '복지 선진국'으로 불리는 덴마크에서는 2013년 한 주거공간이 새로 설립됐다. '카트린헤븐 katrinehaven'이라는 이름의 60인 규모 '집단주택'은 장애인 1인당 1개의 주거공간을 제공한다. 또한, 신체·정신 건강 유지를 위한 지원은 물론, 사회적 기술 훈련, 위생 및 청결 관리, 공동 부엌과 여가 및 창작활동 공간 등을 제공한다. 카트린헤븐은 "대중교통과도 가깝고 인근에 편의 점도 있다"며 생활하기 편한 곳에 있다는 점을 홍보 포인트로 잡고 있다. 또한 거주인 가족 위원회도 구성하여 거주인의 관심사와 특이 사항 등을 맞춤형으로 지원한다고도 소개한다. 최근 한국에 소개되는 대표적 '선진 시설' 중 하나다. 그러나 이 '멋진 주택'은 겉으로 보이는 이미지와는 달리 유엔 장애인권리위원회[43]에 의해 '덴마크의 대표적 장애인 권리 침해의 사례'로 보고됐다.

덴마크 장애인단체 레브LEV는 카트린헤븐에 방문한 후 "사실상 요양시설nursing home과 똑같다"며 이름만 '주택'이지 실제로는 거주하는 장애인이 많은 통제와 억압적 규율에 따라야 하는 시설이라고 비판했다.[44]

> "[공동 부엌이 있지만] 거주인들은 스스로 먹고 싶은 음식을 하거나 [직원들에 의해] 공동으로 준비되는 음식에 대한 결정권이 없다. …… 음식은 병원용 수레에 실려 각 방에 배달된다. 거주인들은 '음식 준비'에 비용을 지불해야 하는데, 이는 다시 말하면 주방 매니저 임금을 거주인들이 낸다는 것이다."

"거주인 방마다 우편함이 있긴 하지만, 우편배달부가 직접 우편물을 전해주는 경우는 없다. 우편물은 모두 중앙에서 접수해서 생활재활교사가 나눠준다."

"직원들이 공동 휴게실에서 평화롭게 식사할 수 있도록, 거주인은 모두 각자의 방에서 '휴식을 취해야만 한다'고 결정했다. 거주인들에게는 언제 다시 휴게실을 사용할 수 있는지, 언제 직원이 휴게실을 사용하는지 알려주는 시계가 지급됐다."

정책 수단의 다양성은 중요하다. 따라서 이러한 형태의 시설을 하나의 정책 수단으로 인정할 수도 있다. 다만 그 한계는 분명히 지적할 필요가 있다. 유엔 장애인권리위원회는 왜 카트린헤븐을 시설이라고 보았을까? 핵심은 '거주인들이 진심으로 그 공간을 편안하고 자유로운 '내 집'으로 여기고 있는가' 하는 점이다. 카트린헤븐을 둘러싼 정보에는 바로 그곳에 살고 있는 이들이 정말 그곳을 자신의 '집'으로 여기고 있다는 소개가 없다. 이런 질문에 대한 답변은 회피한 채, 공간의 아늑함, 관리자들의 따스한 보호, 실제로 거주하지 않는 부모와 가족을 안심시켜줄 서비스들만 시설의 장점으로 열거하고 있는 모습에서 우리는 시설이 누구의 관점에서 평가되고 누구를 위해 존재하는 공간인지 알 수 있다.

제라드 퀸Gerard Quinn 전 유엔 장애인권리 특별보고관Special Rapporteur은 "집은 사적이면서도 동시에 공적인 공간"이라고 말했다.[45] 집에 걸린 사진이나 컵, 장식물 같은 소소한 집의 구성들이 곧 그 집의 주인을 드러낸다. 다시 말해, 집이라는 공간은 한 사람의 고유성personality을 만들고 드러내고 보존하는 핵심이다. 그뿐만 아니라, 집은 사회적 존재인 인간이 타인과 교류하는 공간이자 지역사회에 연결돼 각자만의 방식으로 사회에 참여할 수 있는 곳이다. 우리는 집에서 가족을 만나고, 친구를 초대한다. 주거지를 중심으로 동네 사람들을 만나고 교류한다. 즉, 집이라는 공간은 한 사람이 고유한 특성을 가진 개인이자 사회적 존재로서의 정체성을 형성하는, 사적이면서도 동시에 공적인 공간이다.

어떤 시설도 이런 집의 성격을 가질 수 없다. 아무리 1인당 1개의 방이 주어지고 최신식 설비와 쾌적한 환경이 보장된다 한들, 시설은 결국 장애인을 '보호가 필요한 사람'으로 대상화하는 인식 위에 세워져 있기 때문이다. 대상화된 존재에게 자기 자신을 형성하고 그렇게 형성된 나의 선호와 고유성을 지니고 세계를 만날 기회는 허락되지 않는다.

그리고 안타깝게도, 이는 덴마크에서만 일어나는 현상은 아니다. 큰 노력을 기울여 탈시설정책을 시작한 국가들이 함정에 빠진 것은 여전히 장애인을 보호받아야 하는 존재로 보는 시각 때문이다. 시설에서는 '1인1실'이나 '개별 우체통' 같은 방편을 도입하며 '우리도 장애인의 자율성을 보장하고 있다'고 주장한다. 그러나 정말로 장애인의 자율성을 보장하고자 한다면, 그것이 왜 반드시 장애인이 집단으로 모여 있는 (1인 1실이 보장된다고 하더라도 결국 한 건물 안에 장애인을 집단 거주하게 만드는 형태는 마찬가지다) 거주 형태여야 하는가? 한국은 물론 전 세계에서 시설은 기능을 보강하고 겉으로 보이는 조건들을 변주해가며 장애인에 대한 감시와 통제를 이어가고 있다.

탈시설정책 역사가 한국보다 앞섰던 국가의 장애인단체 활동가들은 탈시설을 단순히 '거대한 시설 건물을 폐쇄하는 것'으로 정의한 정책의 후폭풍 때문에 고심하고 있다. '좋은 시설'을 만들기 위해 큰 시설의 문을 닫는 것, 시설 규모를 줄이는 것만 목표로 하고, 시설이 세워진 근본 원인에 대한 반성과 시설적 요인에 대한 성찰은 부족했다. 이는 장애인을 약하고 보호해야 할 존재로 바라보는 차별적 인식을 없애는 데까지 나아가지 못한 결과이다. 여전히 장애인을 통제와 '프로그램'의 대상으로 둔 채 크기만 작아진 시설은 역설적으로 장애인들이 마주한 가장 큰 장벽이 됐다.

보수적인 관점에서는 정책 혼합을 정치적 갈등을 누그러뜨리고 합리적인 중도적 대안을 추구하는 긍정적인 시도로 해석한다. 하지만 결국 '혼합'이라는 표현이 내포하듯이, 수단적 타협이 정책 목표에 어떤 영향을 미치는지가 분명하지 않다. 일반적으로 정책 혼합은 근본적이고 어려운 문제를 직시하기보다는 해결하기 쉬운 수단의 문제로 관심을 전환시킨다. 그러다 보니 아이러니하게도 수단이 기술적으로 진보할수록 근본적인 문제는 더더욱 가려진다. 탈시설과 같이 패러다임의 변화를 주창하는 운동의 입장에서는 완전한 반대보다 정책 혼합이 오히려 정책 변화를 더 어렵게 만드는 방해물일 수 있다.

두 번째 목소리: 박만순

한 여성이 어느 건물을 향해 다가가며 손을 흔들고 있다. 그녀는 밝게 미소를 짓고 있다. 건물에는 여러 사람이 나와 있다. 그녀가 오기를 기다렸다는 듯이 베란다에 나온 사람들, 대문 앞에 있는 사람들이 손을 흔들고 있고, 한 명은 대문을 열고 몸을 빼꼼히 내민 채로 손을 흔들고 있다.

49년 만에 다시 만난 세계

"인강원에서 얼마나 오래 살았는지 알아요?"

"옛날부터 살았어요."

"몇 년부터 살았는지 알아요?"

"오래부터, 오래전부터 살았어요. 옛날 전부터. 인강원에서 나와서 자립했죠."

"올해 탈시설장애인상01 받으셨잖아요? 그때 알게 됐는데 만순 님, 시설에서 49년 동안 살았대요."

"어. 내가 49년 됐어요. 네."

"그러면 올해 연세가 어떻게 돼요? 나이요."

"(웃음) 잘 모르겠어. 잘 모르겠는데?"

박만순은 아주 어린 나이부터 시설에서 생활해왔다.02 장애인거주 시설 인강원에 1972년 입소했고, 인강원에 오기 전에는 영아시설에서 몇 달을 지냈다. 그의 나이 7살, 기아 상태로 발견돼 영아시설에 입소 했고 발달장애가 있는 것이 확인돼 장애인거주시설에 전원조치된 것 으로 추정된다고 인강원의 지원자들(여기서는 장애인의 활동을 돕는 시 설 직원과 활동가들을 의미한다)이 입소 기록을 확인해줬다. 인강원에 입 소한 뒤로는 그곳에서 49년을 지냈다. 인강원과 붙어 있는 인강학교(현 도솔학교)를 초·중·고, 전공과까지 다니고, 인강원 안에 있는 보호작업

장애, 시설을 나서다

장**03**에서 일했다. 박만순은 인강원의 시스템 안에서 충실하게 한평생을 보낸 사람인 셈이다.

박만순이 살았던 인강원은 인강재단이 1968년부터 운영해온 장애인거주시설이다. 서울 도봉구 끝자락, 서울과 경기도의 경계 지역에 있다. 인강재단은 2009년에 경기도 연천에도 송전원이라는 시설을 하나 더 개소해 함께 운영해왔다. 하지만 인강재단은 2014년 국가인권위원회 조사에서 거주인에 대한 폭행·학대·금전 착취와 17억 원에 달하는 보조금 횡령·배임 등을 저지른 사실이 드러나면서 큰 전환점을 맞았다. 시설 인권침해 문제를 해결하라는 장애계의 요구에 힘입어, 2015년 서울시는 인강재단의 기존 이사진을 공익이사로 전면 교체하는 결정을 내렸다. 공익이사진은 2016년 12월 송전원을 폐쇄하고, 생활인의 지역사회 복귀를 추진했다. 이때 송전원에 있던 이들 중 일부는 장애인의 자립생활을 지원하기 위해 장애인 당사자 주도로 각 지역에 설치·운영되는 장애인자립생활센터를 통해 탈시설하고, 나머지 생활인들은 인강원으로 옮겨와 본격적인 자립 준비를 시작했다. 송전원 폐쇄 이후 인강원 생활인은 100명, 2023년 8월 기준 생활인은 29명이다.

2020년 노들야학의 낮 수업 시간에 박만순을 처음 만났다. 당시 노들야학은 2017년부터 인강원 생활인들과 함께 지역사회 적응을 위한 몇 가지 워크숍을 진행해 오고 있었다. 3시간 정도인 프로그램에 참여하기 위해 서울 끝자락에 있는 인강원 생활인들이 서울 종로구에 있는 노들야학으로 매일 왔다 갔다 이동해야 했다. 당시 노들야학 지원자들은 대형 승합차를 운행하며 인강원 생활인들의 등하교를 지원했다. 하지만 박만순은 그 프로그램에 참여하지 않았다. 그러던 어느 날 박만순이 노들야학 차를 타고 함께 왔다. 그는 그저 한번 와보고 싶어서, 따라와봤노라고 했다. 그렇게 하루 수업을 참관하고 돌아간 박만순은 얼마 뒤 시설 관계자를 통해 노들야학을 정식으로 다니고 싶다고 전했다.

신입 학생 시절 박만순은 교사들이 뭔가를 물어보면 아주 작은 목소리로 대답하는, 조용한 사람이었다. 사람들 속에 어울려 분위기를 익히고, 교실을 찾아가고, 할 일을 이해하는 데에는 큰 어려움이 없어 보였다. 시간이 지날수록 편안해지는 것이 보였다. 적응은 빨랐다. 음악이나 분위기에 익숙해져 신이 나면 어느새 동작도 커지고 목소리도 커지는, 씩씩한 사람이 돼 있었다. 복도에서도 큰 목소리로 인사를 나누고, 사람들과 수다 떨며 복도를 휘젓는 사람이 돼갔다. 박만순은 손바닥이 보이게 들어 올려 인사 나누기를 좋아하는, 유쾌한 사람이었다. 그런 그가 어쩌다 49년 동안 시설에서 지내야 했는지, 무엇을 하며 지냈는지 너무나 궁금해졌다.

시설에서의 일상

"애들 도와주고 그랬어요."
"어떤 애들이요?"

장애, 시설을 나서다

"다. 애들. 거기 있는 애들, 도와주고 그랬죠."

"어떻게 도와주셨는데요?"

"이불도 내가 개주고. 빨래도 내가 해주고. 내가 다 해줬어요."

"일하는 선생님들 계신데, 그냥 도와준 거예요?"

"네. 그냥 한 거예요."

"힘들진 않았어요?"

"네."

"또 뭐했어요?"

"도와주는 건, 내가 다 해주고 싶은 거, 내가 다 해줬어요."

"어떤 거?"

"선생님들 출근할 때는……. 선생님 없으면 출근하잖아요. 그러면 애들을 내가 옷 입혀주고 다 해주고 그랬는데? 방 청소도 내가 다 해주고. 선생님들도 다 해주고. 내가 하고, 같이 했어요. 선생님하고 같이 해주니까."

"그러면 선생님들이 고맙다고 했겠네요?"

"네. 선생님들이 나한테 고맙다고 그래서, 다 도와줬어요."

"방에서 몇 명이랑 같이 살았어요?"

"5명."

"그렇게 사는 거는 안 불편해요?"

"안 불편해."

"좁잖아요?"

"아니야. 나는 TV 앞에서 자고, 애들은 옆에서 자고. 낮에는 TV

방문이 두 개 있다. 오른쪽 문 위에는 호산나, 왼쪽 문 위에는 임마누엘이라고 적혀 있다. 닫힌 호산나 방 옆에는 번호가 붙은 사물함이 설치돼 있다. 임마누엘 방의 문은 열려 있고 방안에 두 사람이 앉아 있다. 문 앞에서 한 여성이 휠체어에 앉아 있는 여성에게 카디건을 입혀주고 있다. 카디건을 입혀주는 것이 어려워 보이지만 방에 앉아 있는 사람은 그 모습을 보고만 있다.

보고 끄고 자고 일어나고 그래요."

"어디 나가지도 않고 TV만 봐요?"

"방에서만 놀아요. 청소도 하고. 밥 먹으면 애들 식당에 데려다주고."

"거의 시설 선생님 같은데요?"

"그런 생각은 없어."

"옆에 사람들 챙겨주고 일도 다 해주고 하는 것 같은데?"

"네. 맞아요. 같이 살라고."

"인강원에 살 때는 딴 데서 살고 싶고 그랬어요?"

"아뇨. [그런 생각은] 없어요."

"사이가 안 좋은 사람이 있을 수 있잖아요?"

"아니. 싸우지도 않아요."

"어떻게 안 싸우지?"

"안 싸워요. 애들 사이좋게 지내요. 도와주고."

"미은(가명) 씨처럼 소리 지르는 사람도 있잖아요."

"미은이는 옛날에도, 인강원에 있을 때도 막 도망가고 선생님들이 막 찾고 그랬어요. 나가가지고 전철 탄다고, 지 혼자 탄다고. 지 아빠, 아빠한테 찾아간다고 혼자 타고. 그래서 선생님들이 찾았어. 미은이 때문에."

"인강원에 방들이 다 붙어 있잖아요. 누가 소리 지르고 하면 괜찮았어요?"

"괜찮았죠. 나가지도 못하게 해가지고. 선생님들이 미은이 찾게
했어요."
"그때 만순 님은 같이 찾진 않았어요?"
"네."

　가족 없이, 찾아오는 이 없이, 아이 시절부터 인강원에서 산 박만순
에게 인강원은 완전히 순응하고 살아온 공간 같았다. 자신이 선택하지
도 않았고, 선택할 수 있는 상태나 조건도 아니었다. 다른 것을 상상할
수 없었기에, 큰 재미는 없지만 불만도 모른 채 사는 동안 49년이 지나
있었다. 갇혀 있다는 감각도 없이, 그곳이 세상의 전부였기에, 할 수 있
는 일을 하며 열심히 살았다. 박만순은 시설에서 아주 오래 살았고, 시
설 직원들의 일을 도울 수 있었기에, 거주인들에게 영향력이 있는 사람
이었다. 박만순은 생활동 안에서 일어나는 소소한 일들을 보조하고,
중증장애가 있는 동료들을 지원하며 지내왔다고 했다. 강제로 일을 시
킨 사람도 마땅히 기억나지 않고, 그냥 그런 일을 할 수 있는 사람이어
서, 다른 할 일이 있는 것도 아니어서, 생활인이면서 일하는 사람이 돼
긴 시간을 보내온 듯했다. 박만순은 생활동 안의 일상 노동만 한 게 아
니라 인강원 내에 있는 보호작업장인 세탁시설에서도 오래 일했다.

　"베갯잇하고 가운도 개주고. 베갯잇도 다리고 시트도 다리고 시
　트도 개고 해봤어요. 거기는 빨래만 굉장히 많이 와가지고. 빨래
　도 해주고 개주기만 하고."

"누구랑 같이 일했어요?"

"거기 세탁실에 애들하고. 남자애들 거기 다 있어. 여자애들은 거기 없어. 김지학(가명, 현재 노들야학 학생) 있었어. 거기 오래 있었어. 지학도 오래 있어 가지고 자립했잖아요. 나도 자립하고."

"그 일은 하고 싶어서 한 거예요?"

"아뇨. 새벽에 나가서 내가 같이 나가면 다 해야지. 새벽에도 일어나고 빨래 나오면 또 가서 김지학하고 같이 가서 했어요. 다 남자들이고 여자들이 없어."

"힘들지 않아요?"

"안 힘들어요. 시트 개면 갖고 가잖아요. 빨래 또 갖고 오고."

"거기서 일하면 돈 줘요?"

"돈 주죠. 월급도 받고."

"월급 얼마인데요?"

"몰라. 생각이 안 나."

"월급 받아서 맛있는 거 사 먹은 적 있어요?"

"안 사 먹었어."

"지금은 월급 받으면 머리도 하시고……?"

"옷도 사고 그러죠."

"그때는 안 했어요?"

"안 했지."

"월급 받아서 뭐 한 것 있어요?"

"없어요. 안 했어요."

"그럼 돈은 다 어떻게 했어요?"

"선생님이 갖고 있어요. 저금한 거예요."

그저 두려웠던 말, 탈시설

박만순은 인강원 생활인 중에서는 인지나 신체 움직임이 좋은 편이었고, 노들야학 학생 중에서도 지원이 많이 필요하지 않은 편에 속한다. 박만순이 노들야학에 입학할 당시는 인강원 생활인 중 박만순보다 중증의 발달장애인들이 속속 자립하고 있던 때였기에, 나는 박만순이 바로 자립하지 않는 이유가 무엇인지 너무나 궁금했다. 박만순은 언제 자립할 계획이냐 물으면 '나는 자립 안 해', '인강원에서 살아야지'라며 손을 휘휘 젓기 일쑤였다. 자립 계획을 물으면 그가 스트레스받는 것이 느껴져 한동안 노들야학에서 자립에 관한 이야기는 아예 꺼내지 않고 지내기도 했다. 이런 사정은 인강원 안에서도 마찬가지였다. 박만순의 탈시설 과정을 지원했던 인강원 윤제원 원장과 김재원 사무국장은 회상에 젖었다.

"만순 씨는 '자립'이란 말만 들어도 화를 냈어요. 그의 인생은 밖에 나가면 더 피어날 것이 너무나 분명히 보였지만 종사자들도 한동안 시설 안에서 자립이란 말을 쓰지 않았어요. '나가기 싫다'라는 의사가 명확했기에 속도를 늦출 필요가 있었죠."

윤제원 전 인강원 원장

"인강원의 금기어 중 하나가 '자립'이었어요. 근데 다른 거주인들은 말고 만순 씨한테만. 만순 씨는 자립의 '자'자만 나와도 그냥 바로 소리를 빽 질러버리고 가버렸어요. 그렇게 얘기한 사람은 한동안 쳐다도 안 보고, 인사도 안 하고, 아는 척도 안 하고. 그러고 다녔었어요."

김재원 전 인강원 사무국장, 현 인강원 원장

2023년 '탈시설장애인상'을 받은 주인공이자, 본인이 지금 집에서 사는 게 얼마나 좋은지, 월화수목금토일이 얼마나 바쁜지 자랑을 늘어놓았던 박만순이 한때는 '자립'에 치를 떨었다니. 상상하기 힘든 장면이었다. 하지만 조금만 생각해 보면 그 마음을 충분히 이해할 수 있다. 탈시설을 운명처럼 만나 시설을 박차고 나와 '탈시설 당사자'라는 정체성으로 삶을 새롭게 꾸려가는 사람이 있는가 하면, 탈시설을 막연히 두려운 단어로 인식하는 사람도 있다. 49년, 그녀가 시설에서만 살아온 시간. 소위 반백 년을 시설에서 살아온 박만순에게 탈시설은 그려본 적도, 닿아본 적도 없던 세계였다.

인강원의 비리 운영진이 물러난 후 새로 온 원장과 사무국장은 거주장애인의 탈시설과 자립생활지원을 위한 계획을 꾸리기 시작했다. 그들에게 박만순은, 하루빨리 시설 바깥 세계를 보여주고 싶은 사람이었다. 그러나 박만순은 힘든 보호작업장 일은 그만하고 새로운 사람들을 만나 관계 맺을 수 있는 외부 활동을 제안해도 멈칫하며 스트레스를 받았다. 그럴만했다. 49년을 지낸 시설이 위치한 '동네'지만 근처에 아는 이웃도, 놀러 갈 곳도 없었다. 인권침해, 비리, 횡령의 역사로 얼룩진 시설에서 그는 동생, 자식 같은 나이대의 거주장애인들을 먹이고 씻겼다. 성실한 박만순은 자신의 청춘을 시설의 일손을 더는 데 써버렸다. 너무도 긴 고립의 시간이었다.

시설화에 관한 이해가 깊은 원장과 사무국장은 그런 박만순을 위해 '작전'을 펼쳤다. 일명 '박만순 탈시설 대작전.' 박만순이 외출할 때마다 지역사회 자립지원 담당자들을 긴급 호출했고, 이들은 우연한 만남을 가장해서 친밀도를 높여갔다. 장애인야학의 낮 수업에도 참여해 보고, 단체로 차를 타고 가는 먼 교회가 아니라 동네의 가까운 교회를 혼자 다닐 수 있도록 유도했다.

"오랜 기간 시설생활을 했던 사람들의 공통된 정서가 시설 밖에 대한 두려움이잖아요. 만순 씨가 그게 가장 컸던 분이에요. …… 2016년에 인강원에서 동네 주민이 많이 모이는, 근처에 있는 백운대교회를 빌려서 바자회를 했어요. 만순 씨가 처음 스스로 혼자서 간 곳이 그 교회예요. 누구 도움 없이. 그래서 만순 씨에게 백운대교회는 굉장히 중요한 곳이고, 그게 계기예요. 그렇게 왔다 갔다 하면서 그 주변을 조금 더 가고, 거기서 조금 건너 마트를

장애, 시설을 나서다

혼자 가고. 그 불안함을 하나씩 하나씩 줄여나가고, 해보니까 성취하는 과정들이 굉장히 필요했던 분이고, 그런 성과들이 당연히 시간이 오래 걸리고……."

윤제원 전 인강원 원장

"이제 옆에서 다른 친구들이 하나씩 하나씩 나가서 자립하잖아요. 그럼 그걸 보는 거고. …… 만순 씨가 작업장 일을 하면서 무거운 걸 계속 드니까, 어깨랑 허리가 되게 아프셨어요. 그래서 한동안 쉬고 있었거든요. 그때 노들야학에서 낮 수업 때문에 차가 계속 왔었잖아요. 그 타임에 만순 씨가 한번 가보고 싶다고 해서 가시게 된 거예요. 그렇게 다녀와서 만순 씨가 조금씩 자기도 그쪽으로 가고 싶어 하는 마음이 생기기 시작한 거예요. 만순 씨가 작업장을 떠나면 안 될 것 같은 강박이 되게 컸었는데요. 본인이 다녀보니 여기보다 [노들야학이] 더 재밌거든. 그러니까 자기도 더 이상 여기를 갈 생각은 안 하고……. 그러다가 마침 노원어울림센터 주택이 이 근처에 나왔는데 여기를 가서 보니까 인강원에서도 가깝고, 교회랑도 가깝고, 자기가 맨날 돌아다니던 동네니까 자기가 아는 사람이 다 있는 거예요. 그러니까 더 편해진 거죠, 마음이."

김재원 전 인강원 사무국장, 현 인강원 원장

탈시설과 큰 웃음

박만순은 2021년 7월 인강원에서 서울 도봉구에 있는 한 빌라로 탈시설했다. 박만순이 이사한 곳은 노원장애인자립생활센터 어울림이 운영하는 장애인자립생활주택('자립주택')으로, 장애인거주시설에서 퇴소한 장애인이 2년에서 최대 4년까지 거주할 수 있는 곳이다. 이 주택은 서울시 예산으로 운영되는, 탈시설장애인이 지역사회에 완전히 정착할 수 있도록 지원하는 공간이다. 인강원의 지원자들은 인강원 바깥의 세상을 상상조차 하지 못하던 박만순에게 아주 조금씩 그리고 천천히 더 넓은 세상을 보여주면서 스스로 살 곳을 선택하게 했다. 먼저 이사 나가는 인강원 동료들을 보면서, 또 그렇게 탈시설한 다른 생활인의 집에 가보면서, 박만순은 탈시설을 결정했다. 인강원의 지원자들은 박만순이 안정감을 느낄 수 있도록 인강원과 가장 가까운 곳에 있는 자립주택을 소개했다. 더 빠르게 입주할 수 있는 다른 주택들이 있었지만, 박만순이 안심할 수 있게 인강원 반경에 있는 것이 가장 중요하다고 판단했다. 그렇게 박만순은 인강원에서 도보 30분 거리에 있는 빌라로 이사해 살게 됐다. 노들야학에서 만난 승희(가명) 씨와 룸메이트가 돼 함께 살기로 했다. 마침내 탈시설을 선택한 박만순은 한동안 노들야학에 오면 엄청나게 크게 웃으며 다녔다. 야학의 사람들은 '뭐예요? 탈시설 안 한다면서요? 좋아요?' 하고 자주 놀려댔다.

장애, 시설을 나서다

"승희 씨랑 같이 살고 있잖아요. 승희 씨네 시설에 아는 선생님 있어요. 거기서 나왔대요. 나와서 나하고 같이 살고 있어요. 나하고 같이 살고 싶다고 그랬어요, 승희 씨가."

"만순 님도 좋다고 한 거예요?"

"네. 인강원에서 나와서 가고 싶다고 그랬어요. 아니, 인강원에서 나왔다가 자립주택으로 갔어요. 그래서 나와서 내가 승희 씨하고 같이 한다고, 혼자 있으면 안 된다고, 무섭다고, 같이 있어야 한다고 승희 씨가. 같이 산다고."

"만순 님은 혼자 있는 거 안 무서워요?"

"나는 혼자 있는 거 안 무서워요. 집에 혼자 들어가면은 문 잠그고 자야지. 문 잠그고 자고 다른 사람이 들어오면 내가 못 열게 해요, 내가. 그래서 같이 자고 그러는 거."

"요새는 잘 때 누구랑 같이 자요?"

"따로따로 자죠. 승희 씨랑 나랑."

"지원사하고는 매일 같이 자요?"

"네."

"아, 밤에 같이 자요?"

"퇴근하면 이제 집에 가요. 우리끼리 자요."

"아, 언니랑 승희 님이랑?"

"응."

"아침에 다시 오시고?"

"네."

"제가 예전에 처음 만났을 때 그때 기억으로는 만순 님이 노들야학에도 안 가려고 하고 탈시설도 안 하려고 하고 인강원에 계속 있겠다 그랬던 걸로 기억하는데, 맞아요?"

"네. 맞아요. 그때 내가 안 가려고 했는데, 내가 자립주택 안 갈라고 그랬는데. 나와서 주택으로 갔죠."

"그때는 왜 나오기 싫었어요?"

"은영(가명), 희주(가명)가 안 나가서. 걔네는 자립주택으로 안 나가니까."

"같이 나가고 싶어서 기다리고 싶었던 거예요?"

(말없이 끄덕끄덕)

여느 처음이 그렇듯 낯선 것투성이였지만 지역사회와의 거리를 차근차근 좁혀갔다. 시설 바깥에 비빌 언덕이 생기고, 혼자서도 할 수 있다는 '경험'이 마침내 '자신감'이 됐을 때 박만순은 자립했다. 그는 한참 후에 인강원 원장에게 진심으로 사과했다. '그때 내가 싫어서 미안했어요. 지금은 자립해서 좋아요. 고마워요'라고.

사람들이 시설도 선택지 아니냐고, 탈시설하기 싫다고 하지 않냐고, 의사 표현이 명확하지 않다고 쉽게만 말하는 동안, 익숙한 과거를 뒤로하고 끝내 새로운 삶으로 나아간 박만순의 용기는 아름다웠다. 그리고 그의 곁을 지키며 그 여정에 '당사자가 싫다고 하는데 억지로 내보낼 수는 없지 않냐'라는 납작한 소극적 자유주의 논리에 갇히지 않은 지원자들이 있었다. 사람이 자기 자신에 대해 모든 것을 알고 있다는

장애, 시설을 나서다

헛된 전제가 아니라, 이런저런 삶을 살아볼 기회를 가지고 나서야 비로소 자신이 원하는 것을 선택할 수 있다는 사실을 아는 이들의 끈기가 중요했다.

'시설이 최선인 삶은 없다'라는 원칙이 분명할 때 방법은 유연할 수 있다. '왜 이렇게 바깥을 싫어할까?'라는 질문에서 시작한 이 '탈시설 작전'의 담당자들은 박만순이 시설에서 보낸 49년이라는 시간이 곧 사회로부터의 고립과 단절이었음을 읽어냈다. 작전의 종착지를 지역사회에 둔 지원자들은 박만순의 속도와 성향에 맞춰 걸음을 밟아갔다. 그 결과가 탈시설로의 연착륙이었던 것이다.

자기 삶의 지도를 그리다

박만순은 인터뷰 중에 은영, 희주 이야기를 많이 했다. 김은영, 이희주는 현재 인강원에 거주하는 분들로, 7년째 인강원에서 노들야학을 매일 왔다 갔다 하는 학생이기도 하다. 대부분 노들야학에 오고 1~2년 사이에 한꺼번에 탈시설했는데, 김은영, 이희주는 이때 기회를 놓치고 다음 기회를 기다리는 중이었다. 하지만 그사이 서울시장이 바뀌면서 탈시설지원정책이 경색되고, 이들의 탈시설 시점을 특정하기 어렵게 됐다.

박만순은 은영, 희주뿐만 아니라 인강원에서 아직 살고 있는 사람들, 직원들, 그리고 인강원 그 자체를 보려고 매주 수요일 혼자 인강원에 방문한다. 수요일 외에도 설이나 추석 연휴 같은 때가 되면 인강원을 찾는다. 박만순은 인강원에 가기 전 자가진단키트로 코로나19 검사를 직접 하고, 집에서 30분 거리에 있는 인강원을 혼자 걸어서 방문한다고 했다. 이것은 박만순에겐 큰 자랑거리 같은데, 그렇게 생각하는 것은 박만순이 나를 만날 때면 본인이 혼자서 인강원에 다녀왔노라고 알려주기 때문이다. 박만순은 매주 수요일 인강원에 방문하고, 목요일에 노들야학 사람들에게 자신의 외출을 자랑한다.

"요즘은 언제 가요?"

"어제도 가고. 수요일에 학교 안 가는 날 가죠. 심심해서. 친구들 만나러."

"은영, 희주 님 자립해도 거기 계속 가고 싶어요?"

"아니요. 없으면 안 가죠. 지금은 아직 있고."

"어젠 인강원 가서 뭐 하셨는지 알려줄 수 있나요?"

"[인강원] 식당 가서 밥 먹고 놀고. 점심 먹고. 선생님들 보고 싶고 그래서."

"거기 선생님들도 만나요?"

"네. 다 만나요."

"가면 은영, 희주 님하고 밖에 나갈 수도 있어요?"

"방에서만 놀아요. 밖에서는 못 놀지."

"인강원 가다가 다방에 가서 나 혼자 먹어요. 다방이 있어요. 인

장애, 시설을 나서다

강원 내려가는 쪽 길 입구에. 거기서 나 혼자 먹어요."

"활동지원사가 같이 가는 게 아니고요?"

"아니, 나 혼자. 빨간 불은 안 건너가고 파란불만. 기다려야 돼, 빨간불은. 기다려야 돼요."

"혼자 다니는 건 안 무서워요?"

"네. 안 무서워. 마스크 쓰고 들어가서 '음료수 주세요' 하면, 내가 앉아서 먹고 가요."

인강원의 지원자들은 박만순 씨의 방문을 이렇게 말한다.

> "수요일마다 오면 한 바퀴 싹 순회공연해요. 사무실 들렀다가, 2층 여자동 갔다가, 밥 먹고. 그럴 때 제가 한 번씩 농담으로 '만순씨, 어차피 맨날 밥 먹고 놀러 오는 거, 여기 밥 맛있으니까 그냥 다시 들어와요' 그래요. 그러면 그거는 절대로 안 한다고……."

김재원 전 인강원 사무국장, 현 인강원 원장

박만순은 인강원에서 퇴소하고 자립주택에 살면서 노들야학에서 일을 시작했다. '서울형 권리중심 중증장애인 맞춤형 공공일자리'라는 다소 생소한 개념의 노동에 참여 중이다.[04] 한 주에 20시간씩 중증장애인이 할 수 있는 문화예술 활동, 권리옹호 활동을 주요 업무로 하는 일자리다. 월요일엔 타악기 연주를 연습하고, 화요일엔 몸의 움직임을 주제로 한 워크숍과 공연 연습을 하는 식이다. 그렇게 월, 화, 목, 금에 야학으로 출근해 일하고, 일을 마치면 밤 9시까지 야학 수업을 듣고 집으로 돌아간다. 야학에 가지 않는 수요일엔 혼자 인강원에 가고, 일요일엔 교회에 간다. 월요일은 야학 출근 전의 오전 시간을 활용해 복지관에 가서 댄스 프로그램에 참여한다. 일정 없는 날은 토요일 하루 정도.

"많이 바쁘신 것 같은데요?"

"아뇨. 안 바쁜데. 비슷해요. 안 바빠요."

"어떤 게 더 재밌어요?"

"사는 데가 재밌어."

"어디서 사는 게 더 재밌다고요?"

"주택에."

"어떤 거 때문에 좋아요?"

"빨래도 널고 주택에서 밥 먹고 그래요."

"주택 나와서 했던 것 중에 기억에 남는 거 있어요?"

"없어요. 다 있는데?"

인터뷰가 길어진 탓일까, 대화는 서로 조금 집중력을 잃어갔다.

"주택 나와서 살 때 다시 인강원 가고 싶거나 한 적······?"

"아. 아니, 아니에요. 없어. 인강원. 주택에만 살면 돼요."

"주택이 좋아요?"

"네."

"주택이 뭐가 좋아요?"

"자립했으니까. 나와서 자립했으니까 좋은 거지."

"인강원에 다시 가고 싶진 않아요?"

"아니. 놀러만 가는 거지."

"가서 다시 사는 건 싫다?"

"거기서 자면 안 돼요. 잠은 못 자게 해요."

"잠을 자고 싶어요?"

"아니, 잠을 못 자죠. 애들이. 방이 좁아서 못 자요. 방이 작아."

"옛날에 어떻게 거기서 잘 살았죠?"

"옛날에? …… 살았다가 자립주택 나왔지."

"옛날엔 거기 살았지만 지금은 주택에 있는 언니 방이 제일 좋아
요?"

"네."

　중증장애인을 위한 사회정책의 방향이 사람을 보호한다고 시설 안
에 가두는 방식이 아니라, 사회 안에서 함께 살아가게 하는 쪽으로 짜
였다면, 박만순은 지금쯤 어디까지 혼자서 다닐 수 있을까 하는 저릿
한 궁금증이 일었다. 인강원에서 백운대교회까지, 백운대교회에서 자
기 집까지, 집에서 지하철을 타고 노들야학까지, 그리고 노들야학에서
또 어디까지 갈 수 있었을까. 박만순의 길 찾기, 동네 지도를 그리며 삶
의 반경을 넓혀가는 시도는 58세가 돼 겨우 시작됐다. 박만순은 자신
에게 익숙한 경로 안에서 자신감을 얻으며, 조금씩 그리고 천천히 새로

운 길을 탐색해나가는 중이다. 그러나 자기 삶의 지도를 그려볼 기회가 주어지지 않은 사람들이 여전히 시설 안에 있다. 보호라는 이름으로, 시설의 생활인으로, 박만순처럼 49년이나 그곳에서 살아가도 아무도 돌아보지 않는 사람이 돼, 그곳에 있다.

"지금 시설에 은영, 희주 님 아직 살잖아요. 자립하면 좋겠어요?"

"자립하면 좋겠죠. 은영이도 자립하면 좋겠대요."

"시설에 지금 은영, 희주 님 말고 다른 분도 많이 사시잖아요. 진호(가명) 씨랑……."

"진호 씨도 있고, 다 있어요."

"아직 많이 살고 있는데, 자립하면 좋겠어요?"

"모르죠. 나 몰라."

"그러면 은영, 희주 님은 자립하면 좋겠어요?"

"네."

"왜요?"

"그냥, 나와 사는 게 낫어."

"언니가 나와 보니까 좋아서요?"

"네."

"친구들도 나왔으면 좋겠다?"

"네."

"은영, 희주 님 나오면 그 집에 놀러 갈 거예요?"

"자립하면 나와서 잘 살면 돼요. 인강원 나와서."

장애, 시설을 나서다

"은영 님 이사하면 그 집에 놀러 갈 거예요?"

"네. 은영이네 집에 놀러 갈 거예요."

탈시설로
먼저 나아간 국가들

"길을 아는 것과 길을 가는 것은 다른 일이다."

_모피어스, 영화 「매트릭스」 중.

그들은 왜 탈시설을 선택했는가

제2장에서 우리는 장애인거주시설을 운영하면서 인권을 외면했던 국가들을 살펴봤다. 그러한 외면의 결과가 코로나19를 통해 극적으로 드러난 사실도 돌아봤다.

　반면에 일찍이 시설의 참상이 언론에 알려지면서 시민들이 충격을 받고 장애인거주시설 문제가 이슈화됨에 따라 탈시설로 나아가기 시작한 국가들이 있다. 심지어 한두 나라가 아니라 캐나다, 스웨덴, 미국, 뉴질랜드 등 다양한 국가가 시설에서 지역사회로의 전환을 선택하고, 장애인을 시설에 수용했던 사실을 사과했다. 한때 시설을 '장애인 재활을 위해 반드시 필요한 곳'으로 여기던 국가들은 왜, 그리고 어떻게 시설이 더 이상 장애인에게 좋은 곳이 아니라는 결정을 내리게 됐을까? 시설에서 탈시설로의 변화는 어떻게 일어났을까? 그리고 유엔으로 대표되는 국제사회는 어떤 방향을 지향하고 있을까?

캐나다: 인정, 사과, 배상

"시설보호로 피해를 당한 발달장애인들에게, 나는 총리로서, 모든 온타리오 주민을 대표하여, 고통과 손실에 대하여 사과합니다. 저는 발달장애가 있는 사람들을 위한 시설 보호 모델에 의하여 고통을 입은 온타리오의 남성, 여성 및 어린이들에게 사과드립니다.

…… 돌봄을 제공해야 하는 시스템 내에서 입소자들은 방치와 학대를 당했습니다. 그들의 인간성은 훼손됐습니다. 그들은 가족과 분리됐고 잠재력, 안전 및 존엄성을 강탈당했습니다. 일부 입소자들은 강제로 갇혀 견딜 수 없는 은둔 생활을 했으며 노동착취를 당하고 비위생적인 숙소에 과밀하게 수용됐습니다.

…… 오늘날 우리는 발달장애가 있는 사람들이 가능한 한 독립적으로 살 수 있고 지역사회의 모든 측면에서 더 완전히 포함될 수 있도록 지원하기 위해 노력하고 있습니다. 우리 모두는 과거의 실수에서 배우려고 합니다. 우리는 고통을 겪은 모든 이들의 기억을 보호하고, 그들의 이야기를 전하도록 돕고, 이 시대의 교훈이 사라지지 않도록 할 것입니다.

정말로, 미안합니다."

2013년 12월 9일 당시 캐나다 온타리오^{Ontario}주 총리인 캐슬린 윈_{Kathleen Wynne}은 주 의회 의사당에서 발달장애인시설 휴로니아^{Huronia}에 수용됐던 이들에게 그들이 시설에서 겪어온 고통에 대하여 공개 사과했고,[01] 의회에 초대된 100여 명의 발달장애인과 그 가족들은 총리의 사과를 직접 들을 수 있었다. 캐나다 온타리오주는 1980년대부터 장애인이 시설이 아닌 지역사회에서 살아갈 수 있도록 하는 탈시설정책을 추진했고, 2009년에는 정부가 운영하던 마지막 발달장애인시설이 문을 닫았다. 그 이후 시설에서 살았던 장애인들의 피해에 대하여 정부의 손해배상책임을 인정하는 판결이 내려지고, 이어 주 총리가 공개 사과한 것이다.

> "이것을 기억할 것: 히틀러가 패망한 후, 그리고 강제수용소들의 처참한 실태가 공개된 후, 많은 독일인은 벽 너머에서 무슨 일이 벌어지고 있는지 몰랐다며 스스로에게 변명했다. 아무도 그들에게 말해주지 않았다는 것이다. 하지만, 여러분은 오릴리아(휴로니아의 다른 이름)에 대해 듣지 않았는가."

장애인수용시설을 무려 아우슈비츠 수용소에 비견하는 이 기사[02]에서도 알 수 있다시피, 캐나다 온타리오주에 위치했던 시설인 휴로니아는 열악한 생활 환경, 심각한 폭력과 학대로 얼룩져 있었다. 1,400명 규모 건물에 3,000명에 달하는 발달장애인이 초과밀수용되기도 했고, 강제노동(바닥 닦기, 청소 등) 때문에 거주인들의 손과 무릎에 거대한 궤양이 발생하고, 비위생적 환경 때문에 전염병은 일상이었다. 직원들의 말을 듣지 않는 거주인들은 창문 하나 없이 열을 내뿜는 파이프라인과 벌레가 가득한 '파이프실'에 몇 달이고 갇혀 있기도 했다. 아이들도 예외는 아니었다.[03] 2010년 휴로니아 거주인들은 정부를 대상으로 집단소송을 진행했고, 2013년 총 3천5백만 캐나다달러(한화 약 35억 원)에

장애, 시설을 나서다

달하는 배상금을 국가가 지급해야 한다는 최종 승소 판결이 났다. 앞서 소개한 원 총리의 사과는 배상 판결의 일부였다.

캐나다 온타리오주의 발달장애인정책을 평가한 2016년 옴부즈맨 보고서 「돌아갈 수 없다Nowhere to turn」의 첫 문장은 이렇게 시작한다.**04** "지금까지 한 세기 넘는 기간 동안 성행했던 발달장애인을 위한 시설 모델은 실패였음을 인정한다." 이 보고서는 조사를 통하여 온타리오주 장애인시설의 문제점과 여러 구체적인 피해사례를 보고하면서, 발달장애인이 시설이 아닌 지역사회에서 살아야 한다는 점을 상세히 보여주고 있다.

뉴질랜드: 철저한 조사

캐나다와 유사하게 2001년 당시 뉴질랜드 총리인 헬렌 클라크Helen Clark는 레이크 앨리스 정신병원Lake Alice 거주인이었던 95인에게 공식적으로 사과했다. 레이크 앨리스 정신병원은 1972~1977년 동안 아동청소년 병동을 운영했는데, 최소 4세에 불과한 아동과 청소년을 대상으로 전기충격요법 사용, 신체 구금을 비롯한 각종 신체적, 성적 학대 및 폭력, 약물 오남용 등의 인권침해를 자행했다는 사실이 시설수용 생존자들의 증언으로 드러났다. 1994년, 생존자 두 명이 국가 피해 보상 소송을 진행했고, 점점 더 많은 피해생존자가 나서면서 뉴질랜드 정부는 레이크 앨리스 사건에 대한 특별 분쟁 조정절차를 수립하고, 이들에 대한 배·보상을 진행했다. 헬렌 클라크 총리의 사과 역시 이러한 절차의 일환이었다.

레이크 앨리스 정신병원 소송 사건 이후 25년 만인 2018년, 뉴질랜드에는 모든 형태의 수용시설에 대한 광범위한 독립조사위원회가 설립됐다.05 조사위원회는 1950년부터 레이크 앨리스 사건을 통해 본격적으로 시설 문제가 드러나기 전인 1999년까지 국영 및 민영(종교단체) 시설 내에서 발생한 인권침해 사건을 조사했다.

조사위원회 활동은 특정 시설만 대상으로 한 것이 아니라, 시설수용 그 자체의 폭력성을 인정하고, 이러한 폭력성의 근원인 차별을 점검하며, 현재의 법과 제도에 잔존해 있는 시설적 요소들을 제거함으로써 이러한 일이 다시는 반복되지 않도록 하는 데 초점을 두었다. 이 때문에 국가가 운영한 시설들뿐만 아니라 종교단체나 민간에서 운영한 시설도 조사 대상이 됐고, 시설수용에 영향을 받았던 것으로 파악되는 마오리인, 태평양인(폴리네시안), 아동, 장애인 등 다양한 집단의 시설수용도 조사했다. 즉 사회복지시설, 아동 또는 장애인거주시설, 정신병원이나 정신요양시설, 미혼모시설뿐만 아니라 기숙학교나 심지어 청소년 대상 교정시설이나 형이 확정되지 않은 성인을 수용하던 유치장과 구치소까지, 사실상 '시설의 역사' 전반에 대한 국가 차원의 조사를 진행한 것이다.

이렇게 대대적인 조사를 하기까지 여러 우여곡절이 있었다. 조사위원회 이전으로 거슬러 올라가보자. 1994년 레이크 앨리스 소송을 기점으로 과거 다른 정신병원에서 인권침해를 경험한 생존자들이 자신의 이야기를 사회에 내놓기 시작했다. 정신병원을 넘어 과거 운영됐던 모든 시설에 대한 대대적인 진상규명이 요구됐으나, 당시까지도 뉴질랜드 정부는 시설수용시스템 자체가 실패, 즉 인권침해라고 볼 수 없다는 이유로 이를 거부했다.

국가적 차원에서 시설수용이 장려됐던 장애인, 마오리인, 빈곤 가정의 아동들, 정신장애인 등 피해생존자들은[06] 이러한 정부의 태도에 분노하며 다양한 국내외 활동을 진행했다. 생존자 그룹, 마오리 공동체, 장애인단체 등은 독립조사기구 설립을 촉구하며 2015년에만 정부와 국회에 5차례 이상 수천 명의 서명을 받은 청원을 제출했다. 뉴질랜드 국가인권위원회 역시 2017년에 '네버 어게인/에 코레 아노Never Again/ E Kore Anō('결코, 다시는'이라는 의미의 영어와 마오리어)' 캠페인을 열어 시설수용에 대한 사회 인식을 제고하는 데 앞장섰다. 그들의 메시지는 한결같았다. 어떤 시설이 악마적이어서가 아니라, 어떤 사람이 특별히 나빠서가 아니라, 통제와 강요, 차별과 폭력이 생래적으로 발생할 수밖에 없는 시설의 구조가 문제라는 것이다.

뉴질랜드 인권위원회는 '에 코레 아노' 캠페인을 통해 모인 시설거주 경험자들의 증언과 기록물을 모아 「시설은 학대의 공간이다Institutions are places of abuse」라는 제목의 보고서를 냈다. 뉴질랜드 국가인권위원회는 시설수용을 시설적 학대institutional abuse이자 조직적 학대systemic abuse라고 봤다. 시설적 학대는 시설 내에서 발생하는 방임적, 정신적, 신체적, 성적 학대로 정의되는데, 직원과 거주인 간의 압도적 권력관계 때문에 발생하고, 학대 사실이 시설 외부로 드러나지 않는 것이 특징이다. 조직적 학대는 학대가 발생하는 근본 원인이 구조나 정책 등에 있는 경우를 일컫는다.

보고서는 "조직적 학대는 '나쁜 사람이 한 나쁜 짓'이 아니라 학대가 일어나는 상황이 갖춰진 경우나 그러한 상황이 제재 없이 계속되는 경우 모두를 포함한다"라고 설명했다. 아울러 "향후 시설에서 발생했던 학대가 또다시 반복되지 않는 시스템을 구축하기 위해서는 시설 내에서 조직적 학대가 발생했던 환경을 촘촘히 들여다봐야 한다"라고 덧붙였다.[07] 뉴질랜드 국가인권위원회의 캠페인은 뉴질랜드 사회 전반에 '시설수용은 시작과 유지 그 자체로 심각한 인권침해이자 폭력'이라는 인식을 제고했다.

이러한 인식 속에서 2017년 9월 총선에서 독립조사기구 설립을 공약으로 내걸었던 노동당이 승리했고, 당선된 저신다 아던Jacinda Ardern 총리가 2018년 드디어 앞서 언급한 '조사위원회'를 설립했다.

이렇게 출범한 뉴질랜드 조사위원회에 요청된 역할에는 피해자의 회복과 권리구제redress를 위한 방향 제시도 포함돼 있었다. 조사는 그렇기에 단순한 '진상규명'을 넘어 시설수용 생존자가 회복해가는 과정의 일환으로 진행됐다. 이에 따라 뉴질랜드 조사위원회는 철저히 생존자 중심으로 활동했고, 특히 생존자의 트라우마를 고려하면서 조사를 진행했다. 뉴질랜드 조사위원회의 조사위원인 폴 깁슨Paul Gibson은 트라우마를 고려한 섬세한 조사체계와 방식이 많은 시행착오를 거쳐 만들어졌다고 설명했다.

"조사 과정에서도 우리는 많은 것을 배웠다. 맨 처음 조사위원회의 접근은 너무 형식적이었던 것 같다. 생존자들의 말 하나하나를 '믿을만한가' 따져가며 들었던 것에 우리는 부끄러움을 느끼고 있다. 생존자들의 증언은 우리 사회를 바꾸는 데 절실히 필요한데도, 이러한 형식 때문에 생존자들은 우리에게 와서 자신의 이야기를 하는 데 불편함을 느꼈고, 그럴 동기도 느끼지 못했다. …… 조사위원회의 일부 직원들은 너무 관료적이었고, 생존자들과 거리가 멀었다. 우리는 완전히 다르고 극단적인 세계에서 살아온 생존자들을 이해하지 못했다."

조사 방식이 지나치게 사법적이고 법률가 중심적lawyer-heavy이라는 반성과 생존자 친화적 조사 방식을 구성해야 한다는 합의에 따라 조사위원회 운영지침이 개정됐다. 2021년 10월 개정에 따라 운영지침에는 다음과 같은 다소 파격적인 조항이 새로 삽입됐다.[08]

19A. 조사 수행 시에는 19조(조사의 원칙)와 더불어 실행 가능한 범위 내에서 다음 원칙에 따라 운영돼야 한다.
 (a) 법률적 접근 지양
 (b) 공청회에 추가적으로 또는 그 대안으로 **덜 형식적인 절차**를 채택(강조는 글쓴이)

2018년부터 2023년까지 약 18만 뉴질랜드 달러(한화 약 1,475억 원)의 예산이 배정된 것만 보아도 뉴질랜드 정부가 시설수용 조사에 얼마나 관심이 많았고, 이 조사를 중요하게 인식했는지 알 수 있다. 조사위원회 임기는 본래 2023년 6월 종료 예정이었으나, 피해생존자들의 증언이 쇄도하고, 조사위원회 설립 당시 예상보다 더 광범위한 조사 필요성이 제기돼 임기가 1년 연장됐다. 2024년 6월 24일, 정부에 최종결과 보고서가 제출됐다.[09]

미국: 소송에서 입법으로

"우리 국가는 오랫동안 정신장애인과 발달장애인을 방치해왔습니다. …… 이것은 우리 국민들의 양심을 괴롭혔지만, 언급하기 싫고, 미루기 쉽고, 해결책이 없는 문제일 뿐이었습니다. 연방정부는 이 문제의 국가적인 파급력에도 불구하고 해결책을 주에 떠넘겼습니다. 주정부들은 구금시설인 병원과 요양원에 의존했습니다. 이러한 병원과 요양원은 부족한 인력에 과밀수용의 문제를 안고 있었고, 죽음으로만 해방될 수 있는 불행한 시설이었습니다."

1963년 2월 5일 미국 대통령 존 F. 케네디는 국회에서 지적장애인과 발달장애인을 시설에 방치하는 것이 국가의 방임이고 이를 해결하기 위한 정부의 책임이 필요하다고 선언했다.[10] 여기에는 케네디 대통령의 개인적 이유, 즉 여동생인 로즈메리 케네디가 지적장애인 당사자란 사실이 크게 작용한 것으로 알려져 있다. 케네디 대통령의 또 다른 여동생이자 조셉 케네디 주니어 재단을 운영했던 유니스 케네디 슈라이버는 유명한 발달장애인 권익옹호활동가이기도 했다. 유니스 케네디의 설득에 따라 케네디 대통령은 당선 이후 '전환정책 특별위원회Transition Task Force'를 구성하고, 위원회 조사 보고서에 근거하여 정책을 구상했다.[11] 다만 정책 선도자였던 케네디 대통령이 암살당하면서 장애인수용정책은 추진력을 상실했다.

그럼에도 시설에 대한 문제의식의 물꼬가 터진 이상, 현 상태가 유지될 수는 없는 일이었다. 1970년대 미국 탈시설운동은 열악한 시설 처우를 고발하고 시설거주자들의 권리를 보호하기 위한 다양한 공익 소송들을 통해 본격적으로 추진됐다. 미국의 장애인탈시설 역사에서 중요한 이정표 중 하나는 펜실베이니아주 펜허스트 주립학교와 병원을 대상으로 진행된 집단 소송이다. 당시 소송에서 중요한 역할을 맡았던 제임스 콘로이 박사는 펜허스트 시설을 다음과 같이 회고했다.[12]

"1970년 나는 대학을 졸업하자마자 「발달장애법」이 끼치는 영향에 대한 국가 연구를 맡았다. 나는 시설의 대표 표본을 모아 직접 방문하여 자료를 검증하는 업무를 담당했고, 내게 할당된 시설 중에는 그 당시 '펜허스트 주립학교'라 불리던 시설도 포함돼 있었다. 1971년 나는 워싱턴에서 펜실베이니아까지 운전해서 갔고, 그곳에서 믿지 못할 상황들을 직접 목격했다. 원래 700명을 기준으로 만들어진 시설에 2,800명이 수용돼 생활하고 있었고, 밤낮 가릴 것 없이 하루 종일 사람들이 좁은 방에 내버려져 있었다. 뼈가 부러져도 치료받지 못한 채로 방치됐으며, 목욕이란 바닥에 배수구가 있는 방에 사람들을 모아둔 채 호스로 물을 뿌리는 것이었다. …… 우리는 기록 124개를 살펴보면서 실제 치아가 있는 사람들의 수를 세어보았다. 그 결과 3분의 1 정도는 치아가 없다는 사실을 발견했다. 나중에 법원에서 밝혀진 바에 따르면 펜허스트에 있던 사람들의 치아를 모두 뽑는 것은 수십 년 동안 보편화된 일이었다. 그것은 무는 행위에 대한 처벌이었다. 사람을 두 번 무는 사람이 있으면 펜허스트의 치과의사는 그 사람의 모든 이를 발치했다……."

1974년 5월, 펜허스트 거주인들은 시설수용이 헌법상 권리를 침해한다고 주장하면서 시설에서의 인권침해에 대한 손해배상과 펜허스트 폐쇄, 지역사회 내 교육, 훈련, 보호의 제공 등을 요구하는 집단소송을 펜실베이니아주 지방법원에 제기했다Halderman v. Pennhurst State School & Hospital. 결과는 거주인들의 승리였다. 법원은 펜허스트에 사람이 너무 많이 수용돼 있으며, 직원과 적절한 교육프로그램이 부족하다는 점을 확인했다. 또한 직원을 배치하는 대신 격리실, 물리적 억제대, 향정신성 약물 등 여러 부적절한 통제 도구가 사용됐다는 것도 드러났다. 거

장애, 시설을 나서다

주인들은 다른 거주인과 직원에게 학대를 당한 것으로 밝혀졌다. 결국 펜허스트는 문을 닫았고, 거주인들은 지역사회에서 자신의 자리를 찾아가기 시작했다.

미국에서 탈시설은 펜허스트 사례와 같은 공익소송을 통하여 추진되고, 입법을 통하여 기반을 다졌다. 특히 1990년 「미국 장애인법」(the Americans with Disabilities Act 1990, 「장애인법」)이 제정됨으로써 1990년대의 미국 탈시설운동은 「장애인법」에 기반하여 전개됐다. 「장애인법」법은 장애인 차별금지에 관한 포괄적인 법률이며, 명시적으로 시설화를 장애인에 대한 차별로 규정하고 있다.**13**

> "역사적으로 사회는 장애인을 고립하고 분리하는 경향이 있었으며, 약간의 진전에도 불구하고 그러한 형태의 장애인에 대한 차별은 심각하고 만연한 문제이다. 장애인에 대한 차별은 …… 시설화와 같은 중요한 영역에서 지속되고 있다. 장애인은 계속해 노골적인 의도적 차별, 건축·교통수단·정보통신에 대한 장벽이 가져오는 차별적 효과, 과잉보호하는 규범과 정책, 존재하는 시설과 관행의 변화 실패, 배제적인 기준, 분리 등 다양한 형태의 차별에 지속적으로 직면하고 있다."

「장애인법」 제정 이후 미국 탈시설의 또 다른 전환점이 된 것은 일명 옴스테드 판결이었다. 1999년 옴스테드 판결Olmstead v. Lois Curtis에서 미국 연방대법원은 「장애인법」 조문을 근거로 "주정부는 장애인을 정신병원 등의 시설에 수용하는 것보다 지역사회 중심의 서비스를 제공할 의무가 있다"라고 판결했다. 옴스테드 사건은 정신장애와 지적장애가 있는 두 여성이 자발적으로 입원했다가 주치의가 지역사회 프로그램을 통한 치료가 적절하다고 판단했음에도 불구하고 주 공무원들이 강제입원 조치를 취하자, 「장애인법」에 근거하여 지역사회 기반 프로그램을 통한 치료를 청구하는 소송을 제기한 사안이다. 이 사건에서 연방대법원은 장애인에 대한 부당한 분리는 장애인에게도 차별 없이 공공서비스를 제공해야 할 정부의 의무를 전반적으로 규정한 「장애인법」 제2장에 위반하는 차별이라고 판단했으며, 지역사회 기반의 서비스를 제공할 의무를 주 정부에게 부과했다.[14]

미국의 사례는 하나의 충격적인 사건이 사회적으로 알려지고, 당사자와 그들을 지지하는 사람들이 사회가 더 이상 이러한 역사를 반복해서는 안 된다는 목소리를 함께 높일 때, 그리고 이 목소리에 공적인 기관, 특히 국회와 법원이 응답할 때 정치적, 제도적 변화가 가능했음을 보여준다. 장애인거주시설의 참상을 알린 언론, 케네디 대통령이나 콘로이 박사와 같은 인물, 펜허스트 소송 및 옴스테드 소송과 같이 의미 있는 판결, 그 결과로 이뤄진 「장애인법」과 같이 이정표적인 기본법의 제정과 개정은 장애인을 시설에 가두는 것이 차별이고 헌법적 원칙을 위반한 것임을 확인해줬다. 그 과정에서 장애인의 탈시설은 권리가 될 수 있었다.

스웨덴: 우생학적 국가에서 선도적 탈시설 국가로

스웨덴 역시 탈시설정책을 선도한 국가 중 하나로 꼽힌다. 스웨덴은 일찍이 1997년 「시설폐쇄법」을 제정하여 거주시설 폐쇄의 완료 시점을 명시했다. 발달장애인을 대상으로 한 특수병원은 1997년 12월 31일까지, 요양원은 1999년 12월 31일까지 폐쇄하도록 법률에 명시적으로 규정했다. 스웨덴은 2020년 기준으로 유럽연합 내에서 30인을 초과하는 장애인거주시설이 전혀 운영되지 않는 유일한 국가다.

물론 스웨덴이 「시설폐쇄법」을 제정하기까지 어두운 과거도 있었다. 스웨덴에서도 오랜 기간 동안 장애인을 시설에 가두는 것이 일반적이었다. 시설에서의 삶에는 고립, 강요, 반복되는 폭력, 그리고 의학 실험이 있었다. 1900년대 초반부터 "교육이 불가능"하다고 여겨지는 지적장애인은 가족, 정신병원, 요양원의 책임이었다. 지적장애인은 "사악한 사회로부터 보호"받아야 한다고 여겨졌다가, 나중에는 "사회가 그들로부터 보호"돼야 한다고도 했다. 다른 인접 국가들도 그랬지만 스웨덴의 1910년~1940년대는 우생학의 시대였으며, 지적장애인의 결혼을 제한하거나(1915년), 지적장애인을 불임수술 시키는 법(1941년)이 제정되기도 했다.

많은 장애아동은 복지와 의료적 지원이라는 명목으로 시설 입소가 장려됐다. 그러나 시설에서 장애아동을 기다리고 있던 것은 비윤리적 의료 실험, 학대와 방임이었다. 스웨덴의 한 지적장애아동시설은 아동

1,000여 명을 실험 도구로 삼았다. 연구자들은 아이들에게 사탕을 먹이고, 설탕이 충치에 어떻게 영향을 미치는지를 연구했다. 실험 대상이 됐던 사람들은 치아를 다 잃어버려야 했다. 뇌성마비 아동은 평생을 침대에 묶인 채 살아갔다는 증언도 있었다.[15]

시설이 당연하게 여겨지던 시기, 이러한 삶의 방식에 의문을 제기한 사람이 있었다. 바로 스웨덴 탈시설의 시발점으로 꼽히는 칼 그룬발트 Karl Grunewald 박사다. 그룬발트 박사는 1950년대 스웨덴 보건복지부 위원으로 활동하면서 장애인시설 조사를 수행했다. 이 과정에서 그룬발트 박사는 시설의 열악한 환경과 장애인에 대한 강제 불임수술, 시설거주 장애인을 대상으로 한 비윤리적 의료 실험 등을 마주했고, 조사보고서를 통해 시설의 인권 실태를 낱낱이 고발했다.

그룬발트 박사는 폭로에 그치지 않고 탈시설 당사자들에 대한 추적연구를 진행했다. 시설에 살던 장애인이 지역사회에서 살면 오히려 삶의 질이 떨어질 것이라거나 장애인이 사는 동네 집값이 떨어질 것이라는 등 기존의 막연한 우려들이 사실과 다름을, 그룬발트 박사의 연구가 입증했다. 그룬발트 박사의 연구는 특히 시설 폐쇄를 반대하던 부모들에게 많은 영향을 미쳤다. 시설 폐쇄 결정에 거주인의 가족 50~80%가 우려를 표했지만, 그룬발트 박사의 연구 이후 다시 실시된 후속 조사에서는 탈시설에 만족한다는 답변이 오히려 80%에 달하는 것으로 나타났다.[16]

이후 스웨덴은 지속적으로 장애인의 탈시설-지역사회 통합을 위한 법안을 정비해갔다. 1967년 제정된 「발달장애인 돌봄법」을 통해 가정

장애, 시설을 나서다

내 발달장애인 돌봄에 대한 국가의 지원 의무가 규정됐고, 교육이 불가능하다고 간주됐던 중증장애아동도 교육을 받게 됐다. 이를 통하여 발달장애인이 전통적인 거주시설 밖에서 생활할 수 있는 제도적 기초가 구축됐다.

1985년 제정된 「발달장애인 특별돌봄법」은 스웨덴 장애인탈시설화 정책의 전기를 마련했다. 이 법은 발달장애인 당사자가 필요한 서비스를 신청하고 결정하도록 규정함으로써 사실상 시설수용이 '발달장애인서비스' 중 하나로 선택되지 않을 수 있는 법률·정책적 환경을 만들었다. 또한 이 법은 탈시설을 촉진할 지방의회와 지방정부의 책임을 구체화하고 신규 시설의 설치를 금지했으며, 스웨덴에서 모든 장애인의 지역사회 거주 권리를 인정한 최초의 법률로 평가된다. 이후 1993년 제정된 「특정장애인지원법Law of Support and Service for Person with Certain Functional Impairments, LSS」은 「발달장애인 특별돌봄법」을 대체하여 현재까지 시행되고 있다. LSS에 따라 스웨덴 정부는 지역사회 내 장애인지원서비스를 제공할 의무를 지니며, 이러한 의무는 단단한 공적 지원제도를 국가가 책임 있게 구축하고 관리함으로써 서비스의 공공성을 담보하는 방향으로 실천되고 있다.[17]

이러한 긴 노력 끝에 스웨덴에서 낡고 큰 시설은 사라졌다. 하지만, 장애인이 지역사회에 포함돼 다른 사람들처럼 살 수 있다는 목표는 아직 완벽히 달성되지 않았다. 여전히 많은 장애인이 그룹홈과 같은 소규모 시설에 거주하고 있으며, 그곳은 자기결정권과 완전한 참여의 기회가 부족하다는 비판이 종종 제기된다. 특히 보수적인 정부가 집권하면서 장애인 대상 지원서비스들이 위협받고 있으며, 개인지원이 삭감되며, 다시 그룹홈으로 들어가야 하는 재시설화도 진행되고 있다. 스웨덴 이동권기구 의장인 아사 스트라레모Åsa Strahlemo는 과거를 잊지 말아야 한다고 강조하며, 스웨덴의 시설에서 과거 일어났던 폭력에 관하여 다음과 같이 말한다.[18]

"학대, 폭력, 고독과 슬픔. 이것이 시설에 수용됐던 많은 장애인의 삶이었다. 시설은 거의 언급되지 않는 스웨덴 역사의 한 부분이다. 공적 사과를 통하여 과거의 폭력을 인정하고 모든 인간의 동등한 가치를 인정해야 한다. 새로운 법을 통하여 교육에 투자하는 것만이, 예전에 시설에서 발생하는 일이 다시 반복될 위험을 줄이는 강력한 도구가 될 수 있다."

30년 전에도 발견된 사실: 탈시설의 효과

칼 그룬발트 박사의 탈시설 당사자 추적 연구가 탈시설정책으로의 전환점이 된 것처럼, 시설보다 지역사회에서의 삶이 장애인 당사자에게 더 긍정적인 영향을 미친다는 연구들은 그룬발트 박사의 연구 이후에도 다양한 국가에서 꾸준히 진행됐다. 이러한 연구들은 국가, 시기, 상황이 다양한데도 한결같은 결론으로 귀결됐다. 장애 유형과 정도를 막론하고 시설에서 사는 것보다 지역사회에서 사는 것이 당사자에게도 좋고, 사회 전체에도 더 많은 가치를 창출했다는 것이었다.

미국의 펜허스트 시설은 소송을 통해 문을 닫게 됐지만, 시설에서 나온 사람들의 삶이 어떻게 변화했는지에 대한 확인이 필요했다. 제임스 콘로이 박사가 있던 템플대학교의 발달장애센터는 정부가 발주한 펜허스트 종단연구를 수행하여, 시설에서 살던 사람들이 탈시설 이후 지역사회에서 어떻게 사는지 추적했다. 1,154명을 대상으로 한 추적 연구 결과는 매우 놀라웠다. 시설에서 지역사회로 이동한 이후 시설에 살던 장애인들은 자립성이 증대되고, 도전적 행동(자신이나 타인에게 해가 되는 발달장애인의 행동을 지칭하는 용어[19])은 감소했다. 초반에는 시설에서 나오는 것에 반발했던 가족이 많았지만, 수년이 지난 후 가족들은 탈시설에 긍정적인 의견을 나타냈다.

지역사회로 이동한 후 다양한 측면에서 삶의 만족도가 높아졌다고 보고한 사람의 비율은 두 배로 증가했다. 또한 시설을 유지하는 것보다 지역사회에서 살아가는 편이 국가 재정도 적게 들었다. 결론적으로 펜허스트 판결 이후 시설에서 나온 사람들의 삶은 어떤 식으로 측정하든 평균적으로 더 나아졌다. 제임스 콘로이 박사는 그 이후 미국 8개 주에서 7,000명이 넘는 사람을 대상으로 탈시설 이후의 삶에 대한 추적 연구를 진행했는데, 연구 결과는 유사했다. 탈시설 이후 대부분은 적응행동에 개선을 보이고, 자기 통제 능력이 강화되고, 다른 시민들과 더 잘 통합되고, 건강을 유지하고, 더 많은 서비스를 받았으며, 기대할 수 있는 수명보다 더 오래 살았다. 당사자, 가족, 지역사회 등 모든 측면에서 장애인이 시설에 거주하는 것보다 지역사회에 거주하는 것이 바람직하다는 사실이 연구에서 드러났다.

호주의 한 연구는 거대한 정신병동에서 나와 지역사회로 돌아온 정신장애인 47명의 삶에 대한 질적 연구를 통해 탈시설 이후 이들의 삶이 천천히 긍정적인 변화를 보였다는 점을 밝혔다. 오랜 정신병동 생활 이후 사회에 나온 사람들은 아무 때나 커피를 내려 먹을 수 있고 침실에 갈 수 있는 단순한 자유에 감격했다. 오랜 시간을 시설에서 살아온 사람들에게 사회 적응이 물론 쉽지만은 않았고, 제한된 수입으로 여러 상황을 해결해야 하는 것에 스트레스도 받았다. 그러나 점점 사회에서 살아가는 것에 적응해갔다.[20] 병원에서 벗어난 이후 2년 동안 정신장애인들의 삶은 천천히 개선됐고, 모두 지역사회의 삶을 더 선호하게 됐다. 물론 이러한 변화를 위해 지역사회 구성원들과 지역의 정신건강서비스 이용자들은 탈시설한 환자들을 받아들였다. 성공적인 지역사회 정착을 위해서는 이들을 수용하는 지역사회, 그리고 적절한 지원과 서비스를 제공하는 시스템이 필요했다.

그 밖에도 73개에 달하는 탈시설 관련 연구를 종합한 결과, 대형 시설, 소규모 시설, 지역사회 중 '지역사회에서의 삶이 가장 좋은 삶의 형태임이 명확하다'는 것이 이미 1990년대에 입증됐다.[21] 적절하고 충분한 지원서비스를 통해 시설에서 벗어난 삶이 가능하며, 시설에 있는 것보다 더 나은 삶을 살게 된다는 연구들은 이 밖에도 많이 존재한다. 물론 이런 연구들에서 개인적 편차는 당연히 발견된다. 단기적 효과와 장기적 효과를 구분해서 보면, 탈시설이 개인의 삶에 미친 영향은 좀 더 복잡하다. 그럼에도 전반적인 경향은 탈시설의 긍정적 효과를 충분히 입증할만한 것이었다.[22]

"음……. 나는 아침에 계란과 소시지를 굽고 바닥을 쓸어요. 가끔 외식도 하고요. 미술수업을 들어요. 예쁜 그림을 그리고 돈을 벌죠. 나는 도시에 나가서 예술작품을 팔아요. 교회에 가서 하느님께 기도하죠. 저는 노래할 때 고음도 낼 수 있어요! 여름에는 수영장에 가고 물에 발을 담가요. 아마도 언젠가는 수영도 배울 거예요. 나는 낚시도 해봤고, 농장에서 돼지와 말도 봤어요. 나는 신발과 옷을 샀어요. 생일파티도 했죠. 재미있었어요. 나는 더 이상 큰 개를 무서워하지 않아요. 나 자신이 마음에 들어요. [탈시설 이후] 내 인생은 더 나은 인생이 됐어요."

미국 대법원의 옴스테드 판결을 통해 시설을 벗어나 지역사회에서 살아가게 된 지적장애인 루이스 커티스는 2014년 한 인터뷰에서 탈시설 이후의 삶이 어떠냐는 질문에 위와 같이 이야기했다. 루이스의 목소리에 귀 기울이면 시설을 나와 사회에서 살아간다는 것의 의미가 머릿속에 떠오른다. 탈시설을 통해 당사자가 얻으려는 것은 정말 소박한 일상, 자신으로서의 삶이다.

"장애인이 지역에 산다는 것은 지적장애인뿐만 아니라 사회에도 중요해요. 시민들은 지적장애를 가진 사람이 어떤 장점이 있고 얼마나 사회에 기여할 수 있는지 알 수 있습니다. 내가 아는 모든 지적장애인은 각자 어떠한 장점이 있고, 그 장점을 인식하고 노력할 경우 사회에 크게 기여할 수 있습니다. 이럴 때 지적장애인은 사회에 참여하면서 만족과 행복을 느낄 수 있고, 더 독립적인 결정을 내릴 수 있고, 국가와 가족들에게 덜 의존할 수 있어요. 친구를 만들고, 관계를 맺고, 취미를 선택하고, 지원을 받아 직업을 찾고, 다른 시민과 마찬가지로 완전하게 살아갈 수 있습니다. 나는 모든 지적장애인이 자신의 잠재력을 최고로 사용하기를 바라요."

보스니아 헤르체고비나의 장애인 활동가이자 유럽의 발달장애인 권익옹호단체 인클루젼유럽Inclusion Europe 부의장인 세나다 할릴세비치 Senada Halilčević의 이야기다.**23** 그녀는 지적장애인으로 30살까지 시설에서 살았으나 그 이후 활동가로 일하게 됐다. 그녀는 시설에서 벗어나 사회의 일원이 되면서 장애인의 삶을 넘어서 가족이자 친구이자 동료로서의 삶, 운동선수이자 노동자로서의 삶을 모두 체험할 수 있었다고 말한다. 어린 시절부터 시설에서 계속 살아왔던 벨기에의 지적장애인 쟈클린 페리Jacqueline Pareys는 시설에서의 삶에 대하여 다음과 같이 말했다.**24**

"여러 시설에서 살았어요. 처음에는 작은 마을, 그다음에는 브뤼셀에 있는 시설이었어요. 하지만 나는 이게 싫었어요. 나는 나의

장애, 시설을 나서다

일상에서 뭘 할지를 결정할 수가 없었어요. 왜냐하면 [관리하는] 사람들이 우리를 혼자 두고 싶어 하지 않았거든요. 혼자 있는 것이 허용되지 않아서, 내가 좋아하지 않는 활동에도 참여해야 했죠. 그리고 스태프들이 우리를 위한 모든 것을 해줬어요. 시설 밖의 여가생활에 등록하는 것까지 말이에요. 그래서 어떻게 살아가야 하는지 배울 수가 없었어요."

쟈클린은 결국 시설을 나와서 혼자 살아가게 됐고, 여러 일자리를 경험한다.

"처음에는 옷가게에서 옷을 정리하는 일을 했는데, 가게가 문을 닫아서 실업 상태였죠. 그다음에는 인클루전유럽에서 일자리를 찾았어요! 책상과 사무실을 청소하고, 커피를 준비하고, 지적장애인을 위해 쉽게 쓰인 프랑스어 텍스트를 읽고 수정하는 일을 하고 있어요. 몇 년째 이곳에서 일하고 있고, 많은 사람들을 만나요. …… 나는 지적장애인들이 밖으로 나와서 일을 찾아야 한다고 생각해요! 쉽지 않을 때도 있지만, 일을 통해서 돈을 벌고, 밖으로 나오고, 새로운 사람을 만날 수 있어요. 이것은 정말 중요해요."

국제규범의 등장

유엔 장애인권리협약

시설수용의 문제점에 대한 인식이 전 세계적으로 증가하고, 탈시설정책 역시 확산되면서, 국제사회는 2006년 기념비적인 유엔 장애인권리협약Convention on the Rights of Persons with Disabilities, CRPD을 제정하기에 이르렀다. 이는 세계인권선언(1948년), 고문방지협약(1984년), 아동의 권리에 관한 협약(1989년) 등 유엔이 제정한 10개 이상의 주요 인권 협약과 의정서 가운데 하나다.

유엔 장애인권리협약은 2006년 12월, 192개 회원국 만장일치로 유엔 총회에서 통과됐다. 다른 조약들에 비해 상당히 최근에 만들어진 조약이다. 한국은 2007년 가입하여 2008년 국회 비준을 받아 2009년부터 국내 효력이 발생했다. 2006년 12월 유엔 총회에서 통과되고 바로 이듬해 3월에 가입했으니 유엔 장애인권리협약 선도 국가라고 해도 과언이 아닐 것이다. 단순히 가입한 정도가 아니라 조문을 만들 때도 적극적으로 참여하여 제6조 장애여성조항[25]을 별도로 삽입하는 데 한국 시민사회와 정부가 큰 역할을 한 것으로 알려져 있다.[26]

모든 인권조약이 그렇듯, 조약에 담긴 권리들은 저절로 하늘에서 떨어진 것이 아니다. 공식 기록에 따르자면, 2001년 유엔 총회에서 멕시코의 제안으로 장애인 권리협약 작성을 위한 특별위원회가 설치됐고,

2002년에 초안 작성을 시작, 2006년에 유엔 총회를 통과했다.**27** 공식 기록에는 없지만 실제로는 이 장에서 살펴봤듯 여러 국가에서 일어난 장애인인권운동과 탈시설정책의 확산 등 장애인 당사자들의 치열한 투쟁이 바로 유엔 장애인권리협약의 기초를 만들었다.

유엔 장애인권리협약이 강조하는 것은 장애인이 모든 인권과 기본적 자유를 완전하고 평등하게 누릴 수 있도록 당사국들이 최선의 조치를 취하는 것이다. 유엔 장애인권리협약은 모든 형태의 차별에서 자유로울 권리, 완전한 참여와 포용, 기회 균등, 최근 한국에서 벌어지는 이동권 투쟁과 연관된 접근 가능성, 자립, 여성 및 아동의 권리를 기본 원칙으로 하고, 차별 금지, 고문이나 비인도적 또는 굴욕적인 대우 금지, 이동권, 교육권, 건강권, 노동권, 적절한 생활 수준의 보장 등을 규정하고 있다.

이러한 장애인의 권리 선언 외에도 유엔 장애인권리협약은 당사국들이 협약의 이행 상황을 정기적으로 보고하도록 규정하고 있으며, 협약 이행을 위한 국제적 협력과 지원을 선언하고 있다. 이러한 이행력 확보 노력은 인상적이다. 특히 유엔 인권조약들에는 그에 대응하는 각각의 '위원회Committee'가 있다. 조약마다 구체적 위임사항mandates들은 조금씩 다르지만, 공통적으로 조약 가입 당사국들의 이행 현황을 정기적으로 심의하는 중요한 역할을 한다. 유엔 장애인권리협약 역시 그에 상응하는 '장애인권리위원회Committee on the Rights of Persons with Disabilities'가 있다. 장애인권리위원회는 정부가 제출한 협약 이행 보고서, 국가인권위원회와 시민사회가 제출한 보고서 등을 종합하여 '최종견해

Concluding Observation'를 발표한다. 최종견해는 긍정적인 이행 상황, 우려 사항, 그리고 우려 사항에 대한 권고, 후속 조치 등으로 구성된다.

유엔 장애인권리협약은 2006년 제정 이후에도 다양한 문서를 통해 내용이 분명해지고 보완돼왔다. 우선 탈시설의 중요성과 원칙, 그리고 방향을 거듭 밝힌 문서로 2017년 발표된 일반논평 5호가 있다. 일반논평 5호는 이 책에서 반복적으로 강조하는 자립생활의 권리, 주거지와 생활 방식 선택의 자유, 활동지원서비스, 그리고 지역사회 통합 등을 다루고 있다. 다음으로 중요한 문서가 바로 아래에서 자세히 논의하는 탈시설가이드라인이다.

이뿐 아니라 유엔 장애인권리위원회가 14차 회기(2015년 9월)에서 채택한 "장애인권리협약 제14조에 대한 가이드라인(장애인의 자유와 안전에 대한 권리)"은 장애인의 강제 입원, 강제 치료와 돌봄에 관한 내용을 다루고 있다. 유엔 장애인권리협약 19조나 탈시설을 명시적으로 이야기하고 있지는 않지만, 원칙적으로 이 가이드라인 역시 탈시설과 지역사회 자립, 장애인의 자율성과 선택권, 그리고 국가의 배·보상에 관한 문서라고 말할 수 있다.

따라서, 엄밀한 의미에서 유엔 장애인권리위원회가 탈시설 의제를 강조한 문서는 협약 본문을 포함하여 총 4개라고 볼 수 있다. 유엔 장애인권리위원회가 유엔의 다른 인권조약위원회들에 비해 상당히 최근에야 만들어진 점[28]을 고려하면, 한 주제를 가지고 이렇게 다양한 문서가 만들어졌다는 사실은 위원회가 탈시설 의제를 얼마나 중요하게 여기는지 보여준다.

유엔 장애인권리협약이 중요한 것은 이 협약이 대한민국 헌법 제6조 1항에 따라 "국내법과 같은 효력"을 지니기 때문이다. 더군다나 인권조약처럼 헌장Charter적 성격이 있는 국제조약의 경우 일반 국내법보다 상위에 있는 것으로 해석하고, 이러한 조약들에 맞게 국내법을 수정하고 보완해나가야 한다는 것이 국제법학계의 정설이다.**29** 이는 해당 협약에 가입한 대한민국 정부와 국회를 비롯한 모든 공공기관이 협약 내용을 준수하고 이행할 법적 의무가 있음을 의미한다. 나아가 기존에 존재하거나 새로이 만들어지는 법과 제도들이 유엔 장애인권리협약에 부합할 수 있도록 적극적으로 노력해야 할 의무가 있다는 의미기도 하다. 완벽한 준수를 지금 당장 요구하기는 어렵다고 하더라도, 적어도 이에 반하거나 충분히 이행이 가능한데도 방임해서는 안 된다는 것이다.

유엔 장애인권리협약에 담긴 장애인의 권리들은 결코 당연하게 인정된 것이 아니었다. 장애인의 차별을 금지한 규정을 달리 표현하자면 "왜 나는 비장애인들과 똑같이 살면 안 돼?"라는 물음에 "우리(비장애인들 혹은 주류 사회)가 장애인들을 차별해왔다"는 사실을 인정하고 "앞으로는 그래서는 안 된다"고 약속한 셈이다. 주거 선택의 자유, 접근권, 활동지원을 받을 권리 등은 이러한 차별을 철폐해나가기 위한 고심과 저항의 결과 새롭게 발굴되고 규정된 것들이다.

유엔 장애인권리협약이 아름다운 역사적 진보인 것은 오랫동안 무시당해왔지만 존중받아야 할 '사람'의 범위를, 인권의 범위를 넓힌 가장 최근의 국제적 규범이기 때문이다. 이전에 제정된 인종, 여성, 고문, 아동, 이주 노동자 등을 다루는 협약들에 이어 제정된 유엔 장애인권리협약은 이 책에서 다룬 수많은 탈시설 관련 논점들을 검토할 때 가장 중요한 준거를 제시하는 문서라고 할 수 있다.

참고로 한국은 유엔 장애인권리협약에 빨리 가입한 초기 당사국에 속하는 만큼, 현재까지 2차례 심의를 받았다. 2024년 현재 전체 당사국 185개국 중 심의를 2회 이상 받은 국가는 10개국에 불과하다.[30] 그러나 한국이 보여준 초기의 열정에 비해 실제 이행 노력은 우려스럽다. 일례로, 지난 2022년 두 번째로 진행된 심의 결과 발표된 최종견해에 포함된 상당수 우려와 권고사항은 장애를 의학적 관점에서 규정한 점, 재난 상황에서 장애인의 안전을 보장하지 않은 점, 탈시설정책을 시행하며 충분한 예산을 확보하지 않은 점, 「최저임금법」 7조에 따라 장애인을 최저임금 적용 대상에서 제외한 점 등 "1차 최종견해"와 크게 달라지지 않았다.[31] 1차 심의가 2014년이었으니, 8년이 지나도록 한국의 장애인 권리 보장에 큰 진전이 없었다는 것을 의미한다. 다시금 강조하지만, 대한민국은 유엔 장애인권리협약 초기 가입국이다.

긴급상황을 포함한 탈시설가이드라인

코로나19 대응의 일환으로 장애인거주시설을 집단 격리하면서 앞서 살펴봤듯 참상이 발생했다. 국제사회는 이를 반성하며 2006년 유엔 장애인권리협약에 이은 또 다른 역사적인 이정표인 탈시설가이드라인을 발표했다. 국제 장애인권 의제의 최선봉에 서 있는 유엔 장애인권리위원회는 2020년 9월 장애인탈시설 실무단Working Group on the Deinstitutionalization of Persons with Disabilities을 출범시켰다. 실무단은 탈시설가이드라인을 만들기 위해 전 세계에서 대륙별 간담회를 온라인으로 진행하여 장애인, 가족, 지원인력 등 관계자들의 의견을 수렴하겠다고 밝혔다. 당사자들의 이야기를 가능한 한 빠짐없이 수렴하겠다는 적극적 의지를 표명한 것이다. 이례적인 일이었다. 그만큼 계속된 시설 문제를 더 이상 좌시할 수 없는 시기가 왔다는 의미기도 했다.

유엔 장애인권리위원회의 순회 간담회는 2021년 1월부터 6월까지 6개월에 걸쳐 이어졌다. 500명 이상의 장애인, 가족, 지원인력 등이 간담회에 참여하거나 서면 의견서를 제출했다. 이렇게 수렴된 의견에 근거하여 유엔 장애인권리위원회는 코로나19와 같은 긴급 상황에서도 중단되지 않고 유엔 장애인권리협약의 원칙에 따르는 바람직한 탈시설 방안을 제시하는 가이드라인을 만들었다. 2022년 9월, 전 세계 장애계가 참여하고 기다려온 '긴급상황을 포함한 탈시설가이드라인 [Guidelines on deinstitutionalization, including in emergencies^{CRPD/C/5}, '탈시설가이드라인']이 드디어 발표됐다.

탈시설가이드라인은 당사국의 의무, 탈시설 과정에서 반드시 고려해야 할 핵심 요소, 법률과 정책, 지역사회 내에 반드시 만들어야 하는 지원체계의 구체적 내용 등 협약과 일반논평에 따른 탈시설 의무 이행에 대한 지침은 물론, 코로나19 등 팬데믹, 자연재해, 전쟁 등 긴급 상황에서도 탈시설이 중단돼서는 안 되며, 오히려 장애인의 안전과 생명을 위해 더욱 빠르게 촉진돼야 한다는 '긴급탈시설Emergency Deinstitutionalization'

개념과 더불어 시설수용에 대한 구제와 배·보상 의무까지 두루 담고 있다.

이렇듯, 탈시설가이드라인이 광범위하고 다양한 내용들을 담고 있기는 하지만, 사실 이 내용들을 관통하는 원칙은 한 가지다. 장애인의 삶에서 당사자의 의견이 가장 우선이라는 것. 그동안 '너는 불쌍한 존재, 부족한 존재니까 우월한 내가 너를 보호해주고 좋은 결정을 대신 내려줄게'라고 말해왔던 차별을 끝내야 한다는 것. 그리고 시설수용은 바로 이러한 차별의 가장 대표적인 형태라는 것. 그래서 탈시설가이드라인은 "탈시설은 부정의한 시설수용의 관행을 전복"하는 것(93번 문단)이라고 말한다.

탈시설가이드라인에 담긴 또 하나 중요한 내용은 바로 구제와 배·보상이다. 시설수용에 대한 구제와 배·보상은 장애인권리협약이나 일반논평에서는 등장하지 않았으나 탈시설가이드라인에서 새로이 명시된 당사국의 의무이다. 시설수용이 협약에 따른 장애인의 다양한 권리(사실상 거의 모든 권리)를 침해하는 '협약 다중 위반'이라는 점은 일반논평에서부터 여러 차례 지적돼온 지점이다. 탈시설가이드라인은 이에 더해 시설수용을 '(신체적, 정신적) 손상에 근거한 구금 및 자유의 박탈에 해당한다'고 보고 있다. 시설을 '복지서비스'로 볼 수 없다는 입장을 명확히 밝힌 것이다. 위원회는 이에 기반해 구제와 배·보상의 의무를 도출하고 있다.

탈시설가이드라인은 시설수용 그 자체를 심각한 장애인 차별, 나아가 폭력과 중대한 권리침해로 보고 있다. 꼭 시설에서 신체적, 성적 학대를 당하거나 노동력을 착취당했다는 물적 증거가 있어야 '(피해)생존자survivor'가 되는 것이 아니라 시설에 수용됐다는 사실만으로도 다양한 권리를 이미 침해당했고, 지역사회에 살면서 획득할 수 있었던 기회와 관계들을 박탈당했기에 배·보상을 받아야 한다고 본 것이다. 심지어 2024년 7월 스위스 제네바에서 개최된 유엔 고문방지위원회 회의 결과 최종견해는 한국 정부가 "과거의 모든 국가폭력과 시설수용 피해자의 보상·재활 등 효과적인 구제 및 배상을 보장할 것"을 권고했다.**32**

한국에서도 형제복지원, 선감학원, 부산 영화숙·재생원 등 다양한 시설수용 생존자들에 대한 국가 폭력을 인정하고, 이들의 명예 회복, 일상 회복, 국가 폭력에 대한 배·보상을 이야기하고 있기는 하다. 그러나 이것이 일부 시설에만ㅡ그것도 권위주의 정부 시기에 한해서만ㅡ적용되고 있으며, 그들이 시설 안에서 겪은 학대와 범죄적 행위에 주로 초점을 맞추고 있다. 지난 21대 국회에서는 시설수용 생존자들에 대한 광범위한 배·보상 근거를 마련하려는 입법이 추진됐으나 무위에 그치고 말았다. 다시 강조하자면, 대한민국은 유엔 장애인권리협약 당사국이며, 헌법 제6조 1항은 "헌법에 의하여 체결·공포된 조약과 일반적으로 승인된 국제법규는 국내법과 같은 효력을 가진다"고 규정하고 있다.

세 번째 목소리: 우리 잘 살고 있어요!

푸른 나무들이 있는 공원에 한 무리의 사람들이 동그랗게 모여 있다. 모인 사람들은 검은 상의에 화려한 목걸이를 하고 있다. 한 사람은 기타를 치고, 세 사람이 웃으며 춤추고 있다. 주변에 둘러앉은 사람들은 함께 손뼉을 치며 웃고 있다.

말하고, 표현하고, 살아가고

사람들은 말한다. 발달장애, 뇌병변장애가 있는 이들의 의사를 어떻게 알 수 있느냐고. 사실 장애를 지닌 이들도 느끼고, 생각하고, 판단하고, 말하고 있다. 그동안 우리 귀에 들리지 않았을 뿐이다. 나뭇잎의 떨림으로 들을 수 있는 바람 소리, 하얀 포말의 모습에서 들려오는 파도 소리, 귀여운 강아지의 몸짓에서 들리는 신뢰와 사랑의 마음, 어떻게든 길을 알려주려는 외국인의 분주한 몸짓에서 들려오는 친절함처럼, 귀 기울여 들을 때 들리지 않는 소리란 세상에 없다. 장애인의 일상 속 이야기들도 마찬가지다. 문자나 음성으로는 전달하기 어려운 이들의 목소리도 다각도에서 귀를 기울일 때 들리게 된다. 심지어 눈으로 볼 때 들리기도 한다. 이들의 목소리를 듣는 데는 "타자의 말을 들으려는 의지, 욕망, 노력"[01]이 필요하다. "그것은 타자가 목소리를 내는 존재라는 걸 인정하고 그 목소리를 들으려 노력할 때만 성립한다."[02]

아침, 전화기 진동이 울리고 나(김유미)는 잠결에 전화를 받는다. 오늘도 이수민(가명)의 전화다. 하루가 시작된다.

"으어어."
"언니, 나 자고 있었어요. 잘 잤어요?"
"어어."
"오늘 학교 오는 날인 거 알죠?"

장애, 시설을 나서다

"어어……. 안난나? 어어어?"

"음, 뭐라고요?"

"우웨우웨? 어어어?"

"네. 춤은 내일 같이 해요. 오늘은 노래하는 날이에요."

"어어, 난나나아."

"오늘 학교 와서 같이 밥 먹……."(전화 끊김)

그리고 오후 6시쯤, 다시 이수민의 전화.

"나아아."

"집에 잘 갔어요?"

"어……."

"이제 저녁밥 먹어야겠네요?"

"어……. 어빠빠빠빠……."

"아? 오빠가 전화 안 받는다고요?"

"빠빠빠빠아아, 넨네에……어어어."(전화 끊김)

　이수민과 나는 아침에 한 번, 저녁에 한 번 통화한다. 그 외에도 통화할 때가 있으니 하루에 두 번 이상은 통화한다. 이수민은 가끔 전화에 대고 울기도 하고, 어떤 날은 신이 나 한참을 이야기한다. 비록 잘 못 알아듣지만, 열심히 듣고 나름대로 대화를 이어가본다. 언젠가는 그 이야기들을 모두 알아들을 수 있지 않을까 기대도 해본다. 카카오톡이나 문자메시지로도 많은 대화를 나눈다. 이수민은 이모티콘이나 이미지로 된 메시지를 반복적으로 보낼 때가 많다. 처음에는 받기만 하다가, 나도 무수한 이모티콘으로 답장한다. 우리 대화창엔 한글 메시지가 거의 없다.

이수민은 인강원에 1986년 입소해 32년을 그곳에서 살다가 2019년 탈시설했다. 열 살 무렵 시설에 입소해 사십 대 중반까지 시설에서 산 셈이다. 현재는 송파구에 있는 장애인지원주택('지원주택')에서 산다. 활동지원사와 함께 노들야학에 다닌다. 나는 2017년부터 이수민과 매주 화요일 노들야학에서 춤 워크숍을 함께해왔다. 2022년 세종문화회관 시어터에서 상연된 연극 「등장인물」, 2023년 서울 종로 마로니에공원에서 상연된 춤 공연 「어라운드 마로니에」에 참여해 서로의 춤 파트너로 활약했다.

박동경(가명)은 자주 '우우'나 '으음'으로 들리는 음성을 길게 이어서 소리 낸다. 몸을 앞뒤로 흔들기도 하고, 흔들다 갑자기 멈추고 다시 움직이기도 한다. 혼자서 손뼉을 탁탁 치기도 하고, 반복적으로 양쪽 손을 들어 양 손가락을 마주 붙였다가 떼기도 한다. "안녕하세요?"라고 물으면 "안녕하세요?"라고 다시 인사를 건네기도 하지만, 아무 말 하지 않을 때가 더 많다. "이름이 뭐예요?"라고 물으면, "이름이 뭐예요?"라고 답하거나 아무 말도 하지 않는다. 대신 그의 성씨인 박을 길게 빼 '바악~'하면 '박~동~경~'하고 이름을 말해줄 때가 있다.

박동경도 나와 노들야학에서 댄스 워크숍을 함께하는데, 나는 그가

이 워크숍을 원하는 것이 맞는지, 그가 춤 공연에 참여하고 싶은 게 맞는지 알지 못해 곤란함을 느낄 때가 많았다. "동경 씨, 이거 같이 하고 싶어요?" 하고 물으면, "이거 하고 싶어요?" 같은 말이 되돌아왔기 때문이다. 박동경과 음성언어로 소통하는 일에 한계를 절감한 뒤에는 그를 열심히 관찰할 수밖에 없었다. 그렇게 몇 년간, 꼬박꼬박 화요일마다 만나면서, 그의 행동 속에서 의지를 확인하는 일들이 있었다. 이를테면 그는 학교나 집 밖에 나오기 싫은 날이면 종종 샤워실에서 나오지 않는 방식으로 의사 표현을 했다. 아침에 시작한 샤워가 4시간, 5시간씩 이어져, 계획된 일정에 참여하지 못하는 일이 종종 있었다.

하지만 그는 나와 약속한 공연에 오지 않은 날이 없다. 공연에서도 자신의 순서가 되면 자리에서 일어나 자신이 해오던 대로 움직임을 해냈다. 가끔은 즉흥적으로 참여해 공연팀을 놀라게 했다. 다른 팀 순서인데도 본인이 무대로 나와 공연자들 가운데 서 있거나 음악에 맞춰 무대를 걸어 다니곤 했다. 평소 워크숍 때도 자기가 원하는 음악이 나오거나 자기 차례가 되면 선뜻 자리에서 일어나 공간을 천천히 걸으면서 도는 퍼포먼스를 해 보인다. 1982년생인 박동경은 스무 살 무렵인 2001년부터 인강원에서 살았고, 20년이 지난 2021년 장애인자립지원주택으로 이사하면서 탈시설했다.

매주 목요일이면, 나는 김은영, 이희주와 함께 버스를 타고 인강원에 갔다 돌아온다. 아직 인강원에 사는 두 사람의 귀가를 지원하기 위해서다. 장애인거주시설에 사는 이들은 활동지원서비스를 이용하지 못한다. 이동을 지원할 사람이 없기에 노들야학 교사들이 2017년부터 줄곧 함께 움직이고 있다. 2017년에는 열 명이 넘는 인강원 생활인들이 이동해야 했기에 야학에서 승합차를 운영했는데, 이제는 다 탈시설하고 김은영, 이희주 둘만 남았다. 야학 교사들은 대중교통이나 소형차를 이용해 이동지원을 하고 있다. 김은영은 야학에서 인강원으로 돌아가기 전에 편의점에 가고 싶고, 우체국에 가고 싶고, 포장마차에서 호떡을 사 먹고 싶다. 하지만 저녁 식사 시간에 맞춰 인강원으로 돌아가야 하기에, 나는 그를 설득해 곧장 인강원으로 향한다.

이희주는 버스 좌석에 앉으면 창문 밖 풍경을 열심히 살핀다. 그러다 "끄윽" 하며 내 팔을 다급하게 치고 손가락으로 창문 밖을 가리킨다. 창문 밖에는 보통 유아차에 탄 아이나 어른 손을 잡고 지나가는 어린이가 있다. 풍경 속에서 아이를 찾는 게임을 하듯, 이희주는 매일 집으로 가는 버스 안에서 창밖 아이들을 발견해 낸다. 세상 구경을 실컷 한 뒤 버스에서 내릴 때는 균형을 잡지 못해 휘청거릴 때가 많다. 이희주는 아주 느리게 버스 계단을 내려오고, 버스문이 닫혀 버릴까 봐 나는 마음이 조마조마해진다. 버스에서 내리면 나는 양손으로 이희주와 김은영의 손을 잡고 인강원을 향해 걷는다. 이희주는 걸음이 느리고, 김은영은 시각장애가 있어 앞이 잘 보이지 않는다. 그럼에도 김은영은 빠르게 걷고 싶어 한다. 가운데 낀 나는 엉거주춤한 자세로 둘과 함께 걷는다. 인강원으로 향하는 길에 김은영은 나에게 매번 비슷한 질문을 던진다. "공연 또 언제 해요?", "마로니에공원에서 공연 또 하면 안 돼요?", "학교 애들 또 어디 놀러 가요?"

인강원은 서울과 경기도의 경계에 있다. 큰길에 있는 스테인리스와 목재를 다루는 공장을 지나 사잇길로 꺾어 걸어들어가면 고철을 수집하는 공장이 있고, 양봉원 간판도 보인다. 인강원으로 들어가는 길 오른편에 산과 이어지는 언덕이 있고, 얼굴이 부은 고양이들이 곳곳에 앉아 있다. 조금 더 걸어들어가면 서울도솔학교(구 인강학교)와 인강원 공동 출입문이 있고, 갈래길 오른편은 도솔학교다. 이희주는 이곳 앞에서 손가락으로 학교를 가리키고, 그 손으로 다시 자기 가슴을 치고는 나를 바라본다. "저 학교 다니셨어요?" 하면 고개를 세게 끄덕인다. 한 달에 한 번 정도는 이렇게 자신이 인강학교 출신이라는 것을 상기시켜준다. 오후 5시쯤 인강원에 도착하면 김은영, 이희주는 구내식당으로 바로 들어간다. 나는 방향을 바꿔 인강원을 빠져나와 반대 방향으로 버스를 탄다. 김은영은 1975년생으로, 1983년 인강원에 입소했다. 이희주는 1975년생으로 1982년 인강원에 입소해 지금까지 그곳에 살고 있다.

노래방과 뒷머리 뽕

시설의 빈 강당에서 하루 종일 노래를 부르던 한정환(가명)은 40대 중반까지는 집에서 살았다. 부모가 모두 돌아가시고 난 뒤에는 형님과 형수님 집에 얹혀살다가 시설로 보내졌다. 그가 시설에서 보내는 일상에서 중요한 일은 7시 기상, 8시 아침 식사, 11시 점심 식사, 5시 저녁 식사, 그리고 그사이에 틈틈이 다른 장애인을 씻기고 옷 입히고 방을 청소하고 세탁하기다. 비교적 다른 사람의 도움 없이 혼자서 일상적 기능 수행을 할 수 있던 그는 시설에서 '노동가능자'로 분류돼 강제노동에 시달린 것이다. 그리고 남는 시간에는 온종일 강당에서 노래방 기계로 노래를 불렀다.

한정환이 지역사회로 나온 지도 어느덧 9년 차, 그는 여전히 노래를 부른다. 9년 전과 다른 것은 노래하는 장소가 달라졌고 듣는 사람들이 달라졌다는 점이다. 산속 시설에서 듣는 사람 한 명 없이 울려퍼지던 노랫가락은 이제 장애인의 권리를 알리는 문화예술 노동으로 인정되고 있다. 중증장애인 맞춤형 권리중심 공공일자리 노동자로 활동하며 홀로 무대에 서기도 하고 동료 노동자들과 합동 무대를 꾸리기도 한다.

와상장애 때문에 시설에서 매일 누워지내던 김미영(가명)은 지금도 대부분의 시간을 누워서 보낸다. 그런 모습은 언뜻 보면 시설을 나오기 전과 똑같아 보일 수 있다. 하지만 탈시설 후 그에게 생긴 중요한 변화가 있다. 다름 아닌 '뒷머리 뽕'이다. 매일처럼 누워 있어 납작해질 수밖에 없었던 뒷머리 뽕이 살아난 비결이 무엇인지 묻는다면, 그것은 바로 개인을 중심으로 재구성된 일상이다. 그가 시설에서 볼 수 있던 풍경은 왼쪽 벽지와 오른쪽 벽지, 천장 벽지뿐이었다. 한 명의 직원이 여러 사람을 지원해야 하는 시설의 집단서비스 구조에서 김미영에 대한 지원 목표는 '아프지 않기'였다. 감기라도 걸릴까 봐 날이 조금이라도 쌀쌀해지면 여행도 외출도 할 수 없었다. 높은 수준의 의료서비스와 일상생활지원이 필요한 김미영에게 미용, 외출, 새로운 관계 등을 포함한 좁은 방 하나를 침대 두 개가 꽉 채우고 있다. 모든 커튼과 침구류는 초록색이다. 창가 쪽 침대에 누운 사람은 수액을 맞으며 눈을 감고 있고, 한 사람이 이불을 덮어주고 있다. 그 옆 침대에 누운 사람 역시 목 끝까지 이불을 덮은 채인데, 독자 쪽을 바라보며 울고 있다.

개인적, 사회적 영역의 지원은 어쩌면 불가능에 가까웠다.

탈시설 이후 한국토지주택공사LH와 임대차 계약을 한 김미영의 시간은 본인 명의의 집에서, 국가와 지자체가 지원하는 활동지원시간을 통해 오롯이 그의 필요에 따라 꾸려진다. 침상에 누워 있는 시간이 많은 그의 눈길이 닿는 곳에는 그가 좋아하는 식물과 그림이 놓여 있다. 기분 좋은 공기가 살랑이는 날에는 침상에서 휠체어로 옮겨 다른 동네 산책을 다녀오는 일이 더 이상 낯설지 않다. 활동지원시간을 어떻게 사용할지 치밀하게 계획을 세워서 다녀오는 여행도 제법 익숙해졌다. 지원인력의 근무 시간이 아니라 김미영의 시간에 따라 이뤄지는 체위 변경, 비교할 수 없이 늘어난 사회 활동 시간이 그의 살아난 '뒷머리 뽕'의 비결이다. 시설거주인 집단 속의 일부였던 김미영이 지역사회 시민이라는 지위를 취득하자 일어난 변화다.

이수민과 박동경은 춤을 추고, 한정환은 노래를 부른다. 김미영은 벽지 대신 좋아하는 식물과 그림을 보고, 가끔은 동네 산책을 다녀오거나 여행을 다녀온다. 이희주와 김은영은 아직 시설에 있지만, 시설 바깥으로 나아가기를 매일 시도한다. 특히 탈시설한 이들은 각자의 삶을 살아간다. 비장애인에게는 불안정한 삶으로 보일지 몰라도 당사자들은 의미 있는 삶을 만들어가고 있는 것이다. 그리고 이들은 시설로 돌아가고 싶어 하지 않는다. 이 사실 하나가 많은 것을 말해준다.

장애, 시설을 나서다

탈시설을 둘러싼
우려에 답하다

"증거가 없는데 확신을 갖는 것은 어리석은 일이다.
하지만 진정한 증거가 있는데 확신을 갖지 않으려 하는 것도
똑같이 어리석은 일이다."

_업튼 싱클레어Upton Sinclair

탈시설을 위한 변론

시설이 장애인들의 인권 보장과 인간다운 삶이라는 측면에서 한계가 뚜렷한 방안임에도 여전히 탈시설로 나아가야 한다는 주장에 대해서는 여러 의문이 제기되고 있다. 과거의 질서나 관행을 무너뜨린 뒤 어떤 질서나 관행이 들어서야 최선일지 바로 알 수는 없다. 탈시설도 마찬가지다. 오해에 기인한 것이든 이념적 차이에 기인한 것이든, 탈시설이 가능하겠냐는 많은 질문이 제기돼왔다. 다음 장에서 구체적인 탈시설-지역사회 정착의 정책 방안을 논의하기 전에, 이 장에서는 탈시설과 관련한 여러 가지 질문을 모아서 그에 대한 대답을 제시한다.

우선은 장애인 당사자의 자기결정권 문제를 다룬다. 많은 이들이 "탈시설이라는 것이 정말 시설에 사는 당사자가 원하는 선택일까"라고 묻는다. "시설에 살기로 선택하는 것도 자기 선택 아닌가"라고 묻기도 한다. 아울러 "시설에 살고 있는 중증장애인들이 원하는 것이 정확히 무엇인지 어떻게 알 수 있을까"라고 묻는다. 이들은 모두 중요한 질문이고, 이 질문들과 관련된 법령, 정책, 경험 등을 검토하고 나면 왜 탈시설 정책을 제안하는지 더 잘 이해하게 될 것이다.

다음으로는 장애인 당사자 주변의 이슈를 살펴본다. 우선 "탈시설은 가족이 반대하지 않나"라는 질문을 다룬다. 탈시설을 반대할 때 흔히 동원되는 논리가 가족들에게 부담을 안기는 정책이라는 것이다. 다음으로 "탈시설은 시설에 살던 장애인들을 위험에 빠뜨리는 것은 아닐까" 하는 질문도 제기된다. 이 질문은 시설은 안전한 공간이고 지역 사회는 위험한 공간이라는 암묵적 전제에 기반한다. 이어서 "탈시설은 시설 노동자를 배제하는 조치 아닌가" 하는 질문과 관련된 오해를 다룬다. 마지막으로 우리 사회가 탈시설을 할 준비가 돼 있는지, 함께 잘 살 수는 있을지에 대한 막연한 우려를 돌아보며 이 장을 마무리한다.

당사자가 정말 원하나요?

법률에 담긴 자기결정권

우리는 살아가면서 많은 결정을 내린다. 대학 입시, 취업, 결혼, 임신과 출산, 육아, 은퇴와 같이 개인과 주변 사람들에게 큰 영향을 미치는 결정부터 몇 시에 일어날지(평소와 똑같이 일어날까? 오랜만에 늦잠 좀 자볼까?), 아침에 무엇을 먹을지(시리얼? 그냥 한 끼 굶을까?), 무슨 옷을 입을지(치마? 바지?), 주말에 무엇을 할지(친구를 만날까? 영화를 볼까?)와 같은 소소한 결정까지, 우리의 삶은 크고 작은 결정들로 가득 차 있다.

이러한 우리의 결정은 그 내용과 성격에 따라 우리의 가치관을 반영하기도 하고, 선호에 따르기도 한다. 어떨 때는 충동적으로 결정하기도 하고, 때로는 정보가 부족한 상태에서 결정하기도 한다. 맨손으로 절벽을 등반하거나 새벽에 라면을 끓여먹는 등 다른 사람에게는 이해하기 어려운 '비합리적인' 행동이라도 그 사람의 선택을 존중하는 이유는 우리가 개인의 자유를 존중하고, 특히 의사결정을 내릴 자기결정권이 있다고 믿는 근대 자유주의 사회에 살기 때문이다.

자기결정권은 말 그대로 '스스로 결정할 권리', 즉 스스로 삶에서 필요한 선택을 하면서 삶을 이끌어갈 권리라고 할 수 있다. 국가인권위원회는 "개인이 스스로의 복장을 결정하는 것은 개성을 자유롭게 발현할 권리일 뿐만 아니라 타인에게 위해를 미치지 않는 범위 내에서 자신의 라이프 스타일을 스스로 결정할 수 있는 자기결정권에 해당하는 사항이다"라고 하면서, 학생들이 등하교할 때 체육복 착용을 금지하는 것은 헌법 제10조에서 보장하는 자기결정권을 과도하게 제한하는 것이라고 보았다(22진정0392600).

대한민국 헌법은 모든 국민에게 "인간으로서의 존엄과 가치를 가지며, 행복을 추구할 권리"를 보장하고 있다(제10조). 그리고 헌법재판소는 자기결정권이 바로 이러한 권리에서 도출되는 기본권이라고 한다. 헌법재판소는 주류판매업자에게 소주의 50% 이상을 판매장 소재 지역에서 구입하도록 강제했던 「주세법」 규정이 "소비자가 자신의 의사에 따라 자유롭게 상품을 선택하는 것을 제약함으로써 소비자의 행복추구권에서 파생되는 '자기결정권'도 제한"한다고 보았다(96헌가18).

이러한 권리는 장애가 있든 없든, 나이가 많든 적든, 어떤 상황에서도 누구에게나 보장돼야 한다. 이에 명시적으로 반대하는 사람은 거의 없다. 그런데 탈시설 이슈와 관련해서는 '판단능력이 부족한' 장애인의

장애, 시설을 나서다

자기결정권 행사(여기서는 주로 탈시설하기로 결심하는 것을 의미한다)가 본인의 이익을 침해할 것으로 예상되는 경우에도 자기결정권을 보장해야 하느냐는 질문이 제기된다. 좋게 보면 호의적이지만, 사실은 상당히 가부장적인 관점이다. 법원도 자기결정권에 관하여 이렇게 판시한 사례가 있다.[01]

"우리 헌법은 인간의 존엄과 가치 및 행복을 추구할 권리를 최고의 이념으로 하고 있다. 인간으로서의 존엄과 가치 및 행복을 추구할 권리는 자기의 문제에 대하여 자신의 고유한 가치관에 따라 결정하고 행동할 수 있을 때만이 실현될 수 있다. 따라서 자기결정권은 인간의 존엄과 가치 및 행복을 추구할 권리의 실현을 위한 불가침의 기본적 인권으로서 최대한 보장돼야 한다. 사람들마다 신념, 가치관, 종교, 행복의 기준 등이 서로 다를 수밖에 없으므로 자신의 고유한 신념, 가치관, 종교, 행복의 기준 등에 바탕을 둔 자기결정권의 행사는 그것이 비록 다수의 입장이나 객관적으로 보아 합리적이지 않다고 여겨진다고 하더라도 그러한 이유만으로 무시돼서는 안 된다. 합리적이냐 합리적이지 않느냐의 문제는 다수의 사람들이 생각하는 바에 따라 달라지는 것으로서 시대와 상황이 바뀌면 언제든지 합리성의 기준 역시 바뀔 수 있을 뿐만 아니라 자기결정권에 있어서는 합리적인지 여부가 문제 되는 것이 아니라 인간으로서의 존엄과 가치 및 행복을 추구할 권리가 문제 되기 때문이다. 따라서 누구도 자기의 문제에 대하여 객관적으로 합리적인 결정을 내려야 할 법적 의무는 없으며, 반대로 누구도 타인의 문제에 대하여 객관적으로 합리적이지 않다는 이유로 타인의 자기결정권을 침해해서는 안 된다."

위 판결은, 여호와의 증인인 환자의 뜻에 따라 타인의 피를 수혈하지 않고 다른 치료방법을 시도했으나 환자가 대량 출혈로 사망하여 의사의 의료과실이 문제가 된 사건이었다. 법원은 환자가 선택한 수혈을 하지 않는 치료방법이 다른 방법에 비하여 위험성을 증대시킨 경우라도, 그러한 환자의 결정이 헌법상 허용되는 자기결정권의 한계를 벗어났다고 볼 수는 없다고 해석했다. 그에 따라 수혈하지 않은 의사에게 무죄를 선고했다.

한국에서 자기결정권을 명시적으로 규정한 법률은 총 6개다.[02] 「보건의료기본법」에서는 "보건의료인으로부터 자신의 질병에 대한 치료방법, 의학적 연구 대상 여부, 장기이식 여부 등에 관하여 충분한 설명을 들은 후 이에 관한 동의 여부를 결정할 권리"를 보건의료서비스에 관한 자기결정권으로 규정하고 있다(제12조). 또한 2024년 3월 26일 제정된 「의료·요양 등 지역 돌봄의 통합지원에 관한 법률」('「돌봄통합지원법」')은 국가와 지자체가 노쇠 등으로 일상생활 유지에 어려움을 겪는 사람이 '살던 곳에서' 생애 말기까지 건강하고 존엄한 생활을 영위할 수 있는 여건을 조성하도록 노력할 책무와 지자체장이 통합지원 등을 위한 정책을 수립·시행할 때 통합지원 대상자가 통합지원의 내용, 이용 방법 등에 관하여 충분한 설명을 들은 후 이용 여부나 범위, 방식 등을

　　　　　　　　　　　　　　　장애, 시설을 나서다

스스로 결정할 수 있도록 자기결정권 보장을 위해 노력할 책무를 규정하고 있다(제4조 제1항, 제2항 제4호).

흥미롭게도 위 두 법률 외에 자기결정권을 규정한 다른 법률은 모두 장애인에 관한 법률들이다. 장애인에 관한 법률에서는 생활 전반이나 신체와 재산에 관한 사항 등 아주 기본적인 영역에서부터 자기결정권이 있다고 규정하고 있다. 「장애인차별금지 및 권리구제 등에 관한 법률」(「장애인차별금지법」)에서는 장애인이 "자신의 생활 전반에 관하여 자신의 의사에 따라 스스로 선택하고 결정할 권리"가 있다고 규정하면서, 장애인이 비장애인과 동등한 선택권을 보장받기 위하여 필요한 서비스와 정보를 제공받을 권리가 있다는 점을 분명히 하고 있다(제7조).03 「발달장애인 권리보장 및 지원에 관한 법률」(「발달장애인법」)에서도 발달장애인에게 주거지의 결정, 의료행위에 대한 동의나 거부, 타인과의 교류, 복지서비스의 이용 여부와 서비스 종류의 선택 등을 스스로 결정할 수 있는 자기결정권이 있다는 점을 명시하고 있다(제8조 제1항). 「정신건강증진 및 정신질환자 복지서비스 지원에 관한 법률」은 그 법률의 기본이념을 "정신질환자는 원칙적으로 자신의 신체와 재산에 관한 사항에 대하여 스스로 판단하고 결정할 권리를 가진다. 특히 주거지, 의료행위에 대한 동의나 거부, 타인과의 교류, 복지서비스의 이용 여부와 복지서비스 종류의 선택 등을 스스로 결정할 수 있도록 자기결정권을 존중받는다"라고 규정하고 있다(제2조 제7항).04

그리고 「발달장애인법」에서는 누구든지 발달장애인에게 의사결정이 필요한 사항과 관련하여 충분한 정보와 의사결정에 필요한 도움을 제공받지 아니하고 그의 의사결정능력을 판단해서는 안 된다는 점도 규정하고 있다(제8조 제2항).**05** 특히 장애인에게는 자기결정권이 있을 뿐 아니라, 필요하다면 이러한 결정에 필요한 지원을 받을 권리도 있다고 명시하고 있다. 인지의 어려움 등으로 상황을 이해하기 어려워 어떤 결정을 하기 힘들 때, 충분한 정보와 설명 등을 제공받을 수 있어야 한다는 것이다.

왜 다른 법률에서는 자기결정권을 굳이 규정하지 않는데, 장애인에 관한 법률에서는 명시적으로 규정하고 있을까? 비장애인은 당연히 자기결정권을 인정받기 때문에 언급할 필요도 없는 당연한 사항이지만, 장애인의 자기결정권은 그렇지 않기에 법률은 특별히 장애인의 자기결정권를 명시하고 있다. 이는 장애인의 자기결정권을 부정했던 사회 전반의 시선을 극복하고 장애인들의 자유와 행복추구권을 보장하려면 법률에 명문으로 규정할 필요가 있던 불행한 역사에 기인한다.

시설 선택도 자기결정권 행사인가요?

「발달장애인법」에서는 발달장애인에게 주거지를 결정할 수 있는 권리가 있다는 점을 명시하고 있다. 유엔 장애인권리협약에서도 특히 자립 생활에서의 자기결정권을 강조하고 있다. 즉, "모든 장애인이 다른 사람과 동등한 선택을 통하여 지역사회에서 살 수 있는 동등한 권리"를 가진다고 하고, 그러한 선택에는 거주지와 동거인을 선택할 권리가 포함

장애, 시설을 나서다

된다고 하면서, 특정한 주거 형태를 취할 것을 강요받지 않아야 한다고 규정하고 있다.[06]

어떤 사람들은 거주지를 선택할 권리에는 '시설을 선택할 권리도 포함되는 것 아니냐'고 주장한다. 이 문제는 논리의 문제가 아니다. 논리적으로야 사람이 감옥도, 병영도, 사막도, 시설도 선택할 수 있다고 말은 할 수 있다. 이 문제의 핵심은 시설이 어떤 곳이냐다. 유엔의 탈시설 가이드라인은 전 세계적인 시설수용의 역사를 통해 결론을 지었다. 시설수용이 "선택"으로 고려돼서는 안 된다, 그리고 당사국이 시설 유지를 정당화하기 위해 장애인이 시설에서 살기로 선택했다는 식의 주장을 펴면 안 된다는 것이다. 특히 유엔 장애인권리위원회는 서울시의회의 탈시설지원조례 폐지 결정 사례에 대해 2024년 6월 21일 발표한 성명서에서 시설수용을 그 어떤 경우에도 장애인 보호의 한 형태 또는 '선택'으로 여기지 말아야 한다고 다시금 강조했다.[07] 시설은 단지 물리적으로 열악하거나 위험하다는 문제를 넘어, 개인의 기본권이 제한되는 공간이기 때문이다.

자기결정권에 관하여 「장애인복지법」에는 "시설 운영자는 시설 이용자의 사생활 및 자기결정권의 보장을 위하여 노력하여야 한다"는 규정이 있다.[08] 이 규정은 조금만 생각해봐도 불가능한 것을 시설 운영자에게 요구하는 것이다. 우선 많은 거주시설에서 장애인들은 자신이 선택하지 않은 여러 동거인과 함께 방을 쓰고 있다. 이러한 공간에서 마음 편히 통화를 하거나, TV 채널을 마음대로 선택하거나, 좋아하는 음악을 듣기는 어렵다. 지극히 개인적인 성생활도 누리기 어렵다. 1인1실로 살 수 있는 시설이라도 이야기는 크게 다르지 않을 것이다. 시설은 시설장과 직원이 관리하는 공간이다. 내가 사랑하는 사람을 데려올 때마다 시설에 허락을 받아야 하고, 그 사람과 동침하거나, 결혼하거나, 아이를 가지려고 해도 시설 안에서 임의로 가능한 것이 없다.[09]

　이에 시설 유지를 선호하는 이들은 그룹홈과 같은 소규모 시설을 대안으로 제시한다. 그룹홈은 시설이 물리적으로 잘게 쪼개져 3~4명 정도가 모여 살되 시설과 유사한 생활통제시스템이 적용되는 공간이다. 이에 반해 탈시설운동에서는 완전한 지원주택을 제안한다. 그룹홈과 지원주택은 공간 규모와 거주인 수로만 보면 상당히 유사하다. 그러나 탈시설은 함께 거주하는 사람의 숫자 문제가 아니다. 그룹홈과 지원주택은 제1장에서 언급한 부리토 테스트의 비유에서 보듯이 자기결정권이라는 좀 더 상위의 가치 측면에서 전혀 다르다. 단적인 예로 주거지를 계약할 때 지원주택은 당사자가 계약의 주체가 되는 반면, 그룹홈은 여전히 시설 운영을 책임지는 관리자가 계약의 주체가 돼 장애인들을 수용하는 방식이다. 지원주택에서 당사자들은 자신의 생활을 계획할 수 있지만 그룹홈 거주자들은 여전히 지원과 관리의 경계선에서 살아가야 한다. 10대에서 20대 초반까지 그룹홈에서 생활했던 박경인의 증언은 그룹홈에서 삶의 주체가 될 수 없었던 상황을 잘 보여준다.[10]

"6학년 때엔 혼자 다른 기관에 있는 그룹홈으로 옮겨져야 했습니다. 그때가 가장 힘들 때였습니다. …… 저는 선생님한테 집안일과 동생들을 잘 돌보지 못했다는 이유로 항상 혼이 났습니다.

…… 엉덩이는 항상 시퍼렇게 피멍이 들어 있었는데, 집 밖에 나갈 때에는 '집안일을 이야기하지 마'라고 협박을 했고, 저는 거의 방 안에서 살았습니다. …… 기도 덕분인지 중학교 3학년 때부터 고등학교 3년 때까지 선생님을 잘 만났습니다. …… 그룹홈에서 선생님들이 '너희들 자립하면 못 산다'고 하면서 '너희 자립하고 얼마나 갈지 볼 거야' 하면서 용기도, 도움도 주지 않았습니다. 자립할 때 도움을 준 것은 그룹홈이 아니었습니다."

만일 탈시설운동이 단순히 주거환경 개선을 주장하는 정책 아이디어라면 그룹홈과 같은 정책 수단이면 충분하다고 볼 수도 있다. 그러나 탈시설운동은 결국 모든 시민의 자기결정권이라는 개념을 중심으로 전개되는 운동이다. 장애인 그룹홈이 최신 시설을 갖추고 있다 하더라도, 자기결정권이 보장되지 않는 주거공간은 삶의 터전이 아니라 여전히 수용의 공간에 불과하다. 조미경은 아래와 같이 강한 어조로 말한다.[11]

"잊지 말아야 할 것은, 소위 1인1실을 갖춘 아무리 좋은 시설이라도 '관리돼야 하는 대상'이라는 거주인의 위치는 변하지 않는다는 사실이다. 수용시설의 근본적인 문제는 타인 또는 국가권력에 의해 거주인이 삶에 대한 선택권을 빼앗긴다는 데 있다는 것을 기억해야 한다."

덧붙여 시설 입소와 탈시설에 자기결정권을 차별적으로 적용하는 행태도 문제다. 어떤 장애인이 시설에 입소할 때는 과연 자기결정권이 보장됐다고 할 수 있는가? 의사표현을 하기 힘든 중증장애인일수록 가족 등 제삼자가 시설 입소를 선택했을 가능성이 높다. 2012년 국가인권위원회 장애인 자립욕구 실태조사에서 비자발적 입소 비율이 약 82%에 이르렀고, 2017년 중증장애인, 정신요양시설 생활인 실태조사 시에는 약 67%가 비자발적 입소자로 나타났다. 2021년 국가인권위원회 지적장애인거주시설 방문조사에 따르면, 이용계약서에 장애인 당사자 또는 법정대리인 등의 서명이나 날인이 모두 있었음에도 생활인 면접에서는 32.5%만이 계약서를 직접 작성했다고 답변했다. 국가인권위원회는 "입소 당시 상황에 대한 기억이나 이해가 명확하지 못할 수 있다는 지적장애인의 특성과 한계를 고려한다고 하여도 입소자 대부분이 가족 등 보호자가 주도하여 시설 입소 여부를 결정하고, 사실상 이용계약서 작성 역시 보호자가 대행하는 경우가 다수인 바, 시설 입소에 대한 장애인 당사자의 자기결정권 보장에 한계가 있는 것을 알 수 있다"고 지적했다.[12] 자기결정권은 시설 입소 단계에서도 보장돼야 하는 권리이지, 시설 퇴소를 막으려고 할 때만 자의적으로 활용할 수 있는 개념이 아니다.

자기결정권 행사를 위해 충분한 정보와 조력이 제공돼야 한다는 규정은 다음과 같은 의미가 있다. 시설에 살고 있는 발달장애인 중에는 탈시설욕구조사를 했을 때 시설에서 계속 살고 싶다고 의사를 표명하는 경우가 실제로 꽤 있다. 예를 들어 2022년 경기도 내 143개 거주시설에 있는 장애인 1,018명을 대상으로 자립욕구조사를 실시한 결과,

응답자의 15.9%가 자립생활을 희망하는 것으로 나타났다. 조사 내용을 보면, 응답자가 현재 생활하는 거주시설의 입소 기간은 10년 이상인 경우가 66.6%로 가장 많았고, 거주시설 총 입소 기간은 11년~15년이 19.8%, 다음으로 16년~20년이 14.3%로 높게 나타났다. 그리고 시설에 입소한 이유에 대해 다수가 가족이 있지만 돌봐줄 수 없어서(59.8%) 또는 가족이 없어 나를 돌봐줄 수 없어서(27.3%)라고 답했다. 이를 종합하면, 많은 발달장애인이 적절한 돌봄을 받지 못해 시설에서 살기 시작했고, 시설에서 10년 이상 살면서 시설의 돌봄 시스템에 익숙해진 상황으로 보인다. 이러한 상황에서 어느 날 갑자기 조사원이 찾아와서 "시설에서 나가고 싶나요?"라고 물어본다고 해서 그 자리에서 "나는 나가고 싶다"라고 말하기는 어렵다. 자기결정권과 의사표현은 충분한 정보와 적절한 조력의 제공을 전제로 가능하다. 시설거주인들이 '내가 나가서 잘 살 수 있을까?'라는 의문과 불안에 대한 답을 얻지 못하는 상태에서 "나가고 싶다'라고 쉽게 말할 수는 없다.

  부산 영도구에 사는 김순옥은 경북에 있는 대형 시설에서 오랫동안 지냈다. 그 시설에서 인권침해를 목격하고도 자립을 생각하지 못한 채 참고 지내다가 탈시설을 지원하는 단체의 도움을 받아서 자립하게 됐다. 탈시설 이후 그녀는 장애인자립생활센터의 공부방에서 공부를 시작했고, 합창단에 들어가서 노래를 부르며, 친구를 만들고 여행을 다니면서 전혀 다른 삶을 살고 있다. 그리고 동료상담가 과정을 이수한 다음 자신이 나온 그 시설에 찾아갔다. 김순옥이 찾아가기 전에는 탈시설 욕구조사에서 자립을 희망하는 사람이 없었으나, 그녀의 동료상담을 받은 다음에는 5명의 시설거주인이 탈시설을 희망했다. 자립해서 신나게 살고 있는 김순옥의 삶과 존재 자체가 그들에게는 가장 큰 정보였고, 동기부여였을 것이다.

특정 장애인들의 경우 시설에서 오래 살았거나 시설에서 맺어진 관계에 애착을 가지고 시설거주를 원할 수도 있다. 탈시설운동을 추진하는 사람들은 원칙적으로는 시설이 거주의 공간으로 선택돼서는 안 된다고 주장하지만, 구체적인 한 사람 한 사람의 삶에서는 보다 복잡한 맥락이 작용한다는 사실을 알고 있다. 다만 우리는 이제 질문해야 한다. 왜 그는 시설에서 계속 살기를 원하는지. 그것이 본인의 진정한 선호에 부합하는 의견인지, 아니면 이 책에 수록된 박만순의 목소리에 나타난 것처럼 단지 다른 대안에 대한 두려움이나 지인들과 떨어지지 않을 방법이 시설거주밖에 없다는 오해에서 기인한 것인지 물어야 한다. 법정 신문처럼 예/아니오로 판단할 문제가 아닌 것이다. 박만순의 사례처럼 처음에 탈시설을 원하지 않는 경우에는 현실적으로 그 의사를 존중할 수밖에 없다. 다만 그렇다고 해서 그의 정확한 의사가 무엇이냐는 질문을 멈추면 안 된다. 만일 그가 다른 대안을 충분히 경험하고 학습할 기회가 있었다면 어떤 선택을 할까 하는 질문을 계속 던지고, 그 기회를 제공하는 것이 진정한 자기결정권 행사의 기반을 마련하는 일이다.

장애, 시설을 나서다

장애인이니까 자립역량을 조사하겠다고요?

그럼에도 일부 지자체는 자기결정권 존중에 역행하는 정책을 수립하고 있다. 서울시는 2024년 2월 '장애인 자립 지원 개편안'을 발표했다. 이 개편안에 따르면, 탈시설을 희망하는 장애인은 의료인에게 자립역량을 조사받은 뒤 전문가로 구성된 자립지원위원회의 심사를 거쳐 퇴소 여부가 결정된다. 위 개편안에서는 자립 후 적응하지 못하는 장애인은 자립역량 재심사를 거쳐 시설에 재입소를 지원하겠다는 내용도 포함돼 있다.

위 개편안의 핵심은 '자립역량' 심사이다. 자립역량 심사를 통해 시설 퇴소 여부, 재입소 여부가 결정되는 구조에서는 자기결정권이 무색해진다. 정확히는 자립역량을 갖춘 것으로 평가되는 장애인에 한하여 퇴소 결정을 존중하겠다는 취지로 이해된다. 이 말은 뒤집으면 '자립역량을 갖추지 못한 것으로 보이는 장애인이 퇴소를 결정하는 것은 비합리적인 결정이기 때문에 지원하면 안 된다'라는 시각이 전제돼 있다.

앞에서 소개한 광주지방법원 판결에 언급된 것처럼, "누구도 자기의 문제에 대한 객관적으로 합리적인 결정을 내려야 할 법적 의무는 없고, 반대로 누구도 타인의 문제에 대하여 객관적으로 합리적이지 않다는 이유로 타인의 자기결정권을 침해해서는 안 된다." 타인이 보기에는 장애가 심해서 퇴소하면 살기 어려울 것 같은 장애인은 시설에 계속 남는 것이 합리적인 선택처럼 보일 수 있지만, 그 선택을 국가기관이 강요할 수는 없다. 자기결정권이 합리성의 문제가 아니라 인간으로서 존엄과 가치, 행복을 추구할 권리와 연결되는 문제임에 동의한다면, 장애가 심한 사람이라 해도 탈시설을 결정한 선택은 그 자체로 인정돼야 한다. 자립역량의 평가는 필요하다. 다만 그것은 자립지원위원회가 탈시설을 희망하는 사람의 퇴소 여부를 결정할 때 필요한 근거가 아니라, 그의 희망에 따라 탈시설을 진행할 때 무엇이 부족하고, 어떤 지원이 더 필요한지를 판단하는 근거여야 한다.

이미 시설을 나왔지만 지역사회에 적응을 못 하는 장애인을 상대로 자립역량 재심사를 거쳐서 시설 재입소를 지원한다는 계획 역시 문제가 많다. 첫 번째 문제는 탈시설 후 적응을 못 하는 원인을 장애인 개인의 자립역량 문제로 보이게 한다는 것이다. 장애인이 탈시설 후 적응을 못 하는 데는, 아직 지역사회에서 장애인이 활동지원사를 포함하여 필요한 지원을 충분히 받지 못하는 점, 다양한 관계를 맺기 어려운 구조, 장애인에 대한 낮은 사회적 인식 등 다양한 원인이 있다. 따라서 탈시설 후 적응을 못 하는 것은 장애인 개인만의 문제가 아니다. 두 번째 문제는 지원 내용이다. 자립역량을 재심사해서 재입소를 지원할 것이 아니라 지역사회에서 다양한 활동을 하면서 잘 살도록 하는 방향의 지원이 필요하다. 특정 장애인의 자립역량이 부족하다는 판단은 결국 정부가 그 장애인에게 적절한 지원을 제공하지 않았다는 평가인 셈이다.

탈시설, 정말 원하는지 어떻게 알 수 있나요?

모두에게 자기결정권이 있다면, 그 자기결정권의 행사를 다른 사람들이 알 수 있어야 의미가 있다. 자기결정권을 보장하는 것만큼이나 의사표현을 이해하고 소통하는 것이 중요하다는 의미다. 따라서 자기결정권 보장에 이어지는 질문은 '시설에서 나오고 싶은지 아니면 계속 살고 싶은지를 분명하게 알기 어려울 때는 어떻게 할 것인가?'라는 질문이다. "시설에서 나가고 싶나요?"라는 물음에도 "네!", "시설에 계속 있고 싶나요?" 라는 물음에도 "네!", "누구랑 살고 싶어요?" 라는 물음에도 "네!"라고 답하는 장애인은 어디서 살아야 할까? 반대로 어떤 질문에도 답하지 않는 장애인은 어디서 살아야 할까?

어떤 사람들은 불분명할 때는 시설에서 나오게 할 수 없다고 하고, 또 어떤 사람들은 후술하듯이 민관협의체가 심사해서 탈시설이 적절할지 판단해야 한다고 주장한다. 시설에서 나가지 않겠다는 당사자의 결정을 보호해야 한다는 목소리도 있다.

「발달장애인법」은 발달장애인의 자기결정권에 이어서 다음과 같은 규정을 두고 있다(제3조 제2항). "발달장애인은 자신에게 법률적·사실적인 영향을 미치는 사안에 대하여 스스로 이해하여 자신의 자유로운 의사를 표현할 수 있도록 필요한 도움을 받을 권리가 있다." 그리고 국가와 지자체가 의사소통을 지원할 의무도 법에서 명시하고 있다(제10조).[13] 한 사람 한 사람의 의사를 확인해야 하는 구체적 상황에서는 꽤 혼란스러울 수 있지만, 법규가 지시하는 방향은 분명하다. 당사자에게 충분한 정보와 도움을 제공하고 의사를 판단해야 한다는 점이다. 의사를 분명히 알 수 없을 때 시설거주를 선호하는 쪽으로 해석하려는 주장들은 단지 의사표현을 최소한으로만 해석하려는 입장에서 나온 것인데다가 기본적으로 유엔 장애인권리협약의 규정 및 현행법과 배치된다는 점에서 문제가 있다.

보건복지부가 장애인정책 업무를 담당하는 일선 공무원과 장애인복지시설 서비스 현장을 위해 제공하는 「2024년 장애인복지시설 사업안내」에는 '장애인의 요구, 원가정 복귀, 시설 폐쇄 등으로 장애인에 대한 시설서비스를 종료하려면 본인 또는 법적대리인의 동의를 받아야 한다', '퇴소 시 장애인 본인의 의사를 가장 우선하여야 하며, 장애인 본인의 의사능력이 결여되거나 부족한 경우 법적대리인이 대리할 수 있다', '다만 법적대리인 부재 등으로 보호자에 의한 동의서 제출이 어렵고 장애인 본인의 의사능력은 있으나 의사능력이 부족하여 의사가 불분명한 경우 등에도 시·군·구 담당자가 자립이나 전원이 필요하다고 판단 시 「장애인복지법」 제32조의7에 따라 장애인 전담 민관협의체 안건으로 상정하여 민관협의체의 심의를 거쳐 신중한 판단하에 퇴소를 결정할 수 있다'라는 내용이 있다.

위 안내에 따르면 장애인의 의사 판단은 다음과 같은 절차로 진행된다. 시설서비스 종료에 대해서 장애인 본인의 의사를 가장 우선하여야 한다. 다른 사람들은 그 의사를 알기 어렵지만 오랫동안 장애인을 지원해온 사람이 그의 의사를 파악할 수 있는 경우에는 파악된 본인의 의사를 우선해야 한다.

다음으로 장애인 본인의 의사능력이 결여되거나 부족한 경우 법적대리인이 대신 시설서비스 종료를 결정할 수 있고, 법적대리인이 없거나 동의할 수 없는 경우에는 민관협의체가 시설서비스 종료를 결정하게 된다. 그런데 민관협의체가 장애인을 대신하여 시설서비스 종료 여부를 결정하는 것이 적절할까?

「장애인복지법」에서는 '복지서비스가 필요한 장애인을 발굴하고 공공 및 민간의 복지서비스를 연계·제공하기 위하여 민관협력을 통한 사례관리를 실시할 수 있고, 이러한 사례관리를 실시하기 위하여 민관협의체를 둘 수 있다'고 규정하고 있다(제32조의7).[14] 즉, 위 법에 따른 민관협의체는 1) 복지서비스가 필요한 장애인을 발굴하고, 2) 공공 및 민간의 복지서비스를 연계·제공하기 위한 사례관리를 하기 위해서 설치되는 것이므로 그 취지를 살리는 방향으로 운영돼야 한다. 그리고 헌법, 「발달장애인법」과 「장애인차별금지법」에 따라 장애인의 자기결정권이 최대한 보장돼야 하므로, 장애가 심하다는 이유로 또는 타인이 그 장애인의 의사표현을 이해하기 어렵다는 이유로 보호자는 물론이고 민관협의체가 본인 의사를 대신하여 퇴소 여부를 결정하는 절차로 신속하게 넘어가는 것은 바람직하지 않다.

국가인권위원회는 사회복지법인 프리웰이 향유의집을 폐지하면서 시설에 살던 조OO의 퇴소 여부를 민관협의체 심의 없이 정한 것은 부적절했다고 보고 재발 방지 대책을 수립할 것을 권고했다. 국가인권위원회에서 조사해보니 조OO의 뇌병변장애와 지적장애가 심해 의사능력이 부족했기 때문에 민관협의체 심의를 거쳤어야 한다는 것이다. 그러나 조OO을 향유의집에서 오랫동안 지원했던 직원들과 퇴소 이후 지원주택에서 3년 동안 지원해온 활동지원사는 평소에 조OO이 호불호가 확실하고 고집이 세서 본인이 원하지 않으면 반응을 보이지 않았다고 말했다. 아울러 향유의집 퇴소 여부를 결정할 당시 조OO의 자립 의사가 확실했기 때문에 민관협의체 심의는 필요하지 않았다고 보았다. 장애인에게 개별 맞춤 의사소통지원서비스를 제공하는 서울시장애인의사소통권리증진센터의 김경양 센터장은 이러한 상황을 듣고 이렇게 말했다.[15]

"장애가 심한 장애인이라서 처음 만난 사람은 그의 말을 알아듣기 어려운 경우에도 그를 오래 지원한 사람은 그의 의사표현을 이해하고 소통이 가능합니다. '으으으~' 하는 표현과 얼굴 표정으로도 그의 선호도를 파악할 수 있는 거죠. 비장애인이 못 알아듣는다고 해서 장애인이 의사능력이 없다거나 의사표현을 할 수 없다고 단정해서는 안 됩니다."

누구나 지역사회에서 자립하여 살아갈 권리가 있다고 전제한다면, 민관협의체에서는 운영 취지에 맞게 지역에서 연계할 수 있는 공공과 민간의 사회복지서비스가 무엇인지 파악하고 적극적으로 사회복지서비스를 제공하여 지역사회에서 살아갈 수 있는 방향으로 사례관리를 실시하는 것이 바람직할 것이다.

실제로 발달장애가 심하면 감정이나 선호가 없을까? 그렇지 않다. 아기들은 엄마 뱃속에서부터 감정을 느낀다. 출생 후 3개월쯤에는 즐거운 감정과 불쾌한 감정이 나뉘고, 5~6개월 뒤에는 불쾌한 감정이 분노·혐오·공포로, 생후 12개월쯤에는 즐거운 감정이 만족감·고무된 느낌·성인에 대한 애정 등으로 나뉘며 생후 24개월쯤에는 진정한 기쁨이나 즐거움 등을 알게 된다고 한다.**16**

발달장애인 중에 자신 또는 타인에게 해를 입히거나 물건을 부수는 등의 도전적 행동을 하는 사람이 있다. 이것 역시 발달장애인에게 감정과 선호가 있다는 것을 보여준다. 먹고 싶은 것을 먹지 못하게 하거나 하고 싶은 것을 하지 못하게 하는 등 상황이 마음에 들지 않을 때, 그러한 감정을 말로 표현하기 어려운 발달장애인이 갑자기 일어나서 주변을 빙빙 돈다거나, 점프해서 천정 전등을 부수는 행동으로 자신의 감정을 표현하는 것이다.

발달장애인, 즉 지적장애인과 자폐성 장애인은 살아가면서 인지능력이나 의사소통 능력이 다른 사람보다 덜 발달해서 도움이 필요한 부분은 있지만, 감정을 느끼고 표현하는 능력 면에서 다른 사람들과 다르다고 볼 근거는 없다. 오히려 발달장애에 대한 우리의 지식이 부족함을 인정하고 겸손하게 접근할 필요가 있다.

헌법은 무죄추정의 원칙을 선언한다. 이는 라틴어 법언인 'in dubio pro reo(의심스러우면 피고인의 이익으로)'와 관련이 있다. 이 법언을 탈시설 문제에 적용해 '시설에서 살고 싶은지, 시설을 나오고 싶은지 의심스러우면 장애인의 이익으로'라고 생각해보면 어떨까? 이 질문에 한국 정부는 시설 역시 장애인의 이익에 봉사한다고 말한다. 반면 유엔 장애인권리위원회는 시설은 더 이상 장애인의 이익에 봉사한다고 볼 수 없다고 답한다. 장애인의 의사에 대한 추정은 시설이 아니라 지역사회여야 한다는 것이 국제규범이다.

그래도 장애인에게 무엇이 이익인지 잘 모르겠다면, 사람으로서 보통의 삶, 평범한 삶을 떠올려보면 도움이 될 것이다. '향유의집'이라는 시설에 살고 있던 거주인 중에는 심한 인지장애로 표현이 어려운 사람이 있었다. 그를 지원한 간호조무사 겸 생활재활교사 권영자도 한때는 그런 사람들은 시설에서 사는 것이 낫지 않을까 생각했다.[17] 하지만 막상 그들이 탈시설하여 생활하는 것을 보면서 중증의 발달장애인도 지역사회에서 사는 것이 보다 인간다운 삶이라는 쪽으로 생각이 바뀌었다. 어떤 경우에는 시설에서는 일주일에 한두 번 산책하는 것이 여가생활의 전부였다면 일 대 일 지원이 가능한 자립생활에서는 매일 산책하고, 거실에서 음악을 듣는 삶이 가능하다. 본인이 콧줄(엘튜브)을 빼버릴까 봐 시설에서는 하루 종일 그의 손을 묶어두고 있었지만, 지금은 활동지원사가 같이 있으면서 손을 자유롭게 쓰도록 한다. 탈시설하여 사는 삶이 더 좋은지 누군가 물을 때 명확한 소통이 어려울지도 모르지만, 당사자의 몸의 변화를 통해서도 답변을 추측해볼 수 있다. 시설에서는 혼자서 배변을 할 수 없어서 주기적으로 관장을 해야 했지만, 탈시설 후에는 물을 충분히 마시고, 활동지원사가 기저귀를 교체할 때마다 배 마사지를 해주고, 자신도 다리 운동을 해서 관장을 하지 않고 스스로 배변을 하게 됐다. 매번 관장을 해서 배변해야 하는 삶과 스스로 배변할 수 있는 몸으로 사는 삶 가운데 무엇이 '장애인의 이익'에

장애, 시설을 나서다

부합하는 삶인지 여전히 불확실한가?

반대하는 가족들도 있던데요?

가족들이 정말 원하는 것

자기결정권은 장애인 당사자뿐 아니라 가족에게도 중요한 문제다. 탈시설운동을 전개하면서 가장 어려운 부분이 가족의 반대다. 가족은 탈시설 논쟁에서 가장 중요한 집단 중 하나이기에 이들의 목소리는 탈시설정책의 방향 전반에 끼치는 영향력이 크다. 대표적인 사례가 2024년 6월 서울시의 탈시설지원조례 폐지다. 탈시설지원조례는 탈시설정책 추진과 탈시설장애인들을 위한 서울시의 지원 의무를 선언적으로 규정한 조례다. 그런데 탈시설정책에 반대하는 시설거주 장애인 부모 조직이 조례 폐지안을 발의했고, 결국 조례가 폐지됐다. 그 조례는 2022년 탈시설장애인들과 활동가들이 주도하여 제정된 조례였다. 폐지안의 발의 취지는 탈시설이 부모에게 무거운 짐을 지우고 시설에 거주할 선택의 자유를 제한한다는 것이었다. 여기에는 이 책이 반복해서 강조하는 두 가지 오해가 고스란히 담겨 있다.

돌이켜보면 우리 사회에서는 장애인이 시설에서 살지 않으면 가족

중 한 명은 장애인을 돌보는 삶을 살아야만 하는 것으로, 반대로 나머지 가족의 삶을 위해서는 장애인이 어쩔 수 없이 시설에 수용돼야 하는 것으로, 그렇게 장애인과 그 가족의 자유는 서로 양립할 수 없는 것으로 인식돼왔다. 그래서 지역사회에서 함께 살고 싶다는 장애인의 외침은 자칫 나머지 가족 구성원에게 일상적 자유를 포기하라는 협박처럼 인식되고 만다. 장애인과 가족 모두 자유로운 삶을 산다는 공통 목표를 추구하지 못하고 한쪽이 다른 한쪽의 의지를 굴복시켜야만 하는 상황은, 자유가 한정된 자원처럼 인식되는 탓에 생기는 사회적 불행의 한 단면이다. 탈시설해서 살아가는 발달장애인 자녀를 둔 어느 어머니는 다음과 같이 심경을 고백했다.[18]

> "화가 나고 어이가 없었습니다. 하지만 그런 것들(시설에서의 학대)을 제가 묵인하고, 용인했던 거지요. …… 항의도 제대로 하지 못하고 시설의 갑질을 견뎌왔습니다. 여기를 나가면 갈 곳이 없었기 때문이지요."

다른 한편, 탈시설을 적극적으로 반대하지는 않지만 그 방향성을 충분히 신뢰하지 못하는 가족들은 어떤 신념에 따라 반대하기보다는 탈시설에 대한 정보가 부족해 망설이는 경우가 많다. 사회복지법인 프리웰 전 이사장 박숙경은 자신의 경험을 바탕으로 가족들이 원하는 바와 정보의 문제를 아래와 같이 짚어낸다.[19]

장애, 시설을 나서다

"법인이 주도할 때 몇몇 부모님은 흔들리겠지만 원장과 법인이 딱 자리 잡고 설득하면 동의해요. 대안을 드리니까요. 가족분들이 반대하시는 건 몰라서 그러는 경우가 대부분이에요. 탈시설하면 가족에게 부담이 되거나 거주인들이 위험해질까 봐 걱정인 거지, 가족들이 당사자가 미워서 그러겠어요?"

즉 탈시설 여부 자체는 표면적인 이슈다. 중요한 것은 가족이 정말 원하는 것이 무엇인지, 그 원하는 바를 달성하기 위한 수단들에 대해 충분한 정보가 제공되는지, 그리고 소통의 기회가 있는지를 묻는 일이다. 가족이 정말 원하는 것이 단순히 돌봄이 필요한 가족을 시설에 두는 것이라고 믿는 사람은 없을 것이다. 가족들이 원하는 것은 전문성 때문이든 재정 때문이든 시간 때문이든 자신들이 제공하기 어려운 복지서비스를 누군가가 제공해주는 것이다. 여기서 시설은 하나의 수단이다. 더 나은 수단이 있고, 그것을 자신들의 능력으로 감당할 수 있다면 가족들은 그것을 선택할 의사가 있을 것이고, 그럴 권리도 있다. 시설이 유일무이한 수단일 필요는 없다. 오히려 어떤 정책 목적을 달성할 수단이 하나뿐이라 사실상 강요되는 상황이 효과성 측면에서나 윤리성 측면에서나 위험하다. 수단은 다양해야 하며, 무엇보다 당사자들이 그러한 수단들에 대한 정보를 제공받고 정책 당국과 소통할 기회가 있어야 한다.[20]

지금은 탈시설해서 살아가는 김주희의 어머니 최정식은 나이 70이 다 돼서야 마음 편한 것이 뭔지 알게 됐다며 다음과 같이 말했다.[21]

"나는 그냥 수급자가 뭔지도 모르고, 내가 누구한테 도움을 받으려고 한 것도 아니고 난 아무것도 몰라. 이제야 알았지. 그래서 내가 다른 엄마한테도 이런 얘기를 해주지. "여기 노들야학 와 보니까 너무 좋다." …… 부모끼리 통화를 하잖아. 주희는 가서 잘 있느냐고 그러면 나는 잘 있다고 그래. …… 나는 1년만 더 빨리 나왔다면 더 좋았을 거라고 생각해. 옛날부터 봐왔던 엄마들도 만나면 내가 그러거든. "나 여기 온 거 너무 잘했어. 잘 왔어." 지금은 저를 부러워하는 사람이 있어요."

가족들이 정말 원하는 것은 분명하다. 장애를 지닌 자녀/가족의 시설수용이 아니다. 그들의 행복이다.

탈시설은 탈가족돌봄

시설에 6살에 입소해 38년간 살았던 김현수는 여러 차례 탈시설할 기회가 있었지만 엄격한 부양의무자 기준과 가족의 반대에 번번이 걸려 넘어졌다. 김현수가 시설에 살면 생계급여가 시설로 지급돼 시설의 식비로 사용되지만, 탈시설 후에는 생계급여를 개별 수령한다. 이때 1촌의 직계혈족 및 그 배우자의 소득과 자산을 심의하여 생계급여를 지급하는 부양의무자 기준이 적용된다. 그래서 김현수의 부모가 자산이 약간 있다는 이유로 생계급여를 못 받는 문제가 항상 발목을 잡았다.

그랬던 그가 45살이 되던 해인 2019년 탈시설을 결정했다. 부양의무자 기준이 폐지됐다는 소식을 들은 것이 계기였다. 그동안 그가 자립을 결심할 때마다 회유하고 반대하던 가족들도 기초생활보장제도가 개선됐다는 소식을 듣고는 그의 결정을 끝내 꺾지 못했다. 그런데 나와 보니 폐지가 아니라 완화일 뿐이었다. 어렵사리 이의신청 절차를 거친 끝에 수급권자가 됐다. 그러나 수개월 뒤에 날벼락을 맞게 된다. 법률상 그의 부양의무자, 즉 1촌 직계혈족인 부모에게 그동안 지급됐던 생계급여를 징수하겠다는 소식이었다. 김현수가 45살이 되던 해였으니 이미 그의 부모 또한 80세가 넘어 어쩌면 누군가의 부양이 필요할 터였다. 김현수가 반대하는데도 정부는 그의 노부모에게 38년 만에 탈시설한 자녀의 부양 비용을 청구했다.[22] 김현수는 이의를 제기했고, 투쟁 끝에 부모에 대한 부양 비용 청구를 철회한다는 결정을 정부로부터 받아냈다. 김현수의 사례가 보여주는 제도 간의 부정합 문제는 한국의 복지제도가 파편화돼 있고 참여사들에게 불확실성이 높다는 점에서 우려스럽다.

정말 장애인이 탈시설하고 지역사회에서 자립생활하는 것이 부모의 삶을 억압하고 돌봄 독박을 감내하라는 의미인가? 그렇지 않다. 조상지의 어머니 이해옥도, 김주희의 어머니 최정식도 그렇게 말하지 않는다. 탈시설은 원가정으로의 복귀와 가족의 독박 책임을 의미하는 것이 아니다. 그것은 탈가족돌봄을 지향하며, 탈가족돌봄체계 마련의 책임을 국가와 지역사회, 나아가 시민사회 전체가 공유하자는 것이다. 당사자 가족이 바라는 장애인 본인과 가족의 행복을 위해 이 길이 더 낫다는 것이다.

탈시설을 더 적극적으로 논의하려면 장애인의 탈시설과 지역사회 자립이 나머지 가족 구성원에게 일방적으로 지원의 책임을 전가하지 않는다는 점을 인식시킬 필요가 있다. 다시 말해 '탈시설은 곧 탈가족돌봄'이라는 지향점을 시민이 함께 이해하고 납득할 필요가 있다.[23] 이는 2022년 국회미래연구원이 발표한 연구보고서 내용과 같이 현재 장애인탈시설운동이 수용시설을 중심으로 한 집단 돌봄 혹은 가족의 사적 돌봄체계를 전제하는 것이 아니라, 장애인 당사자가 보편적으로 생활에 필요한 지원을 받아 살아갈 수 있도록 '사회화된 돌봄' 체계로 새롭게 개편하자는 요구임을 정확히 인식해야 한다.[24] 그 구체적 내용이 이 책 제5장에 담겨 있다.

돌봄을 둘러싼 당사자와 가족의 관계에서 한 사람의 존엄이 나머지의 억압 위에서만 지켜질 것이라는 전제가 잘못됐음을 지적하는 일은, 비단 장애인탈시설운동뿐만 아니라 한국 사회의 노인 문제에도 중요한 함의가 있다. 마치 노인의 존엄한 죽음이 나머지 가족의 부담 아래에서만 가능할 것처럼 상상케 하는 현재의 사회적 한계 속에서는 더욱 그렇다.[25]

2021년 정부의 탈시설 로드맵이 발표되고 1주년이 됐을 때, 어느 탈시설 장애인은 이렇게 이야기했다.[26] 시설에 있을 때는 "내 방이 없고 주위가 소란스러워서 내가 좋아하는 음악, 그림 그리기를 하기 힘들었다"며 "내가 먹고 싶을 때 식사할 수 없어서 불편했고 메뉴도 정해져서 나오니까 내가 먹고 싶은 음식을 먹기가 힘들었다"면서, 무엇보다도

"나만의 방과 시간이 없었다"며 시설수용 생활의 불편함을 토로했다. 이후 탈시설하여 지원주택으로 입주하면서 "내 방, 내 침대, 내 TV, 내 세탁기, 내 화장실, 내 주방"이 생겨서 기분이 정말 좋았고, 보고 싶은 TV를 보며 중증장애인 맞춤형 공공일자리에 참여하여 돈을 벌 수 있어 기쁘다고 말했다. 특히 부모님이 자신에게 "이제 걱정 안 해도 되겠다"며 우셨고, 이후 집에 놀러오시게 돼 너무 좋다고 말했다. 엄마가 맛있는 것을 해 오시는 날에는 저녁까지 함께 있다 가고, 아빠도 볼 수 있어 기분이 좋다고 진술하며, 지금처럼 "내가 하고 싶은 거 하면서 살고 싶다"고 말했다. 이상 당사자 진술에서 볼 수 있듯 탈시설은 당사자에게 자기결정권을 부여하는 계기였으며, 동시에 가족에게 탈가족돌봄의 기회를 제공했다. 분리된 주거 형태를 보장받고, 독립적인 자립지원 서비스를 누리게 되면서 지역사회에서 당사자의 자기의사표현 존중과 가족의 돌봄 부담 문제를 동시에 해결한 것이다.

자폐성 발달장애가 있는 30대 자녀를 둔 어느 엄마는 자녀를 돌보다가 신우신염, 신장병을 앓게 됐다. 장애가 없는 형은 결혼을 하지 않겠다고 하면서, 동생은 본인이 책임질 테니 엄마는 엄마 건강만 잘 지키라고 말했다. 엄마는 첫째에게 둘째의 돌봄과 지원을 맡길 수는 없다고 생각하고 자립지원정책을 찾기 시작했다. 그 결과 당사자는 자립체험주택 입주 경험을 토대로 우여곡절 끝에 지원주택에 입주함으로써, 가족의 돌봄에 더는 기대지 않고 자신만의 독립적인 주거환경을 갖추게 됐다. 중증장애인의 탈시설을 반대하는 입장에 대해 위 장애인부모는 발달장애인 당사자가 지역사회 내 자립을 최대한 체험할 수 있는 시스템을 갖추어야 한다고 강조한다. 수많은 중증 발달장애인이 시설 입소 이후 일 대 일 케어를 받지 못해 의사표현능력이 쇠퇴하거나 소통에 어려움을 겪는데, 표현이 어렵다는 이유만으로 탈시설 대상에서 탈락시키면 안 된다는 것이다. 재가 장애인을 비롯한 모든 장애인에게 주택을 우선 지원하고, 자립 경험을 제공함으로써 당사자가 정서적 안정을 느끼도록 하고, 스스로 결정하고 지원을 요구하는 방법을 안내하는 것이 중요하며, 이를 위해 국가가 적극적으로 예산을 배정해야 한다고 덧붙였다. "발달장애인이 혼자서도 살던 지역에서 살 수 있다는 희망이 발달장애인 가족이 힘내서 살 수 있도록" 하는 원동력이 된다는 점을 강조하며, "부모도 자녀도 행복하게 지역에서 잘 살기를 원한다"고 당부했다. 이어 중증 발달장애인 당사자와 그 가족을 위한 지역사회 통합이라는 목표 달성이 가장 중요한 정책 과제로 설정돼야 한다고 보았다.

장애인 당사자의 자기결정권 보장과 장애인 가족의 돌봄 부담을 경감한다는 두 목표는 양립불가능한 것이 아니다. 장애인 당사자와 부모가 저마다 삶의 자유와 미래를 스스로 계획하고 주도할 권리를 누리려면 국가의 적극적인 역할 수행이 가장 시급하다. 장애인의 자기결정권보장은 가족의 일방적 희생을 전제로 하지 않는다. 하지만 그러려면 지역사회 내에 국가가 다양한 지원 수단을 마련해야 한다. 오랜 시간 중증장애인지원정책이 시설 중심으로 전개되는 현실을 극복하고, 지역사회 통합을 기반으로 한 정책 대안을 마련할 필요가 있다.

탈시설 이후 변화한 자녀의 삶을 목도한 한 부모님의 목소리는 탈시설에 대한 부모의 관점에 의구심을 갖는 이들에게 울림을 준다.27 사회는 함부로 부모의 마음을 미루어 짐작해서는 안 된다. 사회가 할 일은 부모들에게 정보, 대안, 지원을 제공하는 것이다.

> "사람이 어떻게 지원하느냐에 따라 장애인의 삶이 달라질 수 있습니다. 다양한 지원방식을 고민하는 지원자로 인해 00이의 삶도 달라졌습니다. 탈시설을 반대하는 부모들은 이런 걸 잘 모르고 경험해보지 못했을 겁니다. 장애인 자식을 둔 부모는 무거운 부담도 크지만 자식을 생각하는 마음이 가장 클 것입니다. …… 탈시설은 부모의 부담을 더하는 것이 아닙니다. 저는 탈시설이 마음의 부담을 덜어낼 수 있는 계기가 됐습니다."

시설 밖은 위험하지 않나요?

박현 활동가의 삶

박현 활동가는 13살부터 29살까지 음성 꽃동네에 살다가 2011년에야 시설을 나올 수 있었다. 그가 시설에서 나오는 과정은 순탄하지 않았다. 중증 뇌병변장애가 있어서 가족에 의해 시설에 맡겨졌던 그는 가족에게 의존하지 않는 자립을 원했다. 그는 꽃동네를 관할하던 음성군에 자립하는 데 필요한 사회복지서비스를 신청했다. 신청서를 제출할 때 그는 음성군수에게 편지를 써서 보냈는데, 편지 제목은 "불쌍한 장애인이 아닌 당당한 시민으로 살고 싶습니다"였다.

음성군은 그의 신청을 받아주지 않았다. 그는 음성군수를 상대로 소송을 제기했다. 비슷한 시기에 서울에서도 다른 장애인이 같은 소송을 제기했다. 다행히 그 소송에서 법원은 "국민에게 사회복지서비스 신청권이 있으므로, 신청을 받은 지자체는 필요한 서비스를 조사할 의무가 있다"고 보았다. 이러한 법원의 판단 덕분에 그는 시설에서 나와 서울의 작은 연립주택에서 자립생활을 시작할 수 있었다. 가족들은 소송 중에 그를 염려하여 그를 대신해 소 취하서를 내기도 했지만-성인인 박현 활동가가 제기한 소송이기 때문에 가족이 낸 소 취하서는 효력이 없다- 나중에는 그의 자립을 누구보다 응원했다.

그 소송을 맡았던 임성택 변호사는 그의 서울 자취방 집들이에 초대받아 갔던 날을 뿌듯하고 기쁜 순간으로 추억한다. 임 변호사는 수급비에 의지해 살아가야 하는 박현의 삶을 걱정했지만, 그는 누구보다 활기차게 장애인야학에 다니고 시를 쓰고 노래를 하는 등 다양한 활동을 하면서 살았다. 그리고 지역사회에서 탈시설-자립생활운동에 앞장섰다. 운동의 현장에서 그는 어느 날은 빨간색 머리, 어느 날은 초록색 머리, 또 어느 날은 아예 무지개색 머리를 하고 나타나 강렬한 존재감을 뿜어냈다.

박현은 2016년 12월 22일 급성 폐렴으로 사망했다. 그를 아는 모든 사람이 그의 부고를 받고 황망해했지만, 특히 임성택 변호사는 자꾸만 자책이 돼 괴로웠다고 말한다.**28**

"장례식장을 못 가겠는 거예요. 제가 일종의 탈시설의 단서를 마련해준 사람 중 한 명인데…… 이 안전하지 않은 사회에 괜히 나왔나…… 어떻게 폐렴으로 죽을 수 있지……. 현이가 시설에서 계속 있었다면 그런 갑작스러운 죽음을 피할 수 있지 않았을까? 장례식장에서 만난 사람들이 위로를 많이 해줬어요. 현이가 꽃동네에서 살았던 16년보다 지역사회에서 산 6년이 행복했을 거라고……. 그래도 마음이 계속 좋지 않았어요. 그런데 그 후 탄핵 집회에서 어느 휠체어를 탄 장애인이 마이크를 잡고 '위험할 권리'에 대해서 얘기하는 것을 들었어요. 저는 그때 '위험할 권리'라는 말을 처음 들었어요. 세상이 너무 위험하지만 그래도 다 자동차 타고 다니고 걸어다니면서 왜 장애인들에게는 위험하다고 집 밖으로 시설 밖으로 못 나가게 가둬 두느냐고. 나는 그 얘기를 듣고 '아, 현이가 아마 살아 있었으면 이런 얘기를 하지 않았을까'라는 생각이 들더라고요. 그게 위안이 되었어요."

어디가 덜 위험할까요?

장애인들이 '위험할 권리'를 외치는 이면에는 위험에 대한 새로운 관점을 요구하는 흐름이 있다. 시설과 자립해서 사는 주택 중 어디가 더 위험할까? 탈시설에 반대하는 입장에서는 시설에서 나왔을 때 장애친화적이지 않은 공간, 범죄 피해자가 될 위험, 24시간 돌봄 부재, 질병 악화 등의 문제가 생길 수 있다고 우려한다. 물론 시설에서 나와 지원주택에서 활동지원사의 조력을 받는 장애인의 삶도 위험해질 수 있다. 활동지원사가 학대하면 단둘이 있는 공간은 어쩌면 시설보다 위험할 수도 있다고, 장애인의 부모님들은 우려한다. 그리고 아래와 같이 추론하며 가족을 시설에 보낸다.

'다른 시설은 몰라도 최소한 내 자녀가 지금 있는 시설은 혼자 지내는 공간보다 안전해. 여기는 인품 좋은 원장님이 계시고, 믿을 만한 생활재활교사들이 있어. 그리고 같이 시설에서 지내는 장애인 중에 의사소통이 가능한 사람들이 있어서 문제가 생겨도 이야기해줄 수 있어. 혼자 지내는 것보다는 여기가 훨씬 나아.'

하지만 불행히도 제1장에서 보았듯이 시설의 한계는 그 안의 사람들이 좋은 사람들이라고 해서 덮어지지 않는다. 이 책의 「첫 번째 목소리」에 나온 조상지의 이야기를 다시 떠올려보자. 이는 결코 한 사람만의 경험이 아니다. 시설의 근본적인 문제점은 그 폐쇄성에 있다. 어떤 거주시설에서 장애인을 학대하거나 제대로 돌보지 않고 방치한다는 의심이 강하게 들어도 증거를 확보하기 어렵다. 거주인이 모두 중증 발달장애인이라 피해를 당하거나 목격해도 진술하지 못할 때가 많다. 시설을 운영하는 원장님이나 생활재활교사는 대체로 인품이 좋고 덕망이 있다고 하지만, 내부에 문제가 생겼을 때 솔직하게 시설의 잘못을 인정하고 책임을 지기는 쉽지 않다. 다른 예로, 생활재활교사가 장애인을 학대했다는 신고가 접수되면 가해자와 피해자를 분리해야 하는데, 생활재활교사 한 명이 출근하지 못하면 그동안 대체할 사람을 찾기가 어려워 동료들이 과중한 업무를 수행해야 한다. 이런 상황에서 동료들이 학대 사실을 외부로 알릴 거라고 기대하기도 어렵다. 이런 문제는 시설뿐 아니라 어떤 분야든 폐쇄적인 조직에서는 쉽게 발견된다.

장애인거주시설은 정기적으로 국가와 지자체의 평가를 받고, 그 결과는 공표되거나 시설의 감독·지원에 반영될 수 있다. 정부 차원의 평가를 담당하는 중앙사회서비스원은 2023년 12월 말 「2025년 장애인거주시설 평가지표」를 발표했다.[29] 내용을 보면 지난 3년간 행정처분을 받은 내역을 분석하여 영역별로 10점~100점까지의 감점, 최대 최하등급(F)으로의 강등이 가능하다. 특히 생활인(이용자)의 권리 영역에서 행정처분을 받을 경우 무조건 100% 감점하게 돼 있다. 이러한 평가 기준을 엄격히 적용한다면 시설 운영의 전반적인 수준 개선이나 생활인의 권리 침해 예방에 분명히 효과가 있을 것이다. 하지만 한편으로는 감점에 따른 불이익을 피하고자 인권침해가 아예 드러나지 않게 은폐할 위험도 증가한다. 가장 근본적인 문제는 시설 내 인권침해를 외부에서 통제할 수 있는 방법이 별로 없다는 점이다.

시설 인권침해를 예방하기 위해서 CCTV를 더 많이 달아야 한다는 의견도 있다. 하지만 화장실처럼 CCTV를 달 수 없는 공간이나 사각지

대처럼 CCTV가 비추지 못하는 곳에서 학대는 계속 발생하는 것으로 추정된다.[30] 사생활 침해를 고려할 때 곳곳에 CCTV를 다는 것도 답은 아닐 것이다. CCTV를 많이 설치하자는 아이디어 자체가 시설의 한계를 인정하는 것이다. CCTV가 만능이라고 믿고 맡겨두면 장애인은 더욱 고립될 수밖에 없다.

물론 시설에서 나와 자립생활을 하는 장애인이 더 안전하다고 단정하기도 어렵다. 일 대 일 지원을 받을 수 있다는 큰 장점이 있지만, 지원자가 어떤 사람인지에 따라 지원의 질이 크게 다를 수 있다. 지원자가 개인 공간에서 인권침해를 한다면 당사자 외에는 문제를 제기할 수 있는 사람이 아무도 없다. 그 당사자가 의사소통하기 어렵다면 더 큰 문제다.

관건은 폭력과 같은 위험이 발생할 확률, 그것을 발견할 가능성, 장애인 당사자가 대응할 수 있는 수단들에 있다. 이런 기준을 고려하면 폐쇄적인 시설보다는 개방된 공간에서 자립생활을 하는 장애인이 시스템 관점에서는 훨씬 안전하다고 할 수 있다.

다만 더 근본적으로는 '어디가 더 안전한가'보다 '당사자들이 무엇을 원하는가' 하는 질문이 우선돼야 한다. 결국 시설에서든 지원주택에서든 인권침해가 발생할 가능성은 있다. 어디가 더 안전한 곳이라고 논리적으로 단정하는 것은 큰 의미가 없다. 중요한 것은 어떻게 안전한 공간을 만들 수 있는지를 함께 고민해가는 것이다. 그리고 장애인의 안전을 시설을 유지하는 논리에 활용하지 않는 것이다.

장소의 문제일까요, 관계의 문제일까요?

안전은 장소의 변화가 아니라 관계의 강화를 통해 확보해나갈 수 있다. 아무도 찾아오거나 관심 가져주는 이가 없다면, 활동지원사가 유일한 방문자라면, CCTV를 확인할 사람이 없을 뿐 아니라 문제가 생겨도 그것을 쉽게 덮을 수 있는 상황이라면, 그는 폭력과 학대에 취약할 수밖에 없다. 반대로 집에 수시로 사람들이 찾아오고, 그 사람의 일상과 건강에 관심이 많은 가족·지인들이 있다는 사실을 주위 사람들이 알면 누구도 그 장애인을 함부로 대하기 어렵다. 「첫 번째 목소리」의 조상지도 어머니가 시설을 주기적으로 방문하면서 시설 직원들이 자신을 대하는 태도가 달라지는 것을 느꼈다고 말한다.

그렇다면 장애인거주시설에서도 관계를 다양하게 만들면 안전한 공간을 만들 수 있을까. 이론적으로 가능하지만, 현실적으로 장애인거주시설은 사람들의 관계를 강화하는 데 지원주택보다 불리한 조건이 많다.

우선 물리적으로 거주시설의 접근성이 떨어진다. 한국은 1988년 서울올림픽을 개최하면서 장애인시설을 도심 외곽으로 이주시키고 대형시설을 확장했다. 보건복지부의 「2023 장애인 복지시설 일람표」에 따르면 2022년 말 기준으로 100인 이상 장애인거주시설은 27개소고, 이곳에 3,680명이 살고 있다. 2011년 법을 개정하여 거주시설에 30인을 초과하여 수용할 수 없게 됐지만 기존 시설들의 규모는 그대로 유지됐기 때문이다. 도심에서 멀리 떨어져 사람들이 자주 왕래하기 어려운 거주시설에서 많은 장애인이 쓸쓸하게 살아간다.

시설이 도심에 있더라도 가족이나 애인, 친구들이 마음 놓고 찾아가서 교류하기가 쉽지 않다. 한국장애인개발원이 추진한 「2020년 장애인 거주시설 전수조사」에 따르면[31] 1실당 평균 4.7명이 생활한다. 다수가 한 방을 쓰면 방문객과 개인적으로 만날 공간도 마땅치 않고, 하룻밤 자는 것도 불가능하다. 개인 방이 있더라도 외부 사람이 시설에 출입하려면 관리자의 허락이 필요하다. 장애인도 장애인을 찾아오는 사람도 운영자, 생활재활교사, 다른 거주인을 의식할 수밖에 없다.

또한 코로나19 유행 시기에 정부의 기본 방침은 코호트 격리였다. 2020년 2월 20일 청도대남병원에서 국내 첫 코로나19 사망자가 발생하자 정부는 곧 코호트 격리 조치를 발표했고, 24일 보건복지부가 발표한 '장애인거주시설 코로나-19 관련 대응 방안'으로 코호트 격리를 규정했다.[32] 이에 따라 장애인거주시설에서는 2020년 3월경부터 1년 넘게 외출과 면회가 전면 차단됐고, 일부 지역은 특정 거주시설의 집단 감염 발생을 이유로 예방 차원에서 시설 동일집단 격리를 실시하기도 했다. 국가인권위원회는 이러한 조치가 부적절하고 거주인의 이동과 외부교통권을 원칙적으로 허용·확대해나가는 것이 바람직하다고 했지만 구속력이 없어 새로운 감염병 유행 시 거주시설의 접근이 다시 차단될 가능성을 배제할 수 없다. 이러한 격리정책이 끔찍한 결과를 낳았음을 제2장에서 우리는 보았다.

다만 현실에서는 탈시설에 성공한 장애인도 다양한 관계를 맺지 못한 채 고립감을 느끼는 경우가 있다. 서울시에 거주하는 탈시설장애인

장애, 시설을 나서다

에 대한 2021년 연구에 의하면, 여가 활동의 동반자가 누구냐는 질문에 '없다'고 말하는 사람이 가장 많았고(48.8%), 다음으로 '활동지원사나 시설 종사자'(39.4%), '친구나 동료'(9.4%)의 순으로 나타났다.[33]

장애학 연구자이자 활동가인 전근배는 탈시설장애인의 '고립감'을 주제로 한 연구에서 탈시설장애인이 지역사회에서 고립감을 느끼는 현실을 발견하고, 그것이 사회적 상호작용에 따른 관계의 문제임을 발견했다. 장애인의 현재 신체기능과 과거부터 현재까지 계속되고 있는 시설화(시설 입퇴소와 시설에서의 삶) 경험 정도에 따라 국가가 제공하는 지원제도에 대한 체감도가 달라지고, 그 체감도에 따라 느끼는 고립감의 정도가 다른 것으로 나타났다. 흔히 "시설에서 나오면 장애인이 지역사회에서 외롭다"라고 이야기하는데, 전근배는 "시설에서 나왔기 때문이 아니라 시설에서 살았기 때문에 지역사회에서 고립감을 경험할 수 있다"고 주장한다.[34]

결국 중요한 것은 어떤 공간이냐가 아니라 어떤 관계를 맺을 수 있느냐다. 개인 주택이라는 외관만 갖추고 실상은 1인용 시설에서 살 경우, 심리적 안전이라는 측면에서 한계가 있다. 그럼에도 불구하고 현재 정부는 시설을 축소·개선하는 공동형 주거를 포함한 탈시설 로드맵을 발표했고, 거주시설 운영자가 사업을 전환하여 독립형 거주서비스를 제공하는 기관을 운영할 수 있도록 제도를 수정하려고 한다.[35] 이는 기존에 형성된 시설화된 관계를 유지한다는 점에서 효과를 기대하기 어렵다. 시설화 경험을 초래하는 공간과 정책의 한계는 외면한다고 해서 없어지는 것이 아니다.[36] 앞서 제3장에서 살펴본 탈시설의 긍정적 효과가 나타난 것은, 결국 주변 사람들과 억압적 관계가 아니라 친화적 관계를 맺을 수 있었던 환경의 영향이 컸다. 지역사회 전환이란 삶의 공간이 지역사회로 옮겨진 것만이 아니라 삶의 관계가 지역사회에서 맺어져 그 사회의 일원으로 살아가는 일을 포함한다.

시설에서 일하던 사람들 일자리는요?

대구에서 장애인거주시설을 운영하는 사회복지법인 청암재단은 2015년 4월 전국 최초로 재단의 공공화와 탈시설화를 선언했다. 청암재단은 선언을 실행하기 위해서 법인이사회, 거주시설 이용자회, 노동조합, 지역사회 장애인단체 등을 포함하여 실행위원회를 설치하고 세부 이행계획을 수립하겠다고 했다.37 그로부터 6년이 흐른 2021년 8월, 지역사회 장애인단체들은 청암재단 노동조합이 탈시설을 왜곡하는 발언을 하고 있다며 규탄하는 기자회견을 열었다. 2015년 탈시설화 선언 당시 장애인 197명이 시설에서 생활하고 있었는데, 그 후 6년 동안 30명만 탈시설에 성공했다. 이처럼 탈시설이 지지부진하자 재단은 '2025년까지 시설을 폐지한다'는 계획을 선언했다. 그러자 노동자들 사이에서 고용승계에 대한 불만이 터져나왔고, 청암지회 노동조합 비상대책위원장은 탈시설 자체를 타깃으로 삼아 재단의 계획은 장애인의 주거권

침해, 자기결정권 침해, 인권침해라고 비난했다.[38]

비슷한 시기에 서울에서는 사회복지법인이 주도하여 시설 폐지까지 나아간 사례도 있다. 사회복지법인 프리웰은 국내 최초로 사회복지법인이 주도하여 장애인의 탈시설과 시설 폐지를 진행하고 있다. 프리웰은 2021년 4월 30일 장애인거주시설 향유의집을 폐지했다. 향유의집에서 일하던 사람들도 큰 영향을 받았다. 폐지할 당시 향유의집에는 총 29명이 일했는데, 생활재활교사 14명 중 10명, 상담평가요원 1명 등 전체직원의 38%만 고용승계가 이루어졌다. 다른 직원들은 권고사직 당하거나 해고됐다.[39] 시설폐지 6개월 후에는 전체 직원의 59%가 고용승계됐다.

생활재활교사들은 다른 시설에서 똑같이 생활재활교사로 일하거나 지원주택에서 비슷한 직무를 할 수 있어 고용승계가 쉬운 반면, 간호사·물리치료사·언어치료사·작업치료사·영양사·조리사·위생원·시설관리인·운전원 등은 지원주택에는 비슷한 일자리가 없어 법인 산하의 다른 시설에 결원이 생기지 않는 한 고용승계할 수가 없는 상태였다. 해고된 노동자 중 일부는 부당해고라고 주장하며 문제를 제기했고 지금 소송이 진행 중이다.

탈시설과 시설 폐지를 추진하는 법인 운영자와 시설 노동자 사이의 갈등은 각종 민원, 고소·고발, 소송 등으로 이어지면서 수년간 싸움이 계속되고 있다. 사실 새로운 정책을 도입하는 과정에서 발생하는 과도기의 갈등은 어떤 정책 영역에나 존재한다. 심지어 미국 일리노이주에서도 정부가 설립한 시설의 폐지를 반대하는 가장 강력한 집단 중 하나는 시설 직원 노조다.**40** 중요한 것은 국가와 사회가 얼마나 적극적으로 대응하느냐다. 예를 들어 요즘 기후위기 대응 과정에서 '정의로운 전환'이 강조되고 있다. '정의로운 전환'이란 온실가스 감축을 위해서 화석연료 사용을 줄이는 과정에서 직·간접적으로 피해를 입을 수 있는 지역이나 산업의 노동자 등을 보호하여 피해를 최소화하는 방향으로 정책을 만드는 것을 뜻한다. 우리 정부는 이러한 내용을 「기후위기 대응을 위한 탄소중립·녹색성장 기본법」에 담았다. 이 법에서는 구체적으로 기후위기에 대비한 사회적 안전망(일자리 감소 등 현황을 파악하고 이에 대한 지원대책 방안)을 마련하고, 기후위기 대응의 영향을 받을 수 있는 기업의 사업 전환을 지원하며, 위 기업의 자산 손실 위험을 최소화하기 위한 지원 시책을 마련하고, 일자리 실태조사·연구·교육과 취업 지원 등의 업무를 하는 '정의로운 전환 지원센터'를 마련하도록 규정하고 있다. 이 사례가 주는 교훈은 분명하다. 이러한 전환 비용은 공적인 이슈이며, 따라서 정부가 제 역할을 해야 한다는 점이다.

그런데 탈시설 문제에서 중요한 역할을 해야 할 '정부'는 보이지 않는다. 탈시설 방향에 맞추어 프리웰이 시설거주 장애인들의 지역사회 자립을 지원하면서 거주시설 수용인원을 줄이다가 결국 시설 폐지에 이르는 과정은 하루아침에 진행된 것이 아니었다. 거주 장애인이 탈시설하는 과정은 서울시, 양천구청의 관리·감독과 지원 하에 이루어졌다. 따라서 시설 폐지에 따른 노동자들의 고용 불안은 불가피하다는 점을 중앙정부와 지방정부는 알고 있었다. 하지만 중앙정부와 지방정부 모두 적극적으로 대안을 제시하지 않았다. 장애계과 노동계는 구체적으로 사회서비스원이 고용승계를 받아야 한다고 주장했지만, 이러한 주장은 받아들여지지 않았다.

이것이 왜 정부의 책임인가? 유엔 장애인권리협약 제19조는 장애인에게 자립생활 및 지역사회에 동등하게 참여할 권리를 보장하고 있다. 위 협약을 관장하는 유엔 장애인권리위원회는 2022년 8월 대한민국의 협약 이행 상황을 심의한 결과, 거주시설에 살고 있는 장애인의 탈시설화 전략에 대한 우리 정부의 느슨한 이행을 우려하면서, 탈시설 전략 이행을 강화할 것을 권고했다. 하지만 우리 정부는 자발적으로 탈시설을 추진하면서 시설을 폐지하려는 민간의 노력을 촉진하지 못하고 있을 뿐만 아니라 그 과정에서 발생하는 갈등에 대한 책임을 외면하고 있다.

유엔 장애인권리위원회가 2022년 10월에 발표한 탈시설가이드라인에 따르면, 탈시설 과정의 모든 단계에서 장애인과 그들의 대표 단체를 긴밀히 참여시켜야 하며 시설을 떠나는 사람, 시설수용 생존자 및 그들을 대표하는 조직의 견해를 우선 고려해야 한다. 그리고 서비스 제공자, 자선단체, 전문가와 종교단체, 노동조합과 시설을 유지하는 데 재정적 또는 기타 이해관계가 있는 사람들은 탈시설과 관련된 의사 결정 과정에 영향을 미치지 않도록 해야 한다.[41] 철저히 장애인을 중심으로 탈시설을 추진해야 한다는 의미다.

장애인의 탈시설 권리와 노동자의 권리가 충돌하는 것처럼 보이는 상황에서, 대구에서 탈시설운동에 앞장서는 노금호 활동가는 "장애인의 탈시설과 노동자의 노동권은 충돌하는 가치가 아니라 함께 가는 것"이라고 말한다. 장애인의 탈시설 권리와 시설 직원의 노동권이 함께 갈 수 있는 것인지 불안해하는 사람들의 눈에는, 장애인거주시설이 없어지는 것은 곧 일자리가 사라지는 것을 의미한다. 하지만 장애인거주시설에서 일하던 노동자들은 시설을 위해서 일한 사람이 아니라 그 시설에서 살던 장애인을 지원하기 위해서 일한 사람들이다. 따라서 시설에서 살던 장애인의 삶의 변화에 초점을 맞춘다면 일자리는 '사라지는 것'이 아니라 '모습이 변하는 것'이다. 과거에 시설 안에서 먹고, 자고, 물리치료를 받고, 약을 처방받던 장애인이 자신의 집에서 주거 코디네이터와 활동지원사의 조력을 받아서 먹고, 자고, 동네 병원에 가서 물리치료를 받고, 동네 약국에서 약을 처방받는 삶을 살게 된 것이다. 그렇다면 시설에서 일하던 사람들도 지원주택을 중심으로 역할이 변해야 하고, 그 변화에 적응할 수 있도록 탈시설에 맞는 새로운 직무교육과 훈련이 제공돼야 한다. 그리고 지원주택 코디네이터, 지역사회 내 병원, 식당 직원 등으로 우선 채용될 수 있도록 정부 차원의 지원이 필요하다. 무엇보다 시설 직원에 비해 턱없이 낮은 활동지원사 임금을 합리적인 수준으로 인상해야 한다.**42** 현재의 격차는 시설 직원과 활동지원사 간 업무 차이가 아니라 단순히 오랫동안 시설 지원이 증가해온 역사에 기인할 따름이다. 다만, 이 책에 담겨 있는 목소리들처럼 탈시설의 가치에 원칙적으로 동의하는 직원이라 하더라도 임금 격차는 현실적인 이슈라는 점을 고려하면서 이 문제를 풀어나가야 한다.

전근배는 "노동권이 단순히 일할 권리가 아니라, 무슨 일을 할 것인지에 대한 권리, 나아가 '정의로운 일을 만들 수 있는 권리'까지 이야기해야 한다"고 강조한다.**43** 옳은 말이지만 생계의 위협을 먼저 느끼게 되는 노동자들에게는 버거운 말이기도 하다. 하지만 정부가 기후위기에 대응하기 위해 기본법을 만들고 정의로운 전환을 위해 발 벗고 나서는 것처럼, 장애인탈시설을 이행하기 위해 「탈시설지원법」을 만들고 시설 직원들의 일자리가 정의롭게 전환될 수 있도록 노력한다면 충분히 가능한 이야기다.

탈시설, 정말 괜찮은 거예요?

예산이 많이 든다는데, 가능한가요?

2014년 4월 17일 송국현 활동가가 세상을 떠났다. 송국현 활동가는 2013년 꽃동네에서 나왔는데, 활동지원서비스를 신청했지만 당시 기준으로 장애등급 2급이 되지 않는다는 이유로 활동지원서비스를 받지 못했다. 그는 등급 재심사를 요구하면서 혼자 살던 중, 집에 불이 나 대피하지 못하고 사망했다. 그와 평소 친하게 지내면서 함께 등급 재심사를 준비하던 임소연 활동가는 "집에 가자. 우리 집에서 자고 가"라던 그의 말에 "오늘은 안 될 것 같아. 다다음 주에 갈게"라고 말했던 것이 마지막 대화가 됐다며 괴로워했다.**44** 송국현 활동가의 죽음 이후 장애등급제 폐지와 활동지원서비스 확대를 요구하는 투쟁이 더 거세졌다. 2015년 7월부터 활동지원서비스는 3급까지 확대되고, 2019년부터 장애등급제가 완화돼 모든 장애인은 활동지원서비스를 신청할 수 있게 됐다.

이런 사고를 접하면 어떤 시민들은 사회가 준비되지 않았는데 탈시설해서 위험을 자초한 것이라고, 탈시설은 지역사회에서 충분한 서비스가 마련된 뒤에 진행해야 한다고 말한다. 이런 관점에 내재한 인권 차원의 문제는 이 책에서 반복적으로 지적했다. 여기서 추가 질문을 2개 던져보자. 충분한 서비스는 어느 정도일까? 언제쯤 가능할까?

국가를 상대로 장애인이 문제를 제기하면 "한정된 재원", "예산의 한계" 같은 익숙한 문구가 등장한다. 마치 시설 유지에 필요한 공적 재원은 적은데, 탈시설정책을 추진하면 막대한 공적 재원을 투입해야 하는 듯한 인상을 주는 문구이다. 이는 사실과 거리가 있다. 장애인거주시설에 장애인이 계속 사는 한, 막대한 보조금이 시설에 들어가고 운영지원 예산과 시설기능보강 예산도 계속 들어간다. 장애인거주시설을 이용하는 장애인에게 들어가는 예산을 분석한 2023년 연구에 따르면, 거주시설 이용 장애인에게 들어가는 총예산은 연간 1조 3,114억 원이고 그 중 거주시설 보조금이 국비와 지방비(매칭예산)를 통틀어 1조 260억 원이다.[45] 이 중 장애인거주시설 운영지원 국비 예산[46]은 2023년 6,347억 원, 2024년에는 5.5% 정도 증가한 6,695억 원이고, 장애인복지시설 기능보강 예산은 2023년 264억 원, 2024년에는 10% 줄어든 236억 원에 달한다. 정부의 논리대로 한정된 재원과 예산을 시설에 계

장애, 시설을 나서다

속 투입하는 한 지역에서 서비스를 마련할 재원은 적을 수밖에 없다.

장애인거주시설이 아닌 지역사회에 기반한 지원체계로의 공간 이동을 장애인탈시설정책이라고 정의할 때[47], 탈시설 이후 중증장애인의 삶의 질이 향상된다는 가설이 여러 실증 연구를 통해 입증됐음에도 불구하고[48] 탈시설이 정책의 중심이 되지 못하는 이유는 무엇일까? 답은 비용이다. 유럽과 미국 등 서구 사회와 달리 시설 유지 비용이 낮은 동아시아 국가에서는 공공 예산 절감을 이유로 탈시설정책이 적극적으로 채택되지 못하는 현실이다.[49]

유엔 장애인권리협약 내용 중 장애인의 탈시설 및 지역사회 자립을 상세하게 다룬 일반논평 5호에 따르면, 장애인이 자립생활할 권리를 촉진하는 정책은 사회 포용적일 뿐만 아니라 인권 보장이라는 측면에서도 비용-효과적이다. 장애인탈시설정책과 자립생활지원정책이 오래 시행될수록 장애인 당사자가 지역사회의 여러 자원을 함께 활용함에 따라 비용이 줄어든다는 사실은 여러 연구를 통해 밝혀졌다.

더욱이 앞서 언급한 2023년 탈시설 관련 예산을 분석하는 토론회에서는 탈시설에 소요되는 예산 규모를 둘러싸고 다양한 목소리가 나왔다.[50] 탈시설 예산의 규모는 어떻게 잡느냐에 따라 달라진다. 추정된 탈시설 예산의 대부분은 연금 혹은 활동지원서비스에 쓰이는데, 연금은 일정한 소득 기준에 못 미치는 모든 국민이 받는다는 점에서 '탈시설 전용 예산'이라 보기 어렵다. 활동지원서비스 관련 예산 또한 엄밀히 말하자면 장애인 당사자가 아닌 장애인의 활동을 지원하는 사회복지 노동자에게 지급되는 임금이라는 점에서 결국 돌봄 종사자를 위한 공적 급여로 해석하는 편이 바람직하다. 송윤정은 탈시설 때문에 장애인거주시설 운영지원에 투입되는 예산이 불필요해지는 부분도 고려해야 한다는 점을 지적했다.[51] 장애인이 시설에 있든 지역사회에 있든 공통으로 지출되는 항목들도 존재한다. 아울러 탈시설 예산은 복지 예산을 정상적으로 지출하는 것이지 추가 비용이라 볼 수 없으며, 공동체의 회복과 통합을 목적으로 하는 비용으로 이해하는 것이 적절하다고 보았다.

이 모든 요소를 고려하면 현재 모든 시설거주 장애인 약 28,000명이 일시에 탈시설하고 정부가 지원을 제공할 경우 추가로 필요한 순증 예산은 3,746억 원 정도일 것으로 송윤정은 추정했다.[52] 이 규모에 대해 각자 판단은 다르겠지만 참고로 2024년 한해 국가 예산 총지출의 규모는 약 657조였다.[53] 정부가 2022년 1월 코로나19 환자 치료의료기관을 위해 지출한 손실보상금은 3,500억 원이었다. 단 4년 운영하고 문을 닫아버린 인천공항 KTX 건설에는 3,000억 원이 투입됐다.

조민제는 "왜 부자들을 돕는 것은 투자라고 하고 가난한 이들을 돕는 것은 비용이라고만 말하는가"라는 브라질 룰라 대통령의 말을 인용하면서,[54] 장애인의 지역사회 통합을 위해 활용하는 공적 예산을 '비용'으로 보지 말고, 예산이 추정치보다 더 많이 들더라도 장애인거주시설에서 일하던 노동자들이 지역사회 내에서 새로운 일터를 구할 때 임금 격차를 느끼지 않도록 국가가 적극적으로 나서야 한다고 주장했다. 서울대학교 행정대학원 교수 최태현도 탈시설장애인을 지원하는 복지 예산은 사회 소비social consumption가 아니라 사회 투자social investment의 성격도 있으며, 나아가 인권과 관련된 예산 지출을 두고 소

장애, 시설을 나서다

비냐 투자냐로 나누는 틀 자체를 극복해야 하며, 해당 예산이 일시에 집행되는 것이 아니라 2021년 정부가 발표한 장애인탈시설 로드맵에 따라 20년간 분산돼 집행되기에 재정 부담이 크지 않다는 점을 지적했다. 아울러 한국에서 시설정책 비용이 덜 드는 것처럼 보이는 이유는 현재의 장애인거주시설 운영에 투입되는 자원이 거주 장애인 수에 비해 부족해서가 아닌지, 국가가 사회복지 노동자들을 충분히 인정하지 않아서가 아닌지를 되짚어볼 필요가 있음을 강조했다.[55]

지역사회 자립을 위해 주거, 서비스, 경제적 지원에 관련한 체계를 구축하는 최초 단계에서는 국가의 적극적인 재정적 지원이 분명히 필요하다. 그러나 그 재정 규모는 얼핏 예상하듯 감당하기 어려운 규모는 아니다. 더군다나 재난적 실패를 기록한 대규모 국책사업들이나 지역 정치인들의 야심에 이끌려 추진되지만 실패 가능성 높은 국책사업들의 규모를 생각하면 한국 사회가 여전히 사람의 가치를 너무나 평가절하하고 있는 것은 아닌지 묻지 않을 수 없다.

함께 어울려 살 수 있을까요?

2023년 8월 3일 경기도 성남시 분당구 서현역 인근 백화점에서 한 남성이 차량을 몰고 인도로 돌진하여 행인을 치고, 백화점 안에서 칼로 난동을 부려 시민 2명이 사망하고 12명이 중경상을 입는 끔찍한 사건이 발생했다. 가해자는 2024년 1심 재판에서 무기징역을 선고받아 사회에서 격리됐지만, 시민들은 '묻지 마 흉기난동' 사건의 공포에 휩싸였다. 그 사건 열흘 전에는 신림역 흉기난동 사건이 발생했고, 후에는 온라인에서 살인 예고 글들이 많이 올라왔으며, 길에서 흉기를 든 사람을 신고하는 사례가 잇따랐다.

이러한 분위기 속에서 발달장애인들이 흉악범으로 오인당하는 피해 사례도 발생했다. 2023년 8월 서울 종로구 혜화동 대학로 근처에서 "이상한 사람이 칼 들고 소리를 지른다"는 신고를 받고 출동한 경찰이 CCTV 영상을 추적해 집에 있던 박모 씨를 체포했다. 박모 씨는 손에 칼이 들려 있었지만 휘두르거나 다른 사람을 위협하지 않고 30분 정도 길에서 두리번거리다가 귀가했다. 박모 씨는 중증 발달(지적)장애가 있고, 과거 형제복지원에서 인권침해를 당한 경험이 있다. 그는 종종 큰 소리로 울분을 표현하는 과잉행동을 했지만 타인에게 폭력을 행사한 적은 없었다. 하지만 수사기관과 언론은 그를 흉기난동자로 낙인찍었다. 장애·인권·반빈곤단체 39개와 시민 1,015명이 발달장애인의 과잉행동임을 고려해 불구속 수사를 요청했지만, 법원은 '특수협박' 혐의로 그를 구속했다.[56] 비슷한 시기에 건담 흉내를 내면서 장난감 칼을 가지고 놀던 발달장애인 청년이 고발당했다. 경찰은 그가 사회 불안을 조성했다고 보아 즉결심판에 넘겼다.[57]

비단 이런 일만 문제 되는 것은 아니다. 발달장애인들은 다른 사람이 보기에는 과잉된 행동으로 자신의 의사를 표현할 때가 있는데, 그것이 때로는 자기 또는 타인에게 위해가 되는 행동(도전적 행동)으로 나타나기도 한다. 그래서 앞에서 본 것과 같은 공포스러운 사회 분위기가 아

장애, 시설을 나서다

니더라도 사람들은 발달장애인의 도전적 행동을 자신을 향한 고의적인 공격으로 오인할 수 있다. 영화 「말아톤」에서 자폐장애가 있는 청년 초원이 얼룩말을 너무 좋아해 얼룩무늬 옷을 입은 여성을 만져 성추행범으로 몰리는 상황, 드라마 「일타 스캔들」에서 아스퍼거 증후군을 가진 재우가 특정 아르바이트생이 구워주는 와플에 집착하다가 스토커로 오인되는 상황과 비슷한 일들이 발달장애인이 사는 곳에서 일어날 수 있다.

그래서 도전적 행동이 심한 장애인은 지역사회에서 살기 어려울 것이라고 생각하기 쉽다. 여기에는 두 가지 오해가 있다. 첫째, 도전적 행동이 아주 심한 장애인은 오히려 시설에서 지내기가 더 어렵거나 시설이 아예 받아주지 않는다는 사실이다. 정해진 규칙과 통제 아래 여러 사람과 같은 공간에서 살아가야 하는 환경 자체가 스트레스를 가중하기 때문에 발달장애인의 도전적 행동을 더욱 부추길 수 있는 것이다. 그리고 시설 운영자들은 시설 입소 계약을 할 때 도전적 행동 때문에 다른 거주인이나 직원에게 피해를 주면 퇴소시킬 수 있다는 조건을 두거나 입소를 아예 거부하기도 한다. 탈시설한 자녀를 둔 한 어머니는 다음과 같이 증언했다. "시설은 병원에 자주 가야 하고 수명이 짧은 발달장애인의 특성을 이유로 가족과 보내는 것이 좋겠다며, 자폐 성향을 보이는 것을 이유로 시설에서 나갈 것을 권유했습니다."[58]

둘째, 몇몇 일화과 달리 통계는 중증장애인이 지역사회에서 무난히 정착하는 경향이 훨씬 강함을 보여준다. 제3장에서 설명한 것처럼 미국에서는 1970년대 대형 발달장애인거주시설인 펜허스트가 법원의 폐쇄 명령에 따라 문을 닫으면서 1,154명의 장애인이 지역사회에 나왔다. 이들을 20년간 추적조사한 연구에서는 탈시설로 장애인들의 삶의 질이 개선된 사실을 확인할 수 있었다. 펜허스트에는 주변 사람을 위협하는 도전적 행동이 심한 최중증 발달장애인도 있었는데, 그들은 지역사회로 나온 뒤에는 문제를 일으키지 않고 큰 어려움 없이 생활하고 있다.[59] 이러한 연구 결과는 미국의 탈시설정책에 큰 영향을 미쳤다.[60]

미국에서만 가능한 이야기는 아니다. 대구시는 대구시립희망원의 장애인거주시설을 폐쇄하면서 탈시설하게 된 무연고 최중증 발달장애인 9명을 대상으로 자립지원 시범사업을 실시했다. 위 최중증 발달장애인들이 탈시설한 뒤 6개월간 누린 삶의 질을 추적한 연구 결과에 따르면, 사회통합활동, 일상생활에서의 선택과 자율성, 주관적 삶의 질이 모두 탈시설 이후 시간이 흐르면서 크게 향상됐고, 적응행동과 도전적 행동 모두 개선됐다.[61] 프리웰이 향유의집을 폐지하면서 지원주택으로 이전한 장애인 33명을 대상으로 삶의 질을 연구한 결과를 봐도 사회통합활동, 생산성과 주간활동, 일상생활의 선택과 자율성, 삶의 질 만족도, 도전적 행동의 5개 항목에서 통계적으로 유의미한 수준의 긍정적인 변화가 확인됐다.[62] 이러한 연구 결과를 보면, 도전적 행동이 심한 장애인이라도 시설보다는 지역사회에서 적절한 지원을 받으면서 사는 편이 더 낫다는 것을 알 수 있다.

광주시는 2020년 발달장애인 아들을 둔 엄마가 아들을 살해하고 스스로 목숨을 끊는 사건이 발생하자 이듬해 '최중증 발달장애인 융합돌봄 지원센터'를 설립하고 도전적 행동이 심한 발달장애인에게 24시간 돌봄서비스를 제공하기 시작했다. 2년간의 시범사업을 거쳐 2024년 부터는 전국 17개 시도에서 발달장애인 340명에게 24시간 돌봄서비스 를 제공한다.

24시간 돌봄서비스가 제공되면 가족들은 한숨을 돌릴 수 있고, 발 달장애인도 스트레스를 덜 받아 도전적 행동이 줄어들겠지만, 그래도 발달장애인의 도전적 행동이 완전히 없어지지는 않아 때때로 누군가 (발달장애인 당사자, 조력자, 이웃 등)는 피해를 볼 수도 있다.

그래서 '함께 잘 살 수 있을까' 하는 걱정 섞인 시민들의 질문에는 우 리의 '마음'이 필요하다는 점을 말하지 않을 수 없다. 아기를 키우면서 아기가 울거나 뛸 때 층간소음으로 갈등이 생길까 봐 마음이 조마조마 하다. 아래층 이웃을 찾아가 죄송하다고 인사드렸을 때 "아이는 울고 뛰는 게 당연하죠"라는 한마디가 눈물 나게 감사한 것은 이러한 갈등 은 제도만으로 해결할 수 없고 상대의 마음이 중요하기 때문이다. 발달 장애인의 도전적 행동, 나이 든 사람의 치매 행동에 '쯧쯧, 시설/병원으 로 보내야지'라는 시선 대신 '그런 특성이 있군요. 제가 어떻게 하면 편 해질 수 있을까요?'라는 마음을 보낸다면 누구나 시설이 아닌 각자의 집에서 살다가 생을 마감하는 것이 자연스러운 사회가 될 것이다.

그런데 그 마음이 장애인의 도전적 행동을 우리 사회가 '포용'하는 정도에 그쳐서는 안 된다. 이제는 장애시민이 자신의 목소리를 내고, 동료 시민들이 이를 지지하는 사회로 나아가야 한다. 우리는 이미 그런 사회로 방향을 잡았다. 장애인 당사자 스스로가 탈시설 권리와 지역사 회 서비스 확대를 요구하고, 정부가 우왕좌왕하면서 주거환경과 지원서비스를 만들어가는 동안, 우리 사회는 장애시민을 대등한 동료로 받아들이는 과정을 경험하고 있다. 인권침해가 발생한 시설의 폐쇄를 요구하는 기자회견이 열리는 시청 앞 광장, 이동권 보장을 외치는 지하철 승강장, 공공일자리 예산을 되살리려는 국회 국정감사장 등에서 장애인이 맨 앞에서 목소리를 높이면 시민사회가 지지하는 모습은 어느새 자연스러워졌다.

이러한 사회 변화 속에서 장애시민은 더 이상 시설 안에 고립된 존재가 아님을 알 수 있다. 이제는 장애시민도 같이 잘 사는 사회를 위해 모두가 어떤 노력을 해야 할지 생각해봐야 할 때다. 앞에서 본 탈시설 장애인들의 「세 번째 목소리」처럼, 탈시설한 장애인들은 나름의 삶을 살아가고 있다. 우리 사회가 장애인을 무능력자와 동일시하는 시각을 버리고, 장애인 당사자와 여타 시민들의 상호 교류를 적극적으로 지지하는 노력을 함께한다면 사회는 더 빠르게 달라질 것이다. 장애인 당사자의 자립욕구를 확인하는 일, 지역사회 정착 과정에 필요한 주거 대안 체계와 사회복지서비스 등을 탐색하고 수립하는 과정이 더욱 수월해질 수 있다. 장애인을 무기력한 자로 간주하는 대신 존중과 협력의 주체로 바라보고, 나의 존엄만큼 이들의 존엄이 중요하다는 사실을 인정한다면, 장애인은 더 이상 거주시설만을 고집할 필요가 없다. 장애인탈시설정책을 추진하는 데 필요한 것은 부정과 냉소가 아닌 지지와 참여다.

탈시설정책은
어디까지 왔나

"불가능하다고 말하는 이들은 시도하고 있는 이들을
막아서서는 안 된다."

_조지 버나드 쇼 George Bernard Shaw

존엄의 실현을 위한 탈시설

> 모든 국민은 인간으로서의 존엄과 가치를 가지며, 행복을 추구할
> 권리를 가진다.
>
> 대한민국 헌법 제10조

헌법 제10조가 언급한 인간으로서 존엄과 행복을 추구할 권리란 구체
적으로 무엇을 의미할까. 한 헌법학자는 행복추구권이 스스로 원하는
것을 선택하고 실천하는 자유를 가리킨다고 보았다. 인간의 행복 실현
은 일방적인 통제와 억압에서 자유로워지는 상황 속에 나타날 수 있다
고 정의한 것이다.01 헌법재판소 또한 행복추구권을 일상에서 자유롭
게 행동할 수 있는 권리의 일종으로 해석했다.02 이처럼 오늘날 대한민
국 헌법에 담긴 인간의 행복은 개인의 자유와 밀접한 개념이다. 사회
적 소수자의 존엄을 위협하는 혐오와 차별의 문제는 개인적 노력으로
해결할 수 없는 공동체적 사안이다. 현대 민주주의 국가는 이상의 문
제를 바로잡고 전 사회 구성원의 행복을 보장하도록 노력할 공적 책임
을 지닌다. 대한민국 헌법에 자칫 막연할 수 있는 자유, 평등, 행복의 규
범이 엄중하게 새겨진 이유도 여기에 있다. 하지만 우리 사회의 다양한
구성원은 정작 법에서 정한 자유의 가치를 충분히 누리지 못한 채 억
압을 감내하며 살아간다. 이들은 장애, 직업, 성별, 인종, 사회·경제적
지위 등에서 비롯되는 정체성과 사회적 시선을 이유로 차별당하거나

소외되는 것이 현실이다.03

  한국 사회의 여러 정책 가운데, 집단수용시설 중심 사회복지는 사회적 소수자의 자유와 평등, 행복을 위협하는 대표적인 제도로 꼽을 수 있다.04 이에 대응하여 2000년대부터 활발하게 전개된 장애인탈시설 및 지역사회 자립운동은 집단수용시설 중심의 일방적 관리를 거부한다.05 사회적 자원과 관련 지식이 부족하다는 이유만으로 장애인을 지역사회에서 배제할 수 없음을 강조하며 장애인의 존엄을 새롭게 주목하게 만드는 운동이기도 하다. 오늘날 장애인탈시설 및 지역사회 자립은 비단 집단수용시설에서 지역사회로 장애인의 주거공간을 이동시킨다는 의미뿐만 아니라, 오랜 세월 사회에서 무시당한 장애인의 보편적 존엄과 자유의 가치를 되찾기 위한 인권운동의 대표적인 실천 구호로 자리매김했다.

  이 장에서는 중증장애인의 존엄, 평등, 자유, 행복을 보장할 목적으로 출발한 장애인탈시설 관련 공공정책의 현황을, 현재 다양한 정부 기관이 적용하는 기준에 따라 '주거, 소득, 활동지원' 세 차원 중심으로 살펴보고자 한다. 물론 탈시설정책에서 추진해야 할 정책과 보장해야 할 권리가 이에 한정되는 것은 아니다.

  탈시설정책을 주장하는 이들이 대책 없이 탈시설을 외친다는 비판이 있지만, 그렇지 않다는 것을 이 장에서 볼 것이다. 대책은 그동안 조금씩 발전해왔고 현재 이미 작동하고 있다. 아직 그 규모가 작을 뿐이다.

탈시설과 주거권

탈시설을 위한 선결과제, 주거

시설 퇴소를 앞둔 장애인에게 가장 시급한 숙제는 무엇일까? 안정적인 일상을 유지하기 위해서는 안정된 주거 환경을 가장 먼저 확보해야 한다. 그러나 장애인거주시설에서 퇴소한 이들이 적당한 보금자리를 곧바로 마련하는 일은 간단치 않다. 장기간 시설에서 거주한 장애인은 능동적인 사회 참여의 경험이 좀처럼 없고, 기댈 수 있는 인간관계가 제한적이거나 전무하며, 자립생활에 관한 정보가 상대적으로 부족하기 때문에 부동산 관련 지식을 습득하는 데 취약할 수밖에 없다. 나아가, 장애 또는 건강상의 이유로 적극적으로 직업을 찾고 일을 하기 어려워 임대료 상환의 문제에 부딪히기도 한다. 일자리를 구할 수 없어 정기적인 임금을 기대할 수 없고, 결국 보증금, 월세 등을 마련하는 데 제약이 생기는 것이다. 더군다나 일부 중증장애인의 경우 접근성을 확보하기 위하여 집을 개조하거나, 엘리베이터가 설치된 집 또는 1층에 위치한 집을 찾아야만 하는 상황에 놓이기도 한다. 중증 뇌병변발달장애인 이규식 활동가 사례와 같이 엘리베이터 없는 고층에 거주할 경우 장애인은 타인의 지원 없이는 외출을 꿈꿀 수 없다.**06** 이와 같은 이유로 장애친화적인 보금자리를 마련하기란 간단치 않으며, 여러 제약조건을 동시에 고려해야만 한다. 이러한 사정을 모두 고려할 때, 장애

장애, 시설을 나서다

인이 시설에서 나와 자신의 장애 특성에 맞는 보금자리를 마련하여 새 터전을 일구는 탈시설은 마치 무모한 계획처럼 여겨진다.

오랜 시간 중증장애인의 탈시설을 지원한 인권활동가들은 이러한 문제의식에 기반하여 주거권운동을 병행하고 있다. 시설 내 인권침해에 대한 대응뿐만 아니라, 시설 밖 주거 대안을 마련하기 위한 노력을 함께 하는 것이다. 오늘날 장애인탈시설활동가들은 '전환주거'를 위한 공적 지원 확대를 주장하고 있다. 전환주거란 시설거주 형태와 자립생활 형태 사이의 중간 단계에 해당하는 주거 방식을 뜻한다. 시설에서 퇴소한 장애인이 지역사회에서 안정적으로 자리 잡기 전까지 머무를 수 있는 임시 거처로서 '자립생활주택', '체험홈', '자립생활가정' 등 지자체마다 서로 다른 다양한 대안 주거 형태를 제공하고 있다. 주거 형태와 거주 기간에 차이가 있지만, 일반적으로 2~4년, 길게는 7년까지 거주할 수 있는 것으로 알려져 있다.

현재 시설에 거주 중인 장애인이 나와서 살고 싶다는 의사를 갖고 전환주거를 희망한다고 가정해보자. 그럼 어떻게 집을 구하게 될까. 먼저, 장애인의 지역사회 정착을 지원하기 위해 공무원, 활동가, 사회복지사 등이 함께 협력하여 계획을 수립한다. 장애인의 성공적인 자립생활을 위해 각 사회 구성원은 장애인의 개인 상황을 고려한 지원책을 포괄적으로 수립한다. 지원 대책을 마련하는 일은 크게 두 가지 절차를 포함한다. 첫 번째로 장애인에게 적합한 민간 또는 공공임대주택을 확보하여 주거지를 확정한다. 두 번째로 주거공간 내 일상생활을 위한 지원서비스 계획을 수립한다.

오늘날 전환주거 한 개소당 두세 명의 장애인이 함께 거주하고 있다. 이를 두고 누군가는 장애인이 함께 거주하기 때문에 전환주거 역시 집단수용시설 혹은 그룹홈과 다를 바 없지 않냐는 질문을 제기하기도 한다. 그러나 전환주거와 집단수용은 개인의 독립적인 인격성을 인정하는 정도가 다르다. 전환주거는 과거의 장애인거주시설과 달리, 주택 내에서 독립적인 주거공간을 보장하고 일 대 일 활동지원서비스를 개별적으로 제공한다. 다시 말해, 전환주거공간에 머무르는 장애인은 '자기만의 방'에서 '자기만의 활동지원서비스'를 이용할 수 있다. 단체로 하나의 커다란 방에서 집단 숙식하며, 집단화된 관리를 받는 거주시설과는 다른 개별화된 생활 방식을 보장받는 셈이다.

지역사회 자립생활을 준비하는 전환주거가 과연 타인과 의사소통하기 어려운 발달장애인에게도 매력적인 주거 대안이 될 수 있을까? 발달장애가 있는 시민은 의사소통 또는 사회 참여에 어려움이 있어 지역사회에서 어울릴 수 없는 존재처럼 여겨지기 쉽다. 그러나 오늘날 장애인탈시설정책은 발달장애인을 배제하는 운동이 아니라, 사실 발달장애인 주거권운동이라고 보아도 과언이 아니다. 보건복지부가 2020년 9월부터 2021년 1월까지 단기 시설과 공동생활가정을 제외한 전국 장애인거주시설 612개소, 24,214명을 전수조사한 바에 따르면, 장애인거주시설 이용자 중 중증장애인은 98.3%를 차지하고, 그중 발달장애인이 약 80%인 것으로 조사됐으며, 영유아를 제외하고 장애인의 평균연령은 39.4세, 평균 입소 기간은 18.9년이었다.[07]

실제로 탈시설이 그저 '발달장애인을 시설에서 내보내기'에 그치지

장애, 시설을 나서다

않도록 지역사회에 설립된 각종 장애인자립생활센터는 장애인자립지원의 매개체가 돼 자립준비단계(시설거주), 자립전환단계(체험홈/자립주택 거주), 자립정착단계(지역사회 거주)에 관한 실무를 주로 맡고 있다. 장애인자립생활센터는 장애인 당사자가 주체가 되고 비장애인들이 조력자가 돼 자조 모임을 비롯해 자립생활을 위한 각종 기반과 프로그램을 만들고 수행하는 장애인자립생활운동independent living movement에 기반한 자조 공동체이자 정부의 서비스 전달 수탁기관이다. 여기서 국가는 소정의 사업 보조금을 지원한다. 장애인 당사자들의 자립생활이 공적 가치를 지니고 있기 때문에 지원하는 것이다.

이들은 장애인을 위한 행정적 지원뿐만 아니라, 장애인의 권익옹호 활동을 함께 수행한다. 때때로 시설거주 장애인과 직접 소통하고, 사회 적응을 지원하고, 전문적인 동료 상담을 진행하기도 한다. 우리 사회가 흔히 장애인을 무능력한 존재로 치부하는 것과 달리, 장애인자립생활센터 활동가들은 장애인의 역량과 가능성을 믿고 존엄의 가치를 구체적으로 실현하기 위해 다양한 계획을 수립하고 매개하는 책임을 다하며 성장하고 있다.

탈시설정책의 주거 전제: 주거우선housing first

장애인에 대한 포용적인 사회 인식이 지역사회 내 친화적인 주거 환경을 이끄는 걸까, 반대로 친화적인 주거 환경이 보장될 때 포용적인 사회 인식이 형성되는 걸까. 일견 닭과 달걀 중 무엇이 먼저인지를 연상케하는 이 질문은 탈시설에 관한 갈등에서 주로 등장하는 논쟁의 핵심이다. 장애인의 탈시설을 지지하는 측은 탈시설을 계기로 장애인이 지역사회에서 함께 어울려 살아야 주민들과 더 자주 만나고 소통하며 포용적인 사회 환경을 조성할 수 있음을 주장한다. 한편, 사회적 인식 부족 등을 이유로 시기상조라 평가하며 장애인의 탈시설을 반대하는 입장은 지역사회가 우선 장애인을 포용할 수 있는 환경으로 바뀌어야만장애인이 시설에서 나올 수 있다고 주장한다.

이러한 정책 우선순위 논쟁은 한국을 넘어 미국의 사회복지 실무현장에서도 오랜 시간 지속된 바 있다. 미국의 경우, 나머지 사람들과 격리된 채로 살아가는 사회적 소수자들이 지역사회에서 함께 살아갈 때사회적 포용력이 증진할 것이라 주장한 이들을 '주거우선'Housing First 지지자라고 불렀다. 주거우선정책을 지지하는 이들은 주거가 사회통합을 가속한다는 가설을 확인하기 위해 직접 사회복지 현장에서 관련정책을 실행했다. 정신장애와 가난에 허덕이는 노숙인에게 격리된 집단수용공간이 아닌 지역사회 내 자립 공간을 제공한 것이다. 당시 담당자들은 언젠가 사회가 변화하여 노숙인을 받아들일 수 있을 때 지역사회 통합정책을 추진한다는 계획은 기약할 수 없는 약속이라 보았다. 만남의 기회 자체가 주어지지 않아 서로를 이해할 수 없는 상황에서 어느 날 갑자기 서로를 존중하게 되기란 어렵다는 이유에서였다. 서로가 부딪힐지언정 함께 살아갈 때 각자의 입장을 이해하고 사회적 편견을 깨뜨림으로써 소수자에 관한 부정적 인식을 점차 개선할 수 있다

장애, 시설을 나서다

고 보았다.

당시 이에 반대한 '주거준비'라 불린 이들은 준비가 덜 됐다는 이유로 수많은 우려를 제기했으나, 이들의 우려를 뒤로 한 채 주거우선정책을 집행한 미국 유타주는 놀라운 결과를 낳았다. 이 사례는 오늘날까지 주거우선 중심 정책의 필요성을 주장하게 만든 대표적 일화기도 하다. 당시 정신질환 노숙인 17명을 대상으로 한 주거우선정책은 주거우선 모델의 효과성을 증명한 사례로 비영리 강연회인 TED에서 공유된 바 있다. 2016년 TED에서 로이드 펜들튼은 자신이 담당했던 주거우선 사례를 통해 다수가 우려했던 주거우선정책이 도리어 긍정적인 결과로 이어졌음을 보고했다. 당시 유타주는 뉴욕주에서 처음 시작한 주거우선정책을 롤모델로 삼아, 오랜 길거리 생활로 금전적 문제와 정신질환을 겪는 노숙인에게 주거지를 우선 제공했다. 그리고 노숙인들의 자립생활을 돕는 여러 서비스를 함께 제공했다. 10년간 관련 정책을 유지한 끝에 집 없이 거리에 떠도는 노숙인의 수가 91%가량 줄었다. 앞서 그들이 참고한 뉴욕주의 주거우선정책 또한 입주 노숙인 가운데 85%가 1년 이상 같은 집에 계속 머무르며 노숙하지 않고 지역사회에 정착했음을 증명한 바 있다. 뉴욕과 유타주 모두 주거우선정책의 긍정적인 정책 결과를 증명했다.

위에서 언급한 미국의 주거우선 정책은 발달장애인이 아닌 정신장애 등이 있는 노숙인이 대상이었다는 점에서 한국의 장애인탈시설과는 맥락이 좀 다르다. 그러나 미국의 노숙인들 또한 생활고뿐만 아니라 오랫동안 정신적 문제까지 겪으며 사회 참여와 자립생활이 불가능하다고 여겨지고 존엄을 무시당하던 이들이라는 점에서 공통점이 있다.[08] 주거우선정책의 철학은 언젠가 사회가 변한다면 그때 주거지를 마련하자는 주거준비의 철학을 정면으로 반박했다.

주거우선정책은 자유와 존엄을 누릴 수 있는 인간과 그럴 수 없는 인간을 쉽게 구분하거나 누군가는 자유와 존엄을 누릴 수 없다며 미리 단념하지 않고, 당사자의 노력과 사회의 힘을 믿는다. 자립의 실천 여부는 인간의 생물학적 능력이 아니라, 사회적 자원을 활용한 포괄적인 지원에 달려 있다고 본다.[09] 인간과 사회의 상호작용이 갖는 힘에서 출발하는 주거우선정책은 우리의 막연한 인식을 되돌아보게끔 한다. '장애인은 지역사회에서 살 수 없다. 생존을 위해서는 어쩔 수 없이 집단 수용돼야만 하고, 통제 중심의 관리 대상이 돼야만 한다'는 당연한 전제가 과연 편견에서 비롯한 것은 아닌지를 되묻고 있다. 그리고 실제로 정책 실험에 의한 증거 기반 정책의 추진을 요청한다.

현재 국내의 장애인탈시설정책에 관한 논쟁도 근본적으로 '주거우선'과 '주거준비' 진영 간 입장 차이에서 발생했던 문제의 연장선상에 있다. 여러 사회 구성원들이 탈시설을 시기상조라고 평가하며, '주거준비'의 차원에서 탈시설을 이해하기 때문이다. 그들은 언젠가 사회가 충분히 바뀐다면 그때 탈시설을 추진해야 한다고 주장한다. 이들이 보기에 주거우선정책은 지나치게 급진적이고 대책 없는 위험한 방식처럼 여겨질 수 있다. 그러나 현실적으로 어느 날 갑자기 장애친화적인 사회가 도래할 것이라 보기는 어렵다.

탈시설 이후 주거 마련: 지원주택과 자립정착금

중증장애인이 성공적으로 시설에서 나와 지역사회에서 거주하기 위해서는 장애인 당사자만 고군분투할 게 아니라, 공공 영역이 함께 주거 대안적 삶을 위한 책임을 분담할 필요가 있다. 당장 공적 재원을 통해 운영되는 공공임대주택은 사인 간 거래를 통해 계약하는 민간임대주택에 비해 안정적인 계약 관계, 긴 임대 기간, 합리적인 주거 비용을 보장할 뿐만 아니라, 계약 과정에서 발생할 수 있는 편견 또는 혐오로 인한 문제를 최소화할 수 있다는 장점이 있다. 따라서 시설에서 나온 중증장애인이 꿈꾸는 자립 공간 가운데 가장 매력적인 대안으로 인정되는 추세다.

특히 여러 유형의 공공임대주택 가운데 지원주택은 장애인탈시설운동이 가장 주목하는 주거 형태다. 지원주택은 주거지원서비스와 주거 공간을 동시에 확보할 수 있다는 장점이 있다. 다시 말해, 서비스를 의미하는 '지원'과 공간을 의미하는 '주택'을 함께 통합한 주거 개념으로 이해할 수 있다.[10] 지원주택에 입소한 탈시설장애인은 고립되지 않은 채 필요에 기반한 주거 서비스를 지원받게 된다. 여러 인력의 적극적인 협조에 힘입어 중증장애인 당사자들은 자신의 속도에 맞추어 스스로 의사결정을 할 수 있게 된다. 지원주택은 집단수용공간이 아닌 독립 주거공간에 기반하므로 입소자의 사생활이 보장되고, 생활 중 어려움이 있거나 도움이 필요할 때 지원주택을 관리하는 코디네이터 등의 도움을 구할 수 있다는 장점이 있다. 근본적으로 지원주택은 '느슨하고 고독한' 고립 혹은 집단적 관리의 논리에서 벗어나 느슨한 연대에 기반을 둔 주거 방식을 지향한다.

나아가 지원주택에 거주하는 장애인은 자신을 대상으로 하는 각종 사회서비스 및 임대차 계약을 모두 자기 명의 아래 주체적으로 선택하고, 추진할 수 있다. 공공임대주택 자격조건을 충족할 경우 본인이 원하면 계속 계약을 연장할 수 있고, 비용 면에서도 민간 시세의 약 30% 수준으로 저렴한 지원주택은 중증장애인의 자립생활 및 통합생활을 위한 기초 거주 환경을 보장한다. 주거공간을 확보하는 문제뿐만 아니라, 입주한 장애인이 스스로 결정할 권리를 존중받고 사회적 지원 안에서 자립생활을 하려면 여러 인적 지원이 필요하다. 이에 따라 각 지원주택마다 주거코디네이터가 배정돼 탈시설한 장애인의 개별 맞춤 상담, 건강관리지원, 일상생활지원, 권익옹호, 복지서비스 및 지역사회 연계 등의 역할을 수행하고 있다.

현재 중앙정부 차원에서 시행 중인 국가 탈시설 시범사업의 주거코디네이터는 장애인 4명당 1명 수준이다. 근래 장애인탈시설활동가들은 중증장애인을 적극적으로 지원하기 위해서 최소 장애인 2명당 1명의 주거코디네이터를 배치해야 한다고 주장한다. 아울러 지원인력을 안정적으로 보장하고 지원주택 개소 수를 충분히 확보하여 여러 장애인이 지역사회에서 성공적으로 자립할 수 있도록 다방면으로 노력하고 있다. 정리하자면 지원주택 내 생활은 장애인에게 단지 '집'만 제공하고, 알아서 살아가기를 방치하는 체제와는 거리가 멀다. 서로를 연결하고 매개하는 공간으로서 지원주택은 상호 존중에 기반한 자유를 실현한다는 목적을 지닌 공간이다. 돌봄과 지원이 필요한 모든 사람을 위한 지원주택은 서울시의 경우 장애인뿐 아니라 노인·노숙인·정신질환자까지 대상으로 삼고 있고, 유형 확장의 필요성이 제기되고 있다.

오랜 탈시설운동을 계기로 지원주택의 필요성을 차츰 인식한 중앙 정부와 지자체는 중증장애인의 자립생활 및 주거권을 보장하는 지원 주택에 관한 각종 법안 및 조례 등을 마련하고 공공 공급의 책임을 서서히 분담하고 있다.[11] 가령 서울시의 경우, 2024년 기준 설치된 지원주택[12]만 253개소다. 이는 서울주택도시공사가 매입임대주택에 기반하여 서비스를 시작한 이래 '서울특별시 지원주택 공급 및 운영에 관한 조례'를 별도로 제정하여 현재의 제도적 근거를 정비한 결과이다. 서울시는 지원주택을 통해 시설에서 퇴소한 장애인에게 적합한 독립 공간을 연결하며, 이들의 일상생활을 지원할 인력을 별도로 배치하여 주거 현장에서 각종 지원서비스를 함께 제공하고 있다. 서울시 지원주택은 2025년까지 483호 공급을 목표로 하고 있다. 한편, 경기도는 2023년 지원주택 관련 조례의 통과를 계기로 지원주택 시범 사업을 확대해가고 있다. 수도권뿐만 아니라, 전국적으로 적극적인 지원주택제도의 공식화와 적극적인 주택 공급을 요구하는 목소리가 확산되는 추세이다.

한편, 지원주택을 비롯한 다양한 공공임대주택에 입주하는 과정에서 비용 마련은 중요한 문제다. 오늘날 시설에서 퇴소한 장애인은 보증금 마련, 살림살이 장만 등에 필요한 초기 비용을 '자립정착금' 등의 형태로 500~2,000만 원까지 지자체를 통해 지원받을 수 있다. 지자체별로 구체적인 사업명, 지원 대상, 지급 금액 등은 상이하나, 이러한 자립정착금은 탈시설을 결정한 이들이 최초 주거공간을 확보하는 데 도움을 주고 있다.

장애인탈시설운동이 이끈 지원주택 확보와 탈시설자립정착금정책 시행 등의 성과를 돌이켜보건대, 탈시설은 '시설에서 막무가내로 퇴소시켜 방치하기'를 뜻하는 게 아니라 시설이라는 거주 대안을 택할 수밖에 없었던 중증장애인에게 지역사회에서 어울려 살아갈 수 있도록 주거부터 지원까지 장애친화적으로 설계된 정책 대안을 제공하는 것을 목표로 하는 규범적 가치다.

중증장애인의 숭고한 존엄을 존중하기 위해서라도 이들을 더 이상 통제하거나 격리할 게 아니라, 이들이 지역사회에서 통합을 이루어 함께 어울려 살도록 준비해야 한다. 이를 위해 지원주택 등 공공임대주택의 공급, 다양한 주거 대안의 마련, 시설 아닌 지역사회에 기반한 적극적인 사회복지서비스 마련 등의 정책 과제를 적극적으로 추진해야 한다. 오랜 시간 장애시민의 고립을 방치해온 국가가 책임 있게 나서야만 모든 국민의 존엄을 평등하게 보장할 수 있다.

장애인주거권정책은 모든 국민의 주거권 미래와 밀접하게 연결돼 있다. 초고령사회 진입을 목전에 둔 한국 사회의 주거정책 미래는 장애인탈시설정책의 향방과 결코 무관하지 않다. 시설에서 살 것인가, 지역사회에서 살 것인가. 앞장선 장애인들이 탈시설운동을 통해 당신의 미래에 말을 걸고 있는 셈이다.

탈시설과 소득보장

탈시설과 연금

수많은 발달장애인 부모가 자신의 사랑하는 자녀와 지역사회에서 안정적으로 사는 것을 한낱 실현하기 어려운 꿈으로 여기고 진지하게 기대하지 않는다.[13] 몇몇 중증장애인 가족은 기필코 장애인 당사자와 함께 지역사회에서 살기 위해 마음을 굳게 다잡지만, 턱없이 부족한 정부 지원책 앞에 끝내 좌절하고 만다.[14] 과연 지역사회 내 자원이 부족한 현실에서 시설에서 퇴소한 장애인이 동네에서 함께 살아가는 것이 가능할까. 실질적으로 어떻게 재정을 마련하여 지역사회에서 일상을 꾸려갈 수 있을까. 막연한 의구심과 달리 정책 현실을 들여다보면 그것이 재정 면에서 결코 불가능하지 않음을 알 수 있다.

오늘날 시설에서 퇴소한 장애인은 일반적으로 ① 공적 연금, ② 친인척의 재정지원, ③ 노동 급여 등 세 유형의 소득에 기반하여 생계를 유지하고 있다. 공적 연금과 재정지원을 받는 장애인도 있고, 일하고 벌어들인 급여만으로 생계를 꾸려가는 이들도 있으며, 모든 종류의 소득 지원을 받으며 살아가는 장애인도 있다. 이 중에서 대표적인 것은 공적 연금에 따른 지원이다. 무연고 장애인 또는 가족과 연락이 끊긴 장애인은 시설 퇴소 이후 지역 내 장애인자립생활센터나 복지기관의 도움을 받아 공적 연금 수급을 신청한다.

장애인을 대상으로 지급되는 공적 연금은 장애인연금, 장애수당, 국민연금의 장애연금이다. 소득이 아예 없거나 상대적으로 적은 이들은 기초생활수급에 따른 각종 급여를 추가로 신청하기도 한다. 연금을 간략히 살펴보자면, 먼저 장애인연금은 만 18세 이상 중증장애인이 신청할 수 있는 연금을 뜻한다. 2024년 기준, 신청 장애인은 소득에 따라 최소 35만 원에서 최대 41만 원까지 수령한다. 두 번째로, 장애수당은 중증장애인이 아닌 장애인 중 경제적으로 기초생활수급 대상자이거나 차상위계층에 속할 경우 지급되며 월 6만 원 정도를 수령한다. 세 번째로, 국민연금 장애연금의 경우 국민연금 가입자 중 질병 또는 부상으로 장애를 갖게 된 사람에게 장애 정도에 따라 국민연금에서 일정한 금액을 차등적으로 지급하는 연금이다. 국민연금의 장애연금은 앞서 언급한 장애인연금과는 다른 종류의 연금이다. 2025년 기준으로 소득이 전혀 없는 중증장애인이 시설 퇴소 후 생활비 등의 명목으로 장애인연금과 「국민기초생활 보장법」상의 생계급여[15]를 함께 받을 시 1인 가구 기준 최대 1,197,954원의 지원금을 받는다.[16] 이와 별도로 국민기초생활보장제도에 따른 주거급여를 통해 약 19만 1,000원부터 35만 2,000원까지 추가로 지원받을 수 있다.[17]

시설에서 퇴소한 장애인들은 현재 이런 체계로 구성된 연금의 지원을 받으면서 지역사회에 적응하며 서서히 중증장애인을 위한 공공일자리 등을 찾아나간다.

아직까지 우리 사회에서 장애시민의 자립을 지원하는 사회복지정책은 분명 열악하지만, 시설 퇴소 후 지역사회에서 정착을 추진하는 것

장애, 시설을 나서다

이 완전히 불가능한 이야기만은 아니다. 무기력하게 단념할 게 아니라, 도리어 지역사회 자립생활의 필요성을 강조하고, 이를 위한 국가적 지원의 확대를 요구할 필요가 있다. 시설이 아닌 지역사회 기반의 소득보장정책이 확장된다면, 장애인도 연금과 노동을 토대로 지역사회에서 살아갈 최소한의 기반을 마련할 수 있기 때문이다. 더 이상 지역사회 내 지원책이 부족하다는 염려만으로 한평생 시설에서 사는 것을 감내하게 만들 것이 아니라, 한편에서는 국가의 적극적인 생계 보조, 다른 한편에서는 현재 가용할 수 있는 제도에 대한 정보 제공 노력이 이루어져야 한다.

탈시설과 노동

앞서 살펴본 바와 같이 공적 연금은 장애인의 성공적인 지역사회 정착에 중요한 역할을 한다. 그러나 연금만으로 완전한 자립생활을 실천하기에는 한계가 분명하다. 소득 부족도 문제지만, 존중받는 인간관계를 형성하기 어렵기 때문이다. 노동하지 않고 오직 수급비를 소비하는 수동적인 존재로만 장애인을 간주한다면 장애인의 진정한 사회 참여는 실현될 수 없다. 여기서 오해해서는 안 되는 부분은 장애인들도 일하고 싶어 한다는 사실이다.

　장애인거주시설에서 퇴소한 여러 장애인은 비단 소득을 늘리기 위한 목적 외에도 지역사회 안에서 새로운 관계를 찾고 소속감을 느끼고자 구직을 희망한다. 그러나 이들의 열망과 별개로, 2023년 하반기 기준 15~64세 장애인의 경제활동참가율(50.4%)은 전체 인구의 경제활동참가율(71.4%)에 비해 한참 낮고, 실업률은 3.9%로 전체 인구 실업률 2.3%에 비해 월등히 높다.[18] 중증장애인은 장애인 사이에서도 심각한 일자리 소외 현상을 겪고 있다. 중증장애인의 경제활동참가율은 경증장애인의 절반 수준이다. 대다수 일터에서 중증장애인의 채용을 꺼리기 때문이다. 장애인의 상황을 고려한 장애친화적인 직무가 극히 드물뿐만 아니라, 중증장애인 당사자가 구직 정보를 수집하기도 쉽지 않다. 설령 부단한 노력 끝에 몇몇 직장을 구하더라도, 장애인은 최저임금조차 보장받지 못하는 열악한 노동 환경을 강요받는다.[19] 현행 「최저임금법」은 중증장애인을 최저임금 적용 예외 대상으로 정하고 있어 이 조항을 악용하는 것이다.[20]

위와 같이 최저임금을 적용하지 않는 보호작업장에서의 노동을 제외하고, 장애인 노동자가 최저임금 이상을 수령할 수 있는 일자리의 유형은 크게 세 가지다. ① 기업 내 장애인 구분채용, ② 장애인 대상 자회사형 표준사업장[21], ③ 장애인 대상 공공일자리 사업[22] 등이 이에 해당한다.

첫 번째인 기업 내 장애인 구분채용의 경우, 시설 퇴소 이후 지역사회 적응을 막 시작한 중증장애인이 구분채용에 지원하여 공·사기업에 바로 취직하는 일은 극히 드물다. 두 번째로, 장애인 채용을 목적으로 하는 자회사형 표준사업장은 일반 기업에 비해 장애친화적인 작업 환경을 제공하는 편이다. 그러나 이 사업장 또한 장애 정도가 심한 장애인은 취업하기가 쉽지 않다. 아직까지 우리 사회는 중증장애인 노동자에게 몸이 불편하지만 성실하게 일하는 모습을 기대한다. 가령 실내 공간에 여럿이 둘러앉아 기기를 조립하는 모습, 청소하는 모습, 종이를 반복적으로 파쇄하는 모습, 수건이나 찜질복 등을 말없이 세탁하는 모습 등을 바란다. 하지만 시설에서 나온 중증장애인은 성실히 일하겠다고 마음먹는 것과 무관하게 신체·정신적 장애로 이러한 직무를 지속하기 어려운 상황에 처하기도 한다. 이러한 문제 때문에 활동가들은 탈시설장애인이 참여할 수 있는 일자리의 확대를 요구했다. 이에, 기업에서 일하기 어려운 장애인을 대상으로 최근 중앙정부와 지자체 등은 다양한 공공일자리 사업을 새롭게 설계하고 있다.

여러 공공일자리 사업 가운데, 탈시설 중증장애인을 대상으로 한 공공일자리는 크게 두 형태로 요약될 수 있다. 보건복지부가 운영하는 '중증장애인 동료 상담'[23] 사업과 경기도 등 여러 지자체가 운영하는 '권리중심 중증장애인 맞춤형 공공일자리'[24]가 이에 해당한다. 2024년 기준 두 사업은 근로시간에 따라 약 80~100만 원의 급여를 지급하여 중증장애인의 사회 참여 및 소득 창출이라는 목표를 실천하는 중요한 기반이 되고 있다.[25]

특히 권리중심 중증장애인 맞춤형 공공일자리는 최중증장애인에게 적합한 일자리가 없다는 문제의식을 느낀 장애인권활동가들이 수년간 노력한 끝에 제도화한 노동 기회다. 장애인의 탈시설과 사회통합을 꿈꾸는 활동가들이 시설에서 퇴소한 중증장애인에게 적합한 일자리를 마련하기 위해 노동의 의미를 재구성하고 당사자들과 소통하며 대안적인 직무 형태를 끊임없이 탐색한 결과다.

권리중심 중증장애인 맞춤형 공공일자리는 일터에 소속된 경험이 없는 탈시설 중증장애인도 충분히 할 수 있는 직무를 제공했다. 노동자들은 유엔 장애인권리협약을 시민들에게 알리고 장애인에 대한 인식을 개선하기 위해 다양한 인식 개선 캠페인 등을 적극적으로 수행했다. 이후 '권익옹호', '문화예술', '장애인식개선' 등으로 권리중심 일자리의 사업 내용이 다각화됨에 따라 저마다의 장애 특성과 상황에 맞는 다양한 직무가 개발됐다.

무엇보다, 이들은 출근을 통해 고립에서 벗어날 수 있게 됐다. 소비는 일방적으로 이루어지지만, 노동은 상호 협력 속에 작동한다. 매일 출근한다는 것은 소득 마련을 넘어 다양한 직장 동료를 만날 수 있는 소중한 기회를 뜻했다. 나아가, 현장에서 시민과 소통하는 과정을 통해 오랜 사회적 격리의 고통에서 벗어나 민주주의 사회 구성원으로서 고유한 목소리를 찾게 되기도 했다. 시설에서 나온 최중증장애인들은 이 직무를 실천하는 과정에서 자신의 권리를 깊이 학습하고 인권의 의미를 다시금 깨우치기도 했다.

비록 2024년부터 서울시 권리중심 공공일자리 사업이 완전히 폐지됐지만, 현재 서울시 외에도 경기, 전남 등을 비롯한 여러 광역시·도 지자체로 꾸준히 확산·도입되고 있다.[26] 공공일자리의 전국적 확대 추세가 탈시설 장애인에게 시급한 최소한의 생계유지와 적극적인 사회 참여라는 목표를 모두 달성하는 데 크게 기여할 것이라는 기대를 모으고 있다. 실제로 탈시설 후 해당 일자리에 참여하는 중증장애인 당사

장애, 시설을 나서다

자는 자신의 노동을 아래와 같이 긍정했다.**27**

> "시설에 있을 때는 아침에 일어나면 '오늘도 죽지 않고 살아서 숨 쉬고 있네' 하며 아무 생각 없이 살았어요. 지원주택에 나와서도 처음엔 마찬가지였어요. 그런데 지금은 공공일자리하면서 아침에 일어나면 내가 원하는 게 있고, 내가 갈 곳이 있고, 나를 기다리는 곳이 있으니까 하루하루 사람 사는 냄새가 나요."

중증장애인에게 노동은 소득 보전 이상으로 많은 의미를 포괄하는 사회활동임을 잊지 말아야 한다. 이들은 단지 돈을 벌기 위해 일하는 게 아니라 나를 인정하는 장소, 나를 환대하는 관계를 마주하기 위해 일을 찾기도 한다. 이 점에서 장애인탈시설운동이 외치는 주거권과 노동권에 대한 구호는 비단 낮과 밤에 머물 장소를 확보하는 문제뿐만 아니라, 모두의 존중과 존엄을 확보하는 문제로 확장되고 있다.

탈시설과 활동지원

활동지원정책

장애인활동지원서비스제도는 활동지원사의 지원을 매개로 장애 당사자의 홀로서기를 가능케 하는 대표적인 장애인서비스정책이다. 시설에서 갓 퇴소한 중증장애인은 지역사회에 새롭게 정착하는 과정에서 지원 공백에 따른 어려움을 종종 겪는다. 충분한 활동지원서비스 없이 주거지를 확보하는 것만으로는 완전한 자립생활을 실천하기 어렵다.

오늘날 활동지원서비스는 단순히 탈시설장애인만을 대상으로 하는 서비스가 아니라 보편적인 서비스로 기능하고 있다. 역사적으로 장애인 당사자와 활동가가 지역사회에서 살 권리를 지속적으로 외치며, 활동지원서비스제도의 도입 필요성을 강조한 끝에 일궈낸 결과이다.

서울 지역, 대구 지역의 전국장애인차별철폐연대 활동가들의 적극적인 노력 끝에 2006년 국내 최초로 중증장애인 활동지원서비스제도(당시는 활동보조서비스제도)가 도입됐다. 2007년 「장애인복지법」에 활동지원서비스가 최종 규정돼 법적 근거를 갖추기까지 부단한 노력이 선행했다. 2006년에 중증장애인들이 삭발을 하고 한강대교를 기어서 행진하는 등 처절한 현장 투쟁을 벌였으며, 그 이전에는 수많은 국내외 장애인단체가 협력하여 활동지원서비스제도의 필요성을 전파했다. 구체적으로, 1997년 일본의 자립생활운동가가 국내에 자립생활을 소개한 바 있으며, 3년 후에는 일본자립생활센터협의회 후원을 통해 한국 자립생활지원기금을 조성했다. 이를 계기로 자립생활 이념이 전국적으로 부각될 무렵, 2002년 서울시는 처음으로 자립생활센터 5개소에 대한 재정지원을 시작했다. 이후 장애인자립생활센터를 중심으로 지역사회에서 장애인 자조 모임 등 자기옹호 활동이 이어졌으며 구체적인 정책으로서 활동지원서비스의 도입 필요성이 함께 부각되기 시작했다.[28] 그 결과, 각종 시조례 등을 통해 자립생활이 정의되기 시작했으며, 끝내 2011년 「장애인 활동지원에 관한 법률」이 제정될 수 있었다. 그 과정을 거치며 초기의 활동보조제도가 오늘날의 활동지원서비스제도로 정립됐다.

활동보조서비스가 도입될 무렵, 장애인권활동가들은 위 서비스가 장애인의 무분별한 시설 입소를 막고 일상생활에서 정당한 편의 지원을 받는 데 도움이 될 것으로 전망했다. 당시 활동지원서비스 도입을 탈시설 권리와 함께 명시적으로 주장하지는 않았지만, 활동지원서비스 도입은 사실상 탈시설과 지역사회 자립 이념을 구체화하는 정책의 연장선에 있었다.[29]

> "활동보조인 제도화 투쟁이 승리함으로써 이제 중증장애인들이 지역사회로 나가는 발판이 마련되었습니다. 이 투쟁의 성과는 하반기에 시급히 지원되는 예산 얼마보다, 활동보조인서비스를 중증장애인의 당연한 권리로서 인정받았다는 데 있습니다. 인간으로서 골방과 시설에 쳐박혀 살지 않고 지역사회에서 살아갈 수

있는 기본적 권리를 보장받은 것입니다."

위와 같은 역사적 노력 끝에 도입된 활동지원서비스제도는 2017년 장애등급제 폐지 계획과 함께 중대한 변화를 맞았다. 문재인 정부의 첫 보건복지부 장관이었던 박능후 장관이 오랜 기간 장애인을 의료적 기준에 따라 1급에서 6급까지 나누는 장애등급제를 폐지한다는 입장을 밝히며 활동지원서비스 제공에 변화를 예고했던 것이다. 이에 따라 장애등급에 기반하여 활동지원시간을 제공하는 '인정조사' 체계에서 등급에 연연하지 않고 활동지원 필요 정도를 채점하는 '종합조사' 체계로 전환하며 새 기준을 도입했다. 보건복지부가 제시하는 기준에 따르면, 종합조사표 채점 점수에 따라 장애인에게 최소 월 30시간부터 최대 480시간까지 활동지원서비스 시간을 차등 지원할 수 있다. 여기에 각 지자체가 필요에 따라 중증장애인의 24시간 활동지원서비스를 보장하기 위해 추가 시간을 제공할 수 있다. 서울시의 경우 한 달 100시간에서 350시간까지 활동지원서비스를 추가 지원할 수 있다. 활동지원서비스를 이용하는 장애인은 활동지원사를 만나 위생, 식사, 이동, 기타 외부 활동의 지원을 받는다.

새롭게 도입된 종합조사 체계는 장애등급에 한정되지 않고 활동지원시간을 제공한다는 점에서 일부 긍정적인 측면이 있었지만, 장애인의 개별적 환경과 장애 유형, 특히 발달장애인의 필요를 포괄적으로 고려하지 않는다는 한계가 있다. 활동지원서비스의 필요 정도를 측정하는 현재 체계에서 발달장애인 활동지원시간 배정은 상당히 소극적으로 이루어지고 있다.**30** 활동지원서비스를 이용하는 발달장애인은 활동지원서비스의 하위 12~15구간에 몰려 있어, 하루 2~5시간 정도 서비스를 받는다.**31** 2022년 기준 장애유형별 활동지원서비스의 상위구간인 1~7구간(하루 10시간 이상) 이용자는 지체장애인 1,084명(7.53%), 뇌병변장애인 1,248명(8.55%)인 데 반해 발달장애인으로 분류되는 지적장애인과 자폐성장애인은 각각 328명(0.08%), 18명(0.12%)에 불과하다. 따라서 발달장애인은 활동지원사가 연계되지 않는 문제도 생긴다. 활동지원사는 일정 정도의 급여가 보장되는 이용자를 선호하기 때문이다. 2021년 최혜영 의원은 활동지원서비스를 장기 미이용하고 있는 사유에 대해서 활동지원사가 연계되지 않아서 이용 못하는 경우가 79%고, 미연계되는 장애 유형은 발달장애인이 63.1%로 가장 높다고 밝혔다.**32**

장애인단체들은 발달장애인의 특성을 고려하지 않는 서비스 종합판정체계의 문제를 지적하면서 발달장애인의 활동지원시간이 현재보다 평균 월 240시간 이상 상승하도록 체계를 변경해야 한다고 요구하고 있다. 이런 한계에도 활동지원서비스의 도입은 장애인탈시설정책을 가속화하는 중요한 계기일 수 있다. 활동지원서비스를 통해 자립이 가능한 지체장애인과 뇌병변장애인이 늘면서 시설 입소자 수가 2012년 2,057명에서 2021년 1,055명으로 50% 가까이 감소했다. 발달장애인에게도 적극적으로 활동지원서비스를 제공하면, 일방적인 시설 입소를 줄이고 시설 퇴소 후 지역사회에 자립하는 과정을 능동적으로 도울 수 있을 것이다. 따라서 탈시설과 지역사회 자립운동을 펼치는 장애인권

활동가들은 누구도 배제되지 않는 탈시설을 위해 조사 체계 개편과 활동지원서비스를 더 적극적으로 제공할 필요성을 강조하고 있다.

나아가 활동가들은 활동지원서비스뿐만 아니라, 주간활동서비스 등 다양한 서비스 선택지의 보장을 함께 요구하며 장애인탈시설운동을 구성하는 세부 정책을 다각화하고 있다. 예를 들어 우리보다 앞서 장애인탈시설정책을 실시한 스웨덴은 장애인의 이동을 지원하는 제도를 동시에 확대했다. 1975년부터 스웨덴 지방정부는 특별교통서비스를 위한 보조금을 지급하기 시작했으며, 1994년에는 「장애인지원법」을 제정하고 지원주택 거주자들에게 개인 지원서비스를 신청할 선택권 또한 제공했다. 이러한 스웨덴의 주거, 이동지원서비스 등은 오늘날 장애인이 지역사회에서 안정적 삶을 살아갈 기반을 이루고 있다.

한편, 캐나다 온타리오주는 현재 성인 발달장애인을 대상으로 독립적 생활을 위한 일상생활, 주거 등 다양한 영역에서 서비스를 제공하고 있다. 발달장애인의 낮 활동 프로그램, 교육훈련, 활동지원 고용, 개인 주도 계획 수립, 돌봄 제공자 휴식 지원 등을 포함하여 개인에게 연간 최소 5,000달러에서 최대 35,000달러의 프로그램 예산이 지급돼, 당사자는 정해진 한도 내에서 다양한 지원서비스를 자유롭게 구매할 수 있다.[33]

스웨덴과 캐나다의 사례를 보면, 장애인이 지역사회에서 살아갈 수 있도록 모든 분야에 걸쳐 포괄적으로 지원하고 있음을 알 수 있다. 국가마다 상이한 방식으로 지원 방식을 설계하고 있으나, 이들 모두 탈시설-자립생활정책의 목표를 고정된 프로그램 속에 장애인을 가두는 방

식이 아니라 한 인간으로서 자신의 삶을 풍성하고 온전하게 살아가도
록 지원하는 데 초점을 맞추고 있다.

재정 효율성의 논리에 따라 장애인의 존엄한 삶을 시설에 가두는 일
을 합리화하는 한국장애인정책의 현실을 비판적으로 인식할 필요가
있다. 24시간 활동지원서비스를 제공할 시 '막대한' 예산이 소요된다
는 행정적 우려 때문에 장애인의 지역사회 자립을 막거나 가족에 돌봄
책임을 전가하는 정책을 지속하는 것은 국제규범과 헌법 정신을 모두
거스르는 결정이다. 공공영역이 인권의 가치를 소중히 여기고, 장애인
탈시설정책을 추진하는 과정에서 충분한 활동지원서비스를 제공하는
동시에 다양한 서비스를 개발하려는 노력을 기울여야 한다. 활동지원
서비스를 매개로 지역사회와 연결되는 자립생활이 시설 밖 자유로운
삶을 위한 대안으로 인식돼야 한다.

'대신 결정'이 아닌 '결정 지원'으로

활동지원과는 다소 다른 각도에서 추가로 논의해야 할 제도가 있다. 결
정지원제도다. 장애인은 스스로의 삶을 결정할 수 없고, 특히 지적장애
가 있다면 이성적 판단이 어려우므로 누군가가 그를 대신하여 결정을
내려주어야 한다는 편견은 장애인의 인권을 제한하는 가장 대표적인
근거다. 그리고 이러한 편견이 강력하게 작동하는 제도 중 하나가 '후
견제도'다. 후견제도는 지적장애인의 의사를 가족, 후견인 등 다른 사

람이 대리하여 결정하도록 하는 대체의사결정제도다. 후견인이 선임된 사람, 즉 피후견인은 인생을 스스로 살아갈 능력이 없다고 간주된다. 그래서 이 제도는 일상적·법률적 선택권과 통제권을 박탈하는 제도로 비판받고 있다. 여러 국가에서 있었던 후견제도를 개혁하기 위한 노력을 살펴보면, 한국의 후견제도도 반성적으로 검토해야 한다는 사실을 알 수 있다.

캐나다에서 오랫동안 장애인권운동을 해온 단체인 커뮤니티리빙온타리오Community Living Ontario의 고든 카일Gordon Kyle은 후견제도에 대하여 다음과 같이 말한다.[34]

"후견제도는 개인성을 말살하고 자신의 삶에 대한 한 인간의 통제력을 박탈할 뿐만 아니라, 극도로 취약한 상황에 있는 사람을 학대와 방임의 상태에 빠지게 한다."

커뮤니티리빙온타리오에서 일하던 오드리 콜Audrey Cole은 지적장애인 아들을 오랫동안 관찰하면서 후견제도가 장애인의 삶에 대한 통제권을 박탈한다는 문제를 제기하기 시작했다. 기본적인 문제의식은 이러했다.[35]

"모든 사람은, 아무리 장애가 심하다고 하더라도, 다른 사람들이 그들의 복지를 위하여 지원하는 방식으로 자신의 삶을 통제할 수 있다. 모든 사람은 이러한 통제를 할 수 있고 필요한 지원을 받아야 한다.”

온타리오주 정부는 1988년경 후견제도에 대한 위원회를 만들어서 개선 방안을 찾기 시작했다. 1991년 주 정부는 온타리오의 「후견법」 개혁을 위하여 움직이기 시작했고 대안 입법이 마련되기도 했다. 비록 캐나다는 「후견법」을 근본적으로 개혁하는 데 실패했지만, 이러한 움직임은 2006년 유엔 장애인권리협약 제12조에서 장애인의 법적 능력에 대한 조문이 만들어지는 데 기여했다. 아울러 2019년 콜롬비아는 대체지원프로그램을 도입하고 후견을 폐지했다. 영국의 「정신능력법 Mental Capacity Act 2005」은 장애인의 자기결정권을 존중하고 의사결정을 지원하는 일과 관련한 여러 규정을 두었다.

유엔 장애인권리협약 제12조는 “당사국은 장애인이 모든 생활 영역에서 다른 사람과 동등하게 법적 능력을 향유함을 인정”하고 “장애인이 법적 능력을 행사하기 위하여 필요한 지원에 접근할 수 있도록 적절한 조치를 취한다”라고 규정하고 있다. 협약의 의미를 설명하는 유엔 장애인권리위원회의 일반논평 1호는 “역사적으로 장애인은 후견인제도, 대리보호자제도, 강제치료를 허용하는 「정신보건법」 등과 같은 대리의사결정제도 하에 여러 영역에서 차별적으로 법적 능력을 부정당해왔”음을 지적하고 “어떤 개인이 정신적 능력이 실제로 부족하거나 부족하다고 여겨지더라도 그 사실이 법적 능력의 부정을 정당화하는 데 사용되어서는 안 된다”라고 선언하고 있다. 또한 “장애인이 완전한 법적 능력을 다른 사람과 동등한 수준으로 회복할 수 있도록 이와 같은 관행은 반드시 철폐되어야 한다"라고 선언하면서 "법적 능력 행사를 위한 지원은 반드시 장애인의 권리, 의지, 선호를 존중해야 하며 대리 의사결정으로 이어져서는 안 된다"고 본다.

여러 나라에서 후견제도는 사라져가고 있다. 의사결정에 어려움이 있더라도 충분한 지원을 통하여 자신의 의지와 취향을 표현하고 삶의 결정권을 갖도록 할 수 있는 의사결정지원제도 도입이 필요한 시점이다. 참고로 미국의 경우 '지원된 의사결정supported decision-making'이라는 이름으로 발달장애인이 친구, 가족, 전문가 등 자신이 신뢰하는 이들에게 정보를 제공받아 자신이 고를 수 있는 선택지에 대한 설명을 들은 후 자신의 결정을 이해한 상태에서 선택하도록 지원하는 의사결정지원제도를 도입하는 추세다. 특히 지정대리인제도를 통해 발달장애인은 분야에 따라 서로 다른 사람에게 대리 권한을 부여할 수 있고, 언제든 지원 계약을 철회할 수 있는 등 당사자에게 많은 권능을 부여하는 제도로 발전해나가고 있다.

탈시설과 자립생활: 궁극적 목표

오늘날 장애인탈시설운동가들은 탈시설뿐만 아니라 자립생활의 중요성까지 함께 외치고 있다. 그들이 말하는 것처럼 장애인탈시설운동은 장애인자립생활운동과 쌍을 이루는 동반자적 운동이다. 앞서 살펴보았듯, 장애인탈시설의 목표는 그저 '시설에서 나오기'가 아니라 '지역사회에서 함께 살기'기 때문이다.

장애인에게 자립생활이 가능하겠냐, 자립생활은 지나치게 이상적인 가치 아니냐는 우려가 종종 제기된다. 몸을 가누기도 힘든 중증장애인에게 자립생활이란 가당치 않다는 냉소에서 비롯한 판단이다. 그러나 이는 자립생활의 의미를 표면적으로 이해한 데서 비롯한 오해일 뿐이다. 과연 자립생활이란 어떤 생활 양식을 뜻할까. 혼자서 모든 것을 해낼 수 있는 로빈슨 크루소 같은 존재가 되는 일을 의미하는 걸까? 자립생활이 가능한 장애인과 불가능한 장애인은 따로 있는 것일까? 여기서는 탈시설정책의 궁극적 목표인 장애인의 자립이란 어떤 의미인지 함께 살펴보고 향후 정책의 방향을 정리해본다.

1970년대 자립생활 개념을 체계적으로 분석한 미국 조지타운대학교 의과대학 교수 디종De Jong은 장애인자립생활이 곧 장애를 단지 의학적 접근만으로 해결할 수 없음을 지적하는 개념이라고 보았다. 그는 장애인이 여타 비장애시민처럼 스스로 원하는 것을 결정하고 실행할 권리를 보장받을 때 자립생활의 가치가 달성될 수 있다고 보았다.**36**

미국에서 최초로 자립생활운동을 추진한 캘리포니아대학교 버클리의 장애인권운동가 에드 로버츠는 대학생 시절부터 장애인의 자립생활 권리를 오랜 기간 외쳐왔다. 그는 자신이 재학하던 대학교의 장애인자립생활 지원센터를 설치하는 데 앞장섰고, 여러 중증장애인 친구가 장애 때문에 학습권을 박탈당하거나 사회에서 배제되는 문제를 적극적으로 지적하며 저항했다.**37** 그는 장애인에게 필요한 것은 고립이 아니라 통합임을 강조하며 장애인이 비장애인과 함께 지역사회에서 살아갈 수 있도록 사회적 지원을 강화해야 한다는 사실을 되새겼다. 경증장애인이 아닌 중증장애인을 중심으로 전개된 자립생활운동의 역사는 오늘날 미국의 모든 장애인을 대상으로 한 다양한 사회통합정책에 중요한 기준점이 됐다.

우리 사회 일각에서는 자립생활이란 오직 비장애인이나 경증장애인만 누릴 수 있는 가치처럼 축소하여 이해하곤 한다. 그러나 위에서 살펴본 것처럼 미국에서 출발한 장애인자립생활운동은 경증장애인을 위한 캠페인이 아니었다. 도리어, 평생 시설에 격리되거나 고립된 삶을 살아야만 하는 중증장애인의 자유 보장을 지향했다. 이들의 자립생활 권리에 관한 주장은 그저 '알아서 살 권리'를 달라는 것을 뜻하지 않는다. 장애인자립생활운동이 의미하는 자립은 무엇이든 홀로 다 해낸다는 것을 의미하는 게 아니다. 우리 사회 그 누구도 세상을 홀로 살아갈 수 없다. 도쿄대학교 교수 야스토미 아유무가 그의 저서 『단단한 삶』에서 말했듯, 자립은 완벽한 고독을 가리키는 게 아니라 공동체 신뢰와 상호 관계에 기반하여 협력, 자원, 제도가 각자의 삶을 쓰러지지 않고 지탱할 수 있는 조건을 이루는 개념으로, 사회적 의존을 전제로 한다.**38** 유엔 탈시설가이드라인 제19조는 다음과 같이 말한다.

"탈시설은 장애인이 어떻게, 어디서, 누구와 살지를 결정할 자율성과 선택, 의사결정을 회복하는 데 초점을 맞추는 상호 연결 과

장애, 시설을 나서다

정이다."

　'상호 연결'이라는 표현에 주목해보자. 이 세상에 혼자 힘으로 사는 사람은 없다. 우리는 모두가 조금씩(때로는 거의 전적으로) 서로에게 의존하고, 때로는 나의 선택에 도움이 될 조언을 들어가며, 배우기도 하고 실수를 거듭하기도 하면서 살아간다. 그러나 시설에서 오랜 시간, 때로는 평생을 보낸 이들은 이러한 경험과 관계들, 즉 사회적 자원을 쌓아갈 기회조차 박탈당한다. 그렇기에 유엔 장애인권리위원회는 탈시설이 단순히 시설에서 지역사회로의 물리적 이동을 넘어, 사회와 시설거주 장애인이 다시 연결되는 과정이라고 말하는 것이다. 꼭 시설에 거주하고 있지 않더라도, 장애인에 대한 사회적·제도적 차별 때문에 지역사회에서 고립된 채 '시설화'돼 살아갈 수밖에 없다면 상황은 마찬가지일 것이다. 시설에서 살아온 이들을 비롯한 장애인 역시 다른 모든 사람과 마찬가지로 사회에서 자신의 자리를 찾고, 내가 혼자 할 일과 타인에게 의존할 일을 탐색하고, 배우고 실패하는 경험을 가질 권리가 있다.

　발달장애인 장애인자립생활센터인 피플퍼스트 서울센터 소속 박경인 활동가는 자립이란 함께 하는 삶이라고 정의했다.[39] 시행착오를 겪으면서 사람들과 함께 살아가는 것이 곧 자립임을 강조하는 장애인자립생활운동은 장애인 당사자의 주체성을 존중할 것을 동시에 요구한다. 이는 장애인 당사자를 일방적인 정책 수혜자나 동정의 대상으로 취급하는 대신 함께 문제를 해결해나가는 주체로 인식하기를 바란다는 의미다. 오늘날 장애인자립생활운동은 다양한 자조 모임 등을 꾸려 다양한 정책을 장애인의 관점에서 제안하고 실천하는 등 당사자가 적극적인 참여 역량을 키우는 일을 옹호한다.

장애인탈시설운동가들은 장애인자립생활운동가들과 함께 격리된 시설이 아닌 통합된 지역사회에서 살아갈 권리를 주장하며, 장애 정도와 무관하게 모든 시민이 존중받을 권리가 있다고 주장한다. 한편, 비당사자 활동가들은 장애인 당사자들과 협력하여 다양한 인권 캠페인을 추진하며 시민의 존엄을 지키기 위한 공적 책임을 강조하고 있다. 탈시설과 자립생활을 실천하는 데 가장 큰 장벽은 장애를 가진 몸이 아니라, 시설화된 삶만을 최선의 대안으로 인식하는 사회의 편협한 태도라고 보기 때문이다. 따라서, 이들은 변화의 대상이 장애 당사자가 아니라 사회라는 점을 끊임없이 지적한다.

나아가, 이들은 장애인 중 치료가 가능하거나 재활 훈련을 받을 수 있는 이들만 탈시설의 대상이 돼서는 안 된다는 점을 강조한다. 1960년대 북유럽 사회복지학계에서 발표된 뒤 북유럽 사회정책의 기조가 된 '정상화Normalization'이론이 '정상적 생활 조건', '사회통합', '자기결정권 보장', '개인화된 서비스'의 중요성을 골고루 강조했듯, 장애인의 지역사회통합정책을 실현하는 데 가장 중요한 것은 일방적 치료가 아닌 통합적인 사회 환경을 위한 지속적인 노출과 교류라는 점을 일깨운다.[40]

오늘날 장애인자립생활운동 진영이 강조하는 여러 장애인권리 가운데 특히 '실패할 권리'라는 독특한 권리를 주목할 필요가 있다.[41] 장애인자립생활운동의 개념을 확장하여 노다혜는 아래와 같이 실패의 의

미를 새롭게 주목한다.**42**

> "자립생활운동은 보호라는 이름의 통제를 거부하며 장애인 당사자의 실패할 권리를 오랫동안 주장해왔다. 독립생활에 많은 위험이 따르더라도 이를 기꺼이 감당하고 실패를 통해 경험을 하는 것 또한 장애인의 권리라고 이야기하면서, '실패하더라도 다시 시작할 수 있는 안전한 환경의 보장'을 위해 논의를 진전시켜왔다."

한국뿐만 아니라, 미국 사회에서도 장애인자립생활운동 당사자들이 실패할 권리(앞서 제4장에서 말한 위험할 권리도 유사한 맥락이다)를 외친 바 있다. 장애인의 자립생활을 인정할 수 없는 가장 큰 근거로 종종 '자립 실패' 가능성이 제기됐기 때문이다. 그러나 장애인 당사자가 보기에 실패할 가능성조차 없는 삶이란 스스로 아무것도 결정할 수 없는 상태를 뜻했다. 오직 타인의 도움에 의존해서 살아가는 게 실패 없는 삶이라면, 실패할 권리를 갖는다는 것은 도리어 자기결정권을 되찾는 것으로 이해했다. 나쁜 의미로 인식되는 '실패'의 뜻을 뒤집어 생각함으로써 삶에서 성공만큼 중요한 것은 실패라는 점을 강조한 것이다. 이들의 실패할 권리에 대한 주장은 '자칫 실패할 수 있으니 탈시설은 안 돼'라고 말하는 사회적 우려를 정면으로 반박했다.

오늘날 탈시설운동과 자립생활운동은 탈시설이 가장 완벽한 대안임을 확신하거나 중증장애인 당사자의 선택이 무조건 성공하리라는 자만에서 출발하지 않는다. 대신 비록 실패할지라도 다시 도전할 수 있는 사회적 환경이 폭넓게 마련돼야 한다는 현실적 조건을 주장한다. 궁극적으로 장애인 당사자가 실패할지도 모른다는 두려움 때문에 지레 겁먹지 않고 저마다 꿈꾸는 가치를 선택할 수 있어야 한다는 사실을 강조하는 것이다.

우리 사회를 돌아보자. 우리는 지금 장애인의 탈시설 및 자립생활운동을 어떻게 이해하고 있는가. 장애인 당사자의 지역사회 정착이 실패할 수도 있다고 단정하여, 이들의 삶에 놓인 무궁무진한 가능성을 소거하고 갇혀 지낼 것을 강요하고 있지 않은가. 비록 비장애인의 시각으로 볼 때 장애인의 지역사회 자립생활은 불안해 보일 수 있지만, 그것이 중증장애인을 일생동안 감금하는 결정을 정당화할 수는 없다. 장애인을 지켜주고 싶은 마음이 앞선 나머지 이들의 선택권을 제한하고 통제할 필요가 있다고 인식할지도 모르겠다. 그러나 당사자 의견을 고려하지 않은 보호와 통제 결정은 장애인을 사람 아닌 물건으로 간주하여 이들이 지닌 자유와 존엄을 무시하는 일이다. 시설에 고립된 안전safety이 자유로운 삶을 평생 억제하는 폭력이 될 수 있다.

자립생활운동을 펼치는 활동가들의 목소리를 주의 깊게 들을 필요가 있다. 활동가들은 장애인의 자립을 고립으로 이해하려는 관성에서 벗어나야 한다는 사실을 지적하고 있다. 심지어 자기 의사를 완벽히 표현하기 어려운 이들이라 하더라도 주변의 긴밀한 조력을 통해 충분히 자립생활의 권리를 누릴 수 있음을 강조한다. 다시 강조하자면 자립이란 타인의 도움 없이 홀로 살아가는 것을 의미하는 게 아니라, 함께 지탱하며 살아가는 것임을 잊지 말아야 한다. 장애인뿐만 아니라 그 누

구도 타인의 도움 없이 자기만의 완전한 자립을 실천할 수 없다.**43**

자립을 향한 과제들

탈시설 이후의 삶은 자동으로 보장되지 않는다. 장애인이 시설에서 나와 지역사회에서 정착하여 살아가기 위해서는 다양한 분야에서 충분한 지원이 필요하다. 현재 모든 국가가 이를 위한 지원을 충분히 하고 있지는 않다. 지역사회에서 살아가는 데 가장 필수적인 지원은 주거와 의료, 활동지원 분야의 지원이다. 인간다운 생활을 유지하기 위해서는 교육과 노동 분야의 지원도 필요하다. 결국 장애인의 지역사회 자립생활이 성공하기 위해서는 다양한 사회적 자원이 뒷받침돼야 한다는 사실을 알 수 있다.**44** 장애인과 그 가족이 삶의 부담을 일방적으로 감당할 게 아니라, 국가가 책임을 다하여 중증장애인이 삶의 방향을 스스로 정할 수 있도록 지원하고 공동체가 연결될 수 있도록 도와야만 탈시설과 자립생활의 가치가 실현될 수 있다.

중증장애인의 탈시설과 자립생활 권리가 정책으로 실천된다는 것은 곧 중증장애인을 대상으로 한 지역사회 내 주거환경 보장과 연계 서비스 제공을 의미한다. 전북대학교 사회복지학과 교수 김미옥은 장애인의 탈시설 및 지역사회 자립을 실질적으로 실천하기 위해 필요한 다섯 가지 핵심 조건을 아래와 같이 제시했다. ① 시설과 달리 주거와 지원서비스를 분리해 개별적으로 제공할 것, ② 일대일 방식으로 지원할 것, ③ 서비스 이용 자격에 차별을 두지 않을 것, ④ 서비스를 이용하는 장애인의 자기결정권을 존중할 것, ⑤ 일방적 수혜가 아닌 양방향적 관계에 기반할 것.**45**

정리하자면, 장애인탈시설과 자립생활의 가치는 개별적으로, 차별 없이, 평등한 관계 속에서, 서로 존중하는 관계 속에서만 실현할 수 있다. 이러한 원칙에 기반할 때, 장애인의 성공적인 탈시설 지역사회 자립에 필요한 구체적인 정책 과제는 아래와 같다.

첫째, 장애인 대상 연금의 상향이 필요하다. 구체적으로 보건복지부가 지급하는 장애인연금 액수를 증액할 필요가 있다. 현재 장애인정책 재정지출 수준은 OECD 평균(2019년 GDP 대비 2.26%)의 3분의 1을 조금 넘는 수준(0.83%)에 불과하며, 특히 현금 급여의 지출 규모는 OECD 평균(2019년 GDP 대비 1.84%)의 4분의 1에도 못 미치고, 급여 수준 역시 OECD 기준보다 절대적으로 낮다. 턱없이 부족한 연금 때문에 장애인은 일상생활을 꿈꿀 수 없으며, 소득이 부족해 최후의 선택지인 시설로 돌아가는 결말을 맺는 게 현실이다.**46**

둘째, 더 많은 공공임대주택과 지원주택을 확보해야 한다. 공공임대주택은 임차 비용이 저렴하고 장기간 거주를 안정적으로 보장한다는 장점이 있다. 그러나 현재 장애인을 대상으로 한 공공임대주택의 호수는 턱없이 부족한 실정이다. 더욱이 시설에서 퇴소한 장애인이 지원서비스를 누리며 거주할 수 있는 지원주택의 공급이 극심하게 정체된 상황이다. 지원주택사업을 적극적으로 추진하기 위해서는 장애인 지원 업무를 담당하는 보건복지부와 주택 공급 업무를 담당하는 국토교통부의 협력이 필수적이다. 그러나 이들 부처 간 협조가 원활히 이루어지지 않는 것이 현실이다. 탈시설정책을 추진하기 위해 부처 간 정책 조정 기능을 강화할 필요가 있다. 중앙정부의 노력과 함께, 지방정부는 지원주택을 포함한 탈시설지원조례를 전국적으로 개발하고 확산할 필요가 있다. 2022년 11월 말 기준으로 탈시설과 자립생활에 관련하여 지방행정정책의 근거를 마련한 조례 총 131개가 전국 지자체로 확산되고 있다. 이와 동시에 지역별로 상이한 지원정책 내용을 높은 기준으로 정비할 필요가 있다.**47**

셋째, 근로 문제와 관련하여, 장애인이 최저임금을 보장받을 방안을 강구할 필요가 있다. 나아가 현재 기업이 중증장애인 채용에 어려움을 겪을 수 있다는 사실을 감안하여, 국가가 함께 중증장애인 구직자에게 맞는 일자리 유형을 다각적으로 개발하고, 장애친화적 근로 환경 및 근로 지원 시스템을 마련할 수 있도록 지원해야 한다. 특히 최중증 장애인에게 적합한 일자리를 제공할 수 있도록 중증장애인 맞춤형 일자리를 비롯한 공공근로 사업이 확대돼야 한다.

여기서 집중적으로 논의한 세 가지 정책 외에도 탈시설은 더 종합적인 차원에서 추진돼야 한다. 현재 진행되는 탈시설 로드맵뿐 아니라 탈시설 관련 입법(「장애인 탈시설 지원에 관한 법률」,「장애인 거주시설의 단계적 축소 및 폐쇄에 관한 법률」,「장애인 거주시설 피해생존자 배보상에 관한 법률」,「장애인 지역사회 자립 및 주거전환 지원에 관한 법률」 등)이 이루어지고 탈시설을 지향하는 장애인정책과 예산 전반의 내용상 정합성을 높여나가야 한다. 그뿐만 아니라 사회 전반의 변화가 필요하다. 시설 운영자와 노동자, 가족, 그리고 일반 시민들의 인식 제고와 협력이 반드시 수반돼야 국가정책 역시 방향을 올바르게 잡을 수 있다. 무엇보다 탈시설정책을 설계하기 위해서는 중증장애인 당사자의 의견을 충분히 고려하여 촘촘한 지원책을 마련해야 한다. 더 많은 장애인과 지역사회에서 함께 살아가기 위해 어떤 제도가 더 필요한지 상상하고 토론할 수 있는 장이 지속적으로 열려야 한다.

끝으로 당부하고 싶은 것은 시설에서 나와 지역사회에서 살아가기를 꿈꾸는 장애인에게 너무 높은 잣대를 요구하는 것은 가혹할 수 있다는 점이다. 평균 20년간 시설에서 거주해온 발달장애인에게 지나치게 높은 지적 수준이나 충분한 사회적 지식을 요구하며 이를 증명해야만 지역사회에서 더불어 살아갈 수 있다고 강요하는 일은, 오랜 시간 배제당한 이들의 삶 전체를 부정하는 일과 다를 바 없다. 개인의 능력을 증명하라고 요구하는 것보다 중요한 것은 장애인의 평등한 소통을 가능케 하는 공동체의 믿음과 신뢰다. 지역사회에서 함께 살아가기 위해 준비해야 할 이들은 퇴소하는 장애인보다 우리 자신이어야 함을 잊지 말아야 한다. 장애인탈시설정책은 가장 힘들고 소외된 이들과 함께하는 연대의 모습으로 실현돼야만 한다.

마지막 목소리: 활동가들이 띄우는 초대장

"여기가家"라는 간판이 달린 4층짜리 벽돌 건물이 있고, 그 앞 공터에는 그네, 미끄럼틀, 벤치 등 사람들이 휴식할 수 있는 공간이 마련돼 있다. 휠체어를 탄 사람들, 보행기를 끌며 가는 사람, 반려견과 함께 달리는 사람이 이 공간에 각자 편안한 모습으로 있다.

탈시설이라는 가능성

이 책에서 우리는 시설을 역사로, 문화로, 제도로, 무엇보다 사람이 자유와 가능성을 제한당한 채 살고 있는 공간으로 바라봤다. "시설에 사는 것 자체가 차별"이라는, 제3장에서 언급한 옴스테드 판결의 유명한 문구는 시설이 이 책에서 말한 억압과 배제의 역사와 제도, 문화가 촘촘하게 결합된 공간임을 지적한다. 물론 시설도 변해왔다. 거주자-직원 비율을 개선하고, 거주인 일인 당 면적을 늘리고, 활동 프로그램을 개선해왔다. 직원들의 인권의식도 시대와 사회, 그리고 제도의 변화에 따라 개선돼왔다. 하지만 일반 시민이 지극히 당연하게 누리고 사는 자유가 여전히 시설 안에는 없다.

우리의 논의는 시설이 무엇인지를 밝히는 데서 시작하여, 국가는 어디로 나아가고 있는지, 이제 무엇을 할지 질문을 던지고 그 답을 모색하는 데까지 이어졌다. 우리는 탈시설이라는 지향이 그저 규범적이고 이상적인 주장이 아니라, 먼저 시설에서 나와 지역사회에서 살고 있는 이들이 실제로 보여준 가능성이라는 점, 몇몇 국가가 우리보다 먼저 이 길을 갔으며 이제는 국제규범으로 자리 잡았다는 점, 그리고 이미 적용 가능한 정책 대안이 많이 나와 있다는 점을 강조했다.

오늘날 여러 국가가 시설의 삶이 인간의 자율성을 파괴하고 존엄을 훼손하는 학대임에 합의했고, 시설정책에 대한 반성과 성찰에 기반한 정책이 실행되고 있다. 지금 한국 사회는 어느 지점에 있나? 장애인거주시설을 바라보는 한국 사회의 시선은, 혹시 아직도 1960년대의 미국처럼 언급을 회피하고 시설 외에 다른 해결책은 없다고 생각하는 수준에 머물러 있는 것은 아닌가?

시설거주인이 사람들과 물리적으로, 사회적으로 고립될수록 이들에 대한 사회적 낙인은 강화된다. "저런 사람(중증장애인, 노인, 부모와 함께 살지 않는 아동 등)은 시설에서 살아야지"라는 인식이 강화될수록 지역 사회에서 이들이 살아갈 수 있도록 지원하는 방법은 개발되지 못하고, 그렇게 되면 결국 시설은 여전히 '유일한 선택지', '강요된 선택지'로 남게 된다.

장애인을 나와 다른 존재, 선택할 능력이 부족한 존재로 바라보는 인식적 토대 위에 만들어진 이상, 1인1실도, 각종 '개인별' 서비스도 결국 통제와 차별을 재생산할 수밖에 없다. 그런 의미에서 좋은 시설은 있을 수 없다. 결국 탈시설의 핵심은 장애인을 '좋은 옷 입혀주고 세 끼 식사 먹여주고 안전하게 보호해주면 되는' 존재로 바라보는 사회적 인식의 전복, 이들을 자신의 삶과 일상의 주체로 존중하는 사회적 인식의 변화라는 점을 해외의 다양한 소위 '선진' 시설들이 빠진 함정을 통해 우리는 다시 한번 확인하게 된다.

시설은 '어쩔 수 없이 택해야 하는' 대안이 아니다. 이 책 전체에서 살펴본 탈시설장애인 당사자와 부모의 목소리, 먼저 탈시설정책을 수행한 국가들, 그리고 현재 진행되는 정책 대안을 고려할 때 시설은 필연적이거나 유일한 수단이 아니다. 오히려 어쩌면 우리 모두가 시설을 너무 쉽게 인정해버리고 그 안에 사는 이들의 삶을 구체적으로 상상하려하지 않았기에, 무엇보다 우리 안의 장애혐오와 비장애중심주의에 도전하지 않았기에 시설이 건재할 수 있었는지 모른다. 이제는 우리가 시설의 학대적 성격에 눈을 감으면서 시설을 방치하고 이러한 문제들을 덮어두고 있는 것이 아닌지 돌아보아야 할 때다. 아울러 국회와 법원 같은 공적 기관이 시설문제에 대한 책임을 다하고 있는지 돌아보아야 할 시점이다.

　사람들은 장애를 지닌 이들이 자유권을 행사할 수 있다고 상상하지 않았다. 오히려 '그들이 지역사회에 나와 익숙한 질서를 교란하지 않을까'라고 막연히 불안해한다. 시설 안에서 직원들의 도움을 받아 비슷한 사람들과 살면 차라리 나을 거라고 추측한다. 모두 진실이 아니었다. 탈시설로 먼저 나아간 외국을 보면, 그것이 진실이 아님을 알았을 때 변화가 시작됐다. 이 책은 그래서 목소리를 내어 진실을 알리려는 책이다. 진실이라고 해서 대단하거나 복잡한 것도 아니다. 그저 탈시설해서 살아가는 장애당사자와 부모들의 목소리를 담았을 뿐이다. 그리고 이제 이 마지막 장에서는 이들의 옆에 서 있었던 활동가들이 들려주는 당부의 목소리를 담고자 한다.

장애, 시설을 나서다

시설거주인들의 인권

시설에서 당사자인 거주인들은 시민으로서 권리를 누렸는가? 시설수용을 정당화해온 논리는 자활, 돌봄, 보호, 의료 등 시민으로서의 권리 증진이 가능한 공간으로 시설을 규정했다. 더욱이 이는 국가가 운영하는 것이 아닌, 시민사회 안에서 이루어지는 사업의 모습을 했다.

  하지만 이 책 전체에서 살펴본 바와 같이 시설에 사는 거주인들은 시설을 지탱하는 자원이자 권리를 온전히 누리지 못하는 불완전한 시민이었다. 아니, 어쩌면 시민이라 여겨지지 않았기에 시민사회에서 배제되고 격리된 존재였다. 더욱 안타까운 것은 때로는 시설거주인 스스로 죄책감에 시달리며 자신의 삶을 놓아버린다는 점이다. 전근배는 대구 희망원에 대한 연구에서 거주인들이 희망원에 들어오고, 거기서 어려운 상황에 처한 것이 자기들 잘못 때문이라고 여기는 모습을 다음과 같이 묘사한다.[01]

> "때로 참여자들은 시설 입소를 자신의 잘못에 따른 사회적 처분이라고 여겼다. 예를 들어, 일이 마음 먹은 대로 잘 풀리지 않는다고 술을 먹고 리어카에서 누워 잤던 '죄,' 막노동이 고되다고 술을 자주 먹다 장애를 입은 '죄'의 결과가 희망원이었다. 그렇기에 희망원은 자신의 죄와 잘못을 처벌하고 뉘우치는 속죄의 공간이기도 했다. 시설과 참여자는 거대한 하나의 운명공동체가 되어갔다."

유사하게 프리웰법인 장애인지원주택 팀장 김민재는 자신들을 학대하는 직원을 오히려 이해하려 하면서 스스로 자책하는 거주인들의 모습을 다음과 같이 회고했다.[02]

> "그 직원을 욕하고 원망할 자신이 없다고 했습니다. 시설에서는 한 명의 직원이 다수의 이용자를 지원해야 하는 상황을 너무 잘 알고 있고, 나 때문에 이들이 힘들어하는 것은 당연한 것이고, 내가 없으면 이런 일도 일어나지 않았을 거라 생각하셨기 때문입니다."

탈시설정책이 지향하는 핵심 가치는 바로 보편적 인권이다. 하지만 시설을 그저 효율적인 정책 수단으로 보는 관점에서는 시설거주인들의 인간성 상실에 대한 질문은 제기되지 않는다. 시설정책은 "어떻게 하면 장애인을 기능인으로 사회에 복귀시킬 수 있을까" 혹은 "어떻게 하면 기능인으로 복귀할 수 없는 이들을 가장 저렴하게 보호할까"를 묻지, "어떻게 하면 자율적인 시민으로 살아가게 할 수 있을까"를 묻지는 않았다. 이런 질문은 오로지 장애인이 자유로운 시민이라고 전제할 때만 제기될 수 있는 질문이기 때문이다.

탈시설은 표면적으로는 시설을 폐쇄하고 시설거주 장애인들이 지역사회에 통합돼 살 수 있도록 하자는 정책 아이디어다. 탈시설의 의미를 이것으로 국한하면 최근 경향처럼 굳이 탈시설이라는 용어를 쓰지 않고 '지역사회 자립지원'이나 '주거전환'이라고 해도 의미는 동일하다. 하지만 탈시설운동은 그 이상을 지향한다. 탈시설운동의 본질은 장애인에게 인간다운 삶을 살 여건을 제공할 국가의 의무를 환기하고 인권을 보장하자는 아이디어다. 나아가 모든 시민들이 시설성이 극복된 사회에서 살아가자는 아이디어다. 지금까지 살펴본 현재의 시설정책은 공급자 중심으로 진화해왔다. 시설이 발아하던 일제 강점기부터 1960~1970년대의 개발연대까지는 장애인과 같은 사회적 소수자가 완전한 시민으로서 목소리를 내고 자신들의 권리를 주장할 수 있는 상황이 아니었다. 이런 상황에서 시설정책은 시설 운영자라는 '선한 권력자' 혹은 김은정의 표현을 빌면 "좋은 왕"의 의도대로 설계되고 운영될 수밖에 없었다.**03** 지금에야 탈시설운동을 중심으로 당사자들의 자기결정권 혹은 보편적 인권을 논하고 있지만 인권이란 오랫동안 시설정책에서 상상할 수 있는 개념이 아니었다. 그 왕이 좋은 왕이든 아니든, 어느 시설에서도 거주인의 자립적 삶보다는 통제가 우선시됐다. 사실 민주주의가 발전하지 못했던 시대에는 시설 밖의 삶도 마찬가지였다. 시설이 더더욱 노골적이고 혹독한 통제가 이뤄지는 공간이었을 뿐이다. 우리는 모두 시설사회를 지나왔고, 지나가고 있다.

그들에게도 기회를

판타지 영화 속 타임머신은 과거를 바꾸기 위한 아이템으로 등장한다.

현재를 살며 유엔 장애인권리협약과 탈시설가이드라인을 접하고, 중증장애인이 자립해서 살아가는 모습을 본 당신이 만약 과거로 돌아간다면 시설을 바라보며 어떤 선택을 할까? 정책 입안자들이 동일한 상황에 놓인다면 그는 어떤 장애인정책을 추진할까? 시설에서 목숨을 잃은 장애인 당사자와 그 가족은 시설을 선택지에서 지울 수 있을까? 이 물음의 끝에는 매일 아침 출근길 지하철에서 '장애인에게 권리를!'을 외치는 장애인들이 있다.**04** 흰옷을 입고 '발달장애 차별, 멈춰!'를 외치며 아스팔트 맨땅에 몸을 완전히 붙이는 사람들이 있다. 인권기록활동가 홍은전이 말했던, "미래에서 온 장애인"**05**과 같은 사람들이다. 아직 오지 않은 미래를 현재로 만드는 사람들이다.

언젠가 인권침해가 발생한 시설의 거주인 부모와 상담한 적이 있다.**06** 10여 년간 유사한 인권침해 문제가 여러 차례 발생했지만 지자체가 가장 낮은 수준의 행정처분만 되풀이한 시설이었다. 사건이 언론에 보도되면서 그간의 솜방망이 처벌이 문제가 되자 지자체도 움직이기 시작했다. 대대적으로 조사단을 꾸려 당사자와 가족을 대상으로 향후 지원을 위해 상담했다. 수차례 전화 시도 끝에 간신히 연결된 한 부모는 다소 격앙된 목소리로 다짜고짜 '내가 그 시설을 찾기까지 얼마나 오래 걸렸는 줄 아냐'라고 물었다. 그리고 나의 답은 필요 없다는 듯 그는 말을 이어갔다.

"내가 동사무소도 가보고, 복지관에도 가보고, 집 근처 시설도 가보고, 안 가본 곳이 없다고요. 그런데 우리 애는 중증이라고 안

장애, 시설을 나서다

받아줬어요. 그런 우리 애를 받아준 게 여기뿐이었다고요. 인권침해? 우리가 몰랐을 것 같아요? 그런데 어쩔 수가 없었어요. 어쩔 수가 없었다고."

그는 이야기 상대가 누구라도 상관없는 것처럼 독백과도 같은 말을 한참 쏟아냈다.

결과적으로 이 시설에서는 입소장애인의 20%만 지역사회에 있는 지원주택으로 이주했고, 20%에 속하지 못한 그의 자녀는 다른 시설로 옮겨졌다. 그의 자녀는 이미 성인이었지만 장애 때문에 의사결정의 주체로 존중받지 못했다. 시설에 입소할 때처럼, 장애인 당사자의 미래를 가족이 대리해서 결정한 것이다. 지자체는 피해장애인이 탈시설할 경우 관련 제도를 통해 차질 없이 자립을 지원하겠다고 공언했지만 그의 마음은 요지부동이었다. 장애인 가족으로 살아오며 수십 년간 켜켜이 쌓였을 사회에 대한 불신과 그로 인한 상처는 통화 몇 번이나 탈시설 지원제도의 나열로는 결코 해소하거나 치유할 수 없을 터였다.

하지만 당사자는 어땠을까. 한 탈시설장애인은 말했다. "부모님이 저를 시설로 보낼 때, 시설에 들어가지 않아도 되는 방법을 알려주는 곳은 없었어요." 그 말에 이어 "만약 내가 어릴 적부터 자립을 준비했다면 성인이 돼 독립하는 것이 이렇게 어렵지는 않았을 것 같다"라고 토로했다. "내가 탈시설을 알았다면 진작에 나왔을 텐데." 마치 시장에 있을 법한 물건을 돌아가며 말하는 '시장에 가면' 게임처럼 '그때 나한테 필요했던 삶의 기틀'이 무엇이었는지 줄줄이 말한다. 내가 안정감을 느낄 수 있는 집, 구걸하지 않고도 필요할 때 받을 수 있는 일상생활 지원, 몸에 맞는 휠체어나 보조기기를 구하는 방법, 탈시설을 마음먹었을 때 가장 먼저 누구에게 말해야 하는지 등을 말하고 이렇게 덧붙였다. "나는 시설에서 그냥 죽을 생각이었어. 그래야 하는 줄 알았지."

2022년 11월 1일, 국회 앞에는 알록달록한 피켓을 든 사람들이 모여들었다. 탈시설 발달장애인 16명이 모여 자신의 삶을 증언하는 '시설 탈출 자유·독립 선언 기자회견'이 시작됐다. '우리가 시설에서 당연히 살아야 한다고 생각하지 마라. 우리에게 시설은 필요 없다'라는 구호가 단단히 쓰여 있는 현수막 앞에서 탈시설 당사자인 문석영 씨는 발달장애인은 약한 존재도, 무엇을 못 하는 존재도 아니라고 힘주어 말했다.07

> "발달장애인은 약한 존재도, [무언가를] 못 하는 존재도 아닙니다. 우리가 무엇을 할 수 있는지는 직접 해보기 전까지 아무도 알 수 없어요. 그러니 우리가 시설에서 나와 살 수 있도록 지원해주세요. 어떤 사람들은 우리가 탈시설해서 못 살면 어떡하냐고 합니다. 그런데 비장애인도 다 잘 사는 건 아니잖아요. 우리도 지역에서 살아갈 힘을 기를 수 있는 사람입니다. 시설에서 나와 사는 것이 힘들고 지쳐도, 다시는 시설로 돌아가고 싶지 않습니다."

이 발언은 우리 사회가 약속한 법이나 인권선언에서 볼 법한 아름다운 문구 같기도 했지만, 다른 누구도 아닌 당사자 문석영이 말했기에

장애, 시설을 나서다

무대 위 벽에 "자유로운 삶 시설 밖으로!"라는 문구가 붙어 있다. 두 사람은 휠체어를 탔고, 한 사람은 "시설이 아닌 자립을 보장하라"는 피켓을 들고 있다. 휠체어를 탄 사람 한 명이 마이크를 들고 울면서 발언하고 있고, 그 모습을 보는 사회자가 걱정스러운 표정을 짓고 있다. 무대 아래에 사람들이 모여 있는데, 모두 뒷모습이 보이고 한 사람만 옆얼굴이 보인다. 그도 발언자를 보며 놀란 표정을 짓고 있다.

강력한 힘을 지녔다.

　이 책에 담긴 조상지와 박만순 같은 탈시설 당사자들의 이야기가 여러분의 상상력을 자극했으리라 우리는 믿는다. 시설의 역사가 길수록 우리에게는 새로운 역사적 흐름을 상상할 수 있는 힘이 우선 필요하다. 대안적 세상을 상상조차 할 수 없다면 우리는 아무것도 할 수 없다. 새로운 역사를 상상하는 일은 지금 경험한 가능성에서 이야기를 이끌어내는 일이다. 이 책에 담긴 이들의 '목소리'가 들려주듯이 탈시설은 불가능하지 않다. 이미 오래전에 상상이 시작됐고, 현시점에서는 대안과 성과까지 나와 있기 때문이다. 이 책의 이야기들은 상상을 넘어 이미 결행된 탈시설의 경험, 거기서 흘러나온 논리와 정책에 대한 이야기다.

　지금까지 탈시설장애인의 등장이 탈시설이라는 상상이 현실이 될 수 있음을 우리에게 알려주었다면, 앞으로 더 많은 탈시설장애인의 등장은 우리 시대의 가치 체계를 변화시킬 것이다. 탈시설사회에서는 사람의 가능성을 함부로 단정 짓지 않는다. 바꿔 말하면 어떤 사람이 자신의 생각을 말로 표현하지 않거나 자신만의 속도로 살아간다는 사실이 그 사람을 시설에 가두는 이유가 될 수 없다는 뜻이다. 힘이 들든 지치든, 이곳 지역사회에서 살아볼 힘을 기르겠다는 사람에게 '당신이 있어야 할 곳은 시설'이라고 함부로 말할 수 없게 된다는 것이다. 장애를 지닌 삶에 대해 '다 안다'던 말들이 사실은 '아무것도 몰랐다'는 말과 동의어였음을 깨닫고, 새로운 세계의 등장에 겸손한 태도를 취한다는 것을 의미한다.

　"자립을 하면 자리가 생겨요."08 자립을 어떻게 생각하는지 묻는 말

　　　　　　　　　　　　　　　　　　　　장애, 시설을 나서다

에 탈시설 당사자 김현아 씨가 웃으며 말했다. 시설을 통한 배제의 역사를 존재로서 증명하는, '사회 바깥'에 있던 사람들이 다시 '사회의 원안'으로 오는 자립이란 '자리를 만드는 과정'이다. 있는 그대로 존재하며 존중받고, 그가 감각하는 고유한 시간에 따라 살아갈 수 있는 자리가 놓여가는 과정인 것이다.

유엔 탈시설가이드라인은 말한다. "선택권을 보장한다는 것은 장애인이 얼마든지 발전할 수 있다는 사실을 존중하는 것이다."09 그동안 '못 하고, 안 되며, 그래서 실패한 존재'로 취급받아온 사람들에게 없던 것은 능력이 아니라 자리다. 그동안 비장애중심주의로 점철된 이 사회는 집이나 시설 아니면 공존할 공간을 장애인에게 좀처럼 인정하지 않았고, 장애인의 노동 능력을 기대하지 않았기에 배움의 기회를 제공하지 않았으며, 배우지 않았다는 이유로 그들을 노동시장에서 배제했다. 이는 결코 과장이 아니다. 지금은 장애인차별금지추진연대 대표로 활동하는 박김영희는 집과 시설을 오가다 서른이 넘어서, 대구질라라비장애인야학 교장인 박명애는 47세가 넘어서 사회에 나왔다.10 지금까지도 거리에서, 복닥거리는 출퇴근길에서, 동네에서, 일터에서 장애인이 좀처럼 보이지 않는 것이 현실이다. 이 배제와 부재의 역사는 뒤집어 말하면 장애인들 역시 비장애인들과 마찬가지로 여러 자원과 기회에 접근가능한 환경일 때, 교육을 받을 수 있을 때, 장애인의 노동이 노동으로 인정될 때, 지역사회에서 인간다운 삶을 살 수 있음을 역설한다.

탈시설한 장애인이 타임머신을 타고 과거로 돌아간다면 가장 먼저 지울 장면은 시설에 들어가는 장면일 것이다. 그때 우리는 그에게 말해줄 것이다. "시설에 살아도 되는 존재, 세상에 있었다는 사실조차 모른 채 죽어도 아무 문제가 없는 존재, '그래도 되는 존재'가 아니었어, 너는."

그들이 가져온 변화들

탈시설이 내 삶을 어떻게 뒤바꿀지 확신하지 못할 때도 당사자들은 기꺼이 시설 밖 삶을 선택했다. 그래서 활동가들은 탈시설장애인 한 명 한 명을 혁명가라 부른다. 그가 다른 사람과 뜻을 모으고 길바닥에서 투쟁하지 않았다고 해도 상관없다. 혁명가라는 명명은 그의 목소리로 인해 장애인을 지역사회 바깥으로 내몬 사회시스템이 비로소 수면 위로 드러난다는 의미다. 장애인이 지역사회의 일원으로 살기 위해 이 사회의 무엇이 근본적으로 변해야 하는지를 그의 삶으로 질문하는 것이다.

그들이 등장하자 누구도 물어보지 않았던, 그의 삶에 필수불가결한 요소들이 그제야 비로소 나타나기 시작한다. 그리고 진실을 마주한다. 장애가 있어서, 능력이 부족해서 당신을 시설에 수용한다는 그동안의 말은 사실 배려가 아니라 배제였으며, 이 사회는 처음부터 당신의 장애가 어떻든 간에 장애인과 같이 살지 않기로 결정했다는 진실 말이다.

장애, 시설을 나서다

장애인 당사자들의 용기로 제도는 조금이나마 변화해왔다. 2000년
대 초반, 지역사회로 무작정 나온 탈시설 당사자들의 요구는 세 가지였
다. 가장 최소한의 요구로서 살 수 있는 집, 일상생활지원, 초기 정착에
필요한 재정적 지원, 이 세 가지는 있어야 지역사회로 나올 수 있다는
것이다. 바꿔 말하면 애초에 주거, 활동지원서비스, 자립을 위한 재정
과 일자리가 충분했다면 시설에 들어갈 일도 없었다는 방증이기도 하
다. 하지만 탈시설 당사자들은 이미 오랜 시설입소 경험으로 직감했다.
'지역사회 인프라가 충분해져서 누구나 탈시설할 수 있는 미래'란 오지
않을 것임을. 차별의 현실을 직시한 뒤에는 더 이상 가만히 기다리지
않았다. 미래를 현재로 가져오기 위해 직접 싸워나갔다.

2010년대부터는 본격적으로 발달장애인이 영화가 아니라 세상에 등
장하기 시작했다. 영화나 드라마 속 천재적 캐릭터, 아기자기한 캐릭터
에 발달장애인을 욱여넣어왔던 사람들은 그들의 '실존'을 확인할 때마
다 매번 당황했다. 장애인을 처음 마주하는 일반 시민뿐 아니라 복지
계도, 장애인운동계도 마찬가지였다. 투쟁을 통해 약간의 변화를 이룬
지역사회도 시설에 살던 발달장애인에게 꼭 맞는 환경이 아니었다. 발
달장애인이 일상에서 겪는 어려움이 충분히 고려되지 못한 장애인 종
합조사표[11]에 당사자들은 매번 걸려넘어졌다. 예를 들어 장애인 종합
조사표는 물리적 보행 가능성만 측정할 뿐인데, 물리적 보행은 가능하
지만 이동하려면 목적지나 이동 방법을 찾는 데 누군가의 지원이 필요
한 발달장애인의 현실은 고려돼 있지 않다.

많아 봤자 하루 5시간에 불과한 활동지원시간은 지역사회에서 자립

해 살아가기에 턱없이 부족했다. 실제로 많은 당사자는 '시설에서 나가면 혼자 알아서 다 해야 돼'라는 압박에 탈시설을 주저한다. 한 사람의 장애인이 단지 자유를 찾기 위해 자신의 삶을 모두 스스로 책임져야 한다는 압박감에 시달리는 상황은 국가와 지자체가 본분을 방기한 탓이다. 그들의 든든한 지원자였어야 할 사람들마저도 정말로 '탈시설은 혼자 하는 거'라고 믿는다. 이 명제는 "그러니까 혼자 밥하고, 밥 먹고, 빨래하고, 돌아다닐 정도의 능력이 없는 사람은 탈시설 할 수 없어"라는 '자립역량론'으로 돌아온다.

"중증장애인이 어떻게 자립해서 살아?"라는 질문은 사실 과거에는 신체적 장애가 있는 사람들에게 붙은 질문이었다. 특히나 중증 언어장애를 동반한 장애인들에게 더 그랬다. 그러나 2025년의 사람들은 더 이상 신체장애인을 '당연히 시설에 살아야 할 존재'로 보지 않는다. 그만큼 제도와 우리의 인식이 변해온 것이다. 이처럼 중증장애에 대한 개념과 대중 인식의 변화는 근원적으로는 제도의 문제와 궤를 같이한다. 그렇다면 지금 우리가 질문을 던지는 중증장애인들 역시 시간이 지나면 더 이상 이런 질문의 대상이 아니지 않을까? 당연히 자립해서 살 수 있는 존재로 여겨지지 않을까?

탈시설이 준엄한 가치로 자리 잡은 사회에서는 장애인과 그 가족도 각각 존엄한 개인으로서의 삶을 영위할 수 있다. 장애인에게는 시설이 최선이라는 논리를 깰 때 비로소 발달장애아동을 상호 의존하며 양육할 수 있는 환경이 논의되기 시작한다. 장애인은 노동이 불가능한 존재이므로 교육할 가치가 없다는 편견 때문에 포기하지 않고 목소리를 낼

장애, 시설을 나서다

때, 장애아동이 학령기에 교육을 제대로 받을 수 있는 여건이 토론된다. 집단형 서비스가 형성하는 위계와 통제가 개인에게 미치는 부정적 영향을 면밀하게 분석할 때, 인권친화적인 개인별 서비스 구축에 한 걸음 더 다가갈 수 있다. 탈시설에 대한 요구와 제도적 발전의 성과는 장애인 당사자의 존재가 놓인 위치뿐만 아니라 장애인 부모를 포함한 가족까지 변화시킬 수 있다.

이러한 기대는 정당한 한편 위태롭다. 여전히 누군가에게 시설이 최후의 보루처럼 여겨질 때 그렇다. 장애인이 평등하게 교육받을 권리, 노동할 권리, 자립해서 살아갈 권리를 치열하게 논의한다 한들 시설이 존재하는 한 원점을 벗어날 수 없다. 비장애인을 보증인으로 세우지 않고서는 집을 계약할 수 없는 촘촘한 차별의 그물망에 갇힌 사람들에게 결국 건네는 말이 "힘들지? 시설 한번 알아보는 거 어때?"다. 현실이라는 명목하에 거주시설이 대안으로 튀어나올 때 평등, 교육, 노동, 행복추구권 등의 헌법적 권리는 논의조차 되지 못하고 너무도 연약하게 '폐기'됐다.[12]

> "제가 몇 달 더 살고 못 살고는 중요하지 않습니다. 저는 먼저 가더라도 발달장애가 있는 제 아이들은 지역사회에서 인간답게 살아야 하지 않겠습니까?"

암으로 시한부 선고를 받은 두 발달장애인의 엄마 김미하 씨는 경기도청 앞에서 마이크를 들고 호소했다. 그녀는 죽음의 공포 앞에서 오히려 담담했다. 반복되는 항암치료로 약해져가는 당장의 몸보다는 본인의 사후가 더 큰 공포였다. 몇 년 전 세상을 떠난 아빠에 이어 엄마마저 없는 집에 덩그러니 남겨질 두 명의 발달장애인 자녀 때문이다. 그는 '내가 죽은 후에 내 자녀가 시설에 보내지는 걸 원치 않는다'라고 힘주어 말했다. 그가 처한 현실에서 시설은 최후의 보루가 아니었다. 당신의 건강을 우려하며 자녀의 시설 입소를 권유하는 사람들에게 단호한 거절로 답했다. 절망적인 현실을 바로 보며 경기도와 의왕시를 상대로 싸웠다. 그의 간절한 호소에 경기도는 최초로 지원주택 모델 도입 (2024)과 자녀에 대한 공백 없는 24시간 돌봄으로 응답했다.[13]

진정한 역량은 장애인이 탈시설해서 살아갈 수 있는 기능적 능력이 있는지의 문제가 아니다. 노벨경제학상 수상자인 아마르티아 센은 역량 이론을 제시해, 인간의 자유는 개입을 최소화할 때 가능한 것이 아니라 국가의 적절한 개입 속에서 보장된다는 사실을 주지시키면서, 국가는 모든 시민으로 하여금 자기결정의 역량을 보장해야 한다고 주장했다.[14] 최근 유엔개발계획UNDP을 비롯한 여러 통계 지수는 인간의 삶의 질과 자기결정의 효과를 평가할 때, 아마르티아 센이 제시한 역량의 관점에서 접근한다. 개개인이 목적한 바를 이루어내기 위해 국가가 얼마나 적극적으로 공공서비스와 공적 자원을 제공하는지, 적절한 국가의 개입을 통해 개개의 시민이 사회 구성원으로서 활동할 수 있는지 등을 살펴보는 것이다. 다시 말해, 오늘날 인간의 자유는 단지 개인의 신체적 조건 또는 노력만으로 누릴 수 있는 가치가 아니다. 국가를 비롯한 사회 공동체가 자유 보장을 위해 기울이는 노력, 그에 대한 책임

장애, 시설을 나서다

의식, 그 일을 위해 수행하는 의무에 따라 개개인이 누리는 자유의 수준은 달라질 수 있다. 중증장애인의 탈시설도 마찬가지다.

　신체·정신적으로 중증장애가 있는 사람들에게 자유는 사치라고 삶을 폄훼할 것이 아니라, 도리어 이들이 지역사회에서 높은 질의 삶을 누리도록 국가가 더 적극적으로 지원해야 한다는 사실을 인정해야만 한다. 그들이 계속 시설에 수용된 채 죽음을 기다리게 할 것이 아니라, 역량을 발휘하고 참여할 기회를 누릴 수 있도록 해야 한다. 국가는 장애를 가진 주권자가 바라는 자유를 무시할 수 없다. 중증장애인의 지역사회 통합을 위해 노력하지 않고 개입하지 않는 국가의 소극적 태도는 반대로 현상 유지를 선호한다는 노골적인 의사표현과도 같다. 시민권에 등급이 없다면, 장애인도 비장애인도 동등한 시민이라면, 모든 시민에게 양질의 삶을 보장하는 것이 국가가 실현해야 할 의무라면, 사회 환경을 전향적으로 개선하기 위해 다양한 수단과 방법을 동원하는 게 이치에 맞지 않는가.

더 큰 변화를 상상하며

시설이 우리의 무덤이 아니길

'99881234'라는 건배사로 술잔을 부딪치는 할머니들의 영상을 본 적이 있다. 촬영하던 PD가 건배사의 뜻이 무엇인지 묻자 할머니들은 해사한 표정으로 답했다. '99살(99)까지 팔팔(88)하게 살다가 하루 이틀 사흘(123)만 아프고 죽자(4, 死)'라는 뜻이라고 했다. '아파도 조금만 아프고 죽자'로 귀결되는 건배사라니. 할머니들의 매콤한 답변에 머리가 아찔했는데 검색해보니 이미 10여 년 전부터 유행하던 노년층의 건배사였다.

왜 아프면 안 될까. 잘 죽는다는 건 어떤 결말을 뜻하는가. 우리 사회에서 아프거나 약해진 사람들이 어디로 가고, 어떤 대우를 받는지 우리는 이미 잘 알고 있다. 잘 알기 때문에 두렵다. 노인요양원 또는 요양병원 내 인권침해 사건이 자주 보도된다. 기본적인 세면 지원을 하지 않아 입에서 구더기가 나온 사건, 변을 보지 못하도록 항문에 기저귀를 돌돌 말아 넣거나 테이프로 붙여 학대한 사건 등 하나같이 처참하다. 대부분의 사건은 요양원에서 부모의 모습을 발견한 자녀들의 제보로 우리 앞에 드러났다. 자녀들은 '실태가 이럴 줄 몰랐다'며, '부모님께 너무 죄송하다'며 자기 자신을 나무랐다. 그 속엔 우리 사회의 어두운 면으로 치부되는 사건이 '설마 나와 내 부모에게 닥칠 줄 몰랐다'는 당

장애, 시설을 나서다

혹스러움도 녹아 있었다.

지금 대한민국의 도심 상가를 바라보면 한 블록 건너마다 요양병원이 있다. 도시 외곽이나 펜션 단지의 안내판에도 요양원이 1~2곳씩 자리를 차지하고 있다. 과거 장애인들이 집단적으로 생활했던 자리에는 노인요양시설이 수용 대상과 간판만 바꾼 채 들어섰다. 시대와 장소는 문화를 반영한다고 했던가. 눈 돌리면 볼 수 있는 곳곳에 자리 잡은 요양시설은 우리 사회에 '늙거나, 약해지거나, 병든 사람은 따로 살아야 한다'는 문화가 단단히 자리 잡았음을 짐작게 한다.

노인요양시설을 바라보는 시각은 시설 형태에 따라 엇갈린다. 아직 신체와 인지 기능에 결함이 없는 사람은 실버타운에 '스스로 갈 수 있고', 혼자 거동할 수 없거나 기억력과 판단력이 약해져 일상생활에 지장을 겪는 사람은 요양원이나 요양병원에 '보내진다'는 인식이 대표적이다. 약한 사람을 변두리로 내치는 사회에서 '간다'와 '보내-진다'의 경계는 무의미할 정도로 흐릿하지만 말이다.

한국은 2025년 초고령사회로의 진입을 앞두고 있다. 65세 이상의 고령 인구가 2025년에는 20%를 넘고, 그로부터 10년 뒤인 2035년엔 30%, 2050년에는 43%가 넘을 것으로 전망된다.[15] 이러한 상황에서 한국 사회 돌봄의 미래는 가히 어둡다. 국가적 돌봄이라는 개념이 생소할 정도로 체계가 전무하다. 분절적인 제도 속에서 돌봄이 필요한 사람과 돌봄자도 헤매고 있다. 시민의 간병비 부담을 덜고 국가가 책임지겠다는 발표는 시설을 살찌웠던 정책과 똑같이 간병산업시장을 확대하겠다는 내용을 담고 있었다.

아동의 상황은 어떠한가. 보호자가 없거나 보호자에게서 벗어난, 또는 보호자가 양육할 수 없는 아동을 국가는 '보호대상아동'이라 칭하고 해마다 데이터를 관리한다. 최근 집계된 보호대상아동은 3,437명인데, 이 중 시설에 사는 아동의 비율은 60%가 넘는다.[16] 그중에서도 집단화된 형태의 양육시설에 입소한 비율이 가장 높다. 온 사회가 떠들썩하게 '저출생'을 부르짖지만 취약집단 돌봄을 시설로 해결하는 사회구조 속에서 아동이 더 나은 대우를 받을 리는 만무하다.

아동복지시설에서 퇴소한 청년이 스스로 생을 마감한 사건은 모두의 가슴속에 깊이 남았다. 이를 계기로 양육시설에서, 보호쉼터에서 퇴소하는 보호종료아동과 청년이 겪는 지원 부족, 사회적 고립감 등에 대한 분석이 잇따랐다. 특히나 보호종료아동의 학비와 주거비 지원을 위해 아름다운재단이 벌여온 '열여덟 어른' 캠페인은 많은 응원과 지지를 받았다. 자립준비청년을 지원하기 위한 지원제도 역시 분절적이지만 신설되기도 했다. 모두 필요한 일이지만 어딘가 허전하다. 국가가 비준한 유엔 아동권리협약을 지키지 못하고, 시설 속에 아동과 청소년들을 밀어 넣어 경제적, 관계적 상실을 낳은 현실에 대한 사회적 반성이 비어 있다.

취약한 자들에게 더 가혹했던 코로나19는 보호시설에 사는 아동에게도 가혹했다. 서울시 조사에 의하면, 팬데믹 기간에 아동들은 전면 외출 금지 기간이 평균 3개월 이상에 달했다. 외부인을 포함하여 원가족과의 만남도 엄격히 제한됐다. 아동들은 강도 높은 스트레스와 갈등, 무기력 등의 부정적 경험으로 고통받았다.[17] 집단거주는 대상이 누

장애, 시설을 나서다

구든 '용이한 통제'가 '개별적인 존중'보다 우선하는 구조다. 성장 과정에서 온전한 나로 존중받기 어려운 경험에 계속 노출되는 아동은 이 사회를 과연 안전한 세계로 여기고, 신뢰할 수 있을까.

누구나 늙고, 누구나 병든다는 말로는 다 설명되지 않는 이상과 현실의 괴리는 이미 너무나 크다. 죽어도 내 집에서 죽고 싶다는 부모의 말에 요양원 말고 떠오르는 선택지가 무엇인지, 실버타운은 가고 싶지만 요양병원은 가고 싶지 않다는 간극이 어떤 공포에서 오는지, 존엄한 죽음을 맞기 위해 필연적으로 겪는 단계에서 무엇을 뜯어고쳐야 하는지 곰곰이 따져보는 역량이 필요하다. 우리 앞에 있지만 차마 직면하지 못하는 문제를 외면하지 않을 때 우리는 우리가 위치한 자리에서 시설화의 가파른 확장을 제어할 수 있다. 취약함을 일부 집단의 특성이 아니라 누구나 갖고 있기에 함께 고민해야 하는 인간의 보편적 모습으로 받아들일 수 있을 때, 나와 당신이 연결된다. 모두를 위한 탈시설사회는 인류 역사상 가장 긴 기대수명을 갖게 된 우리의 미래를 불행의 구렁텅이에서 건져올릴 것이다.

여기가家: 비용을 넘어

'삶의 거의 모든 영역에서 기회를 박탈당한 채 시설로 내쳐졌던 사람들과 지금 여기에서 어떻게 함께 살 것인가'라는 논의의 가운데에 '사회적 비용'이라는 논리가 비집고 들어온다. 장애인을 시설로 몰아내고 지어왔던 계단 가득한 각종 아파트, 빌라와 상가 건물에 편의성과 접근성을 더하는 데에는 당연히 비용이 든다. 건물 설계를 변경하는 데 추가 비용 발생이 당연한 것처럼 말이다.

여기서 '여기가※'를 바라본다. '여기가'는 2021년 4월 30일 폐지된 대규모 장애인거주시설 향유의집이 철거된 부지에 건설되는 장애인 자립지원 테마형 매입임대주택의 이름이다. 주택명은 시설에서 개인 공간이 없던 장애인이 "여기가 바로 내 집이에요!"라고 소개하는 데서 착안했다. 최중증장애인을 위해 보편적 설계를 적용한 한국 최초의 소셜 믹스형 지원주택으로, 장애인 가구 12세대, 미·비혼 양육가구 8세대, 1인 가구 8세대 총 28세대가 함께 살 예정이다.

여기가의 건축비는 장애인을 배제해온 기존 건물의 건축비보다 훨씬 비싸다. 우리나라에는 장애인주택개조사업이 있지만, 퇴거 시 원상복구해야 하거나 개조가 구조적으로 불가능한 주택이 적지 않을뿐더러, 애초에 장애인의 거주 가능성을 배제해온 기존 주택을 개조하는 데도 한계가 있었다.

여기가는 모든 공간에 턱이 없는 보편적 설계가 적용된다. 특히나 최중증 와상장애인이 집 안과 밖을 자유롭게 이동할 수 있는 최초의 주택이다. 문턱 등의 단차가 없는 것은 기본이고 문폭도 훨씬 넓게, 집 안뿐 아니라 화장실도 샤워 침대가 들어갈 수 있도록 설계됐다. 여기가가 최초가 된 이유는 그동안 보편적 설계가 기술적으로 불가능해서가 아니다. 엘리베이터를, 복도를, 집과 화장실의 크기를 충분히 크게 만드는 만큼 세대수가 줄고, 이는 수익 감소를 의미한다는 인식이 그동안의

장애, 시설을 나서다

건축을 지배해왔기 때문이다.

보편적 설계뿐만 아니라 안전을 위해서도 스프링클러를 모든 세대에 설치한다. 여기가는 국토교통부 지원을 받아 건설하는 테마형 매입 임대주택이지만, 스프링클러 의무 설치 대상이 아니다. 그러나 화재가 발생할 경우 탈출이 어려운 장애인의 생존 가능성을 높이기 위해 건축 비용이 모자란데도 끝까지 스프링클러 설치를 고집했다. 우리에게 필요한 안전의 가치는 바로 이런 게 아닐까. 아무런 사고가 일어나지 않길 바라며 시설로 보내는 것이 아니라 모두가 여기서 안전하게 살아갈 수 있는 환경과 사회를 만드는 것 말이다.

장애인·비장애인 28세대가 살아가는 주택을 짓는 데도 '막대한' 비용이 드는 마당에, 모두가 함께 살 수 있도록 이 사회의 설계를 바꾸는 시간과 추가 비용은 상상 이상으로 막대할 것이다. 그러나 붕괴 위험이 있는 건물을 진단하고 고치거나 허물고 다시 짓는 일이 당연한 것처럼, 누군가 탈락되고 가려지고 버려지는 위험한 사회를 진단하고 고치고 재설계하는 일도 당연한 일이다.

함께 상상하는 내일

시설이 단단하게 짜인 제도긴 해도 우리 사회에는 그 제도를 해체할 수 있는 상위 제도가 있다. 바로 민주주의다. 민주주의는 시설이라는 결절점을 만든 국가-시장-공동체의 연합보다 더 근본적인 제도다. 민주주의가 제대로 작동하지 않을 때, 시설 중심의 체계는 억압성과 배제성이 극대화되는 형태로 작동했다. 그래서 탈시설운동이 민주주의 역사와 궤를 같이한 점은 놀랍지 않다.

우리나라에 시설이 확장되던 1960년대~1990년대는 민주주의가 작동하지 않던 독재정치의 시기다. 독재정치는 억압적 통치와 위계주의적 문화를 일상적인 통제 수단으로 삼았고, 시설은 이러한 통치와 문화에 맞아떨어지는 수단이었다. 1987년부터 시작된 민주화는 20년 정도가 흐른 2000년대 중반부터 탈시설운동의 토양이 됐다.[18] 시민으로서의 권리를 외치지 못했던 장애인은 2000년대부터 이동권과 노동권을 중심으로 한 인권, 즉 사람답게 살 권리와 자기결정권을 외치기 시작했다. 이는 단순히 대통령 직선제 같은 제도적 민주화의 요구가 아니라 헌법적 기본권을 실현하라는 실질적 민주화의 요구였다.

이러한 장애인운동이 성장하고 분화하면서 시설에 거주하는 장애인에 대한 학대가 외부에 알려지고, 이에 관심을 가진 일군의 활동가들이 나타났다. 이들은 민주화의 산물 가운데 하나인 국가인권위원회라는 국가 조직과 함께 시설에서의 장애인 학대를 조사했다.[19] 이 과정은 중증/발달장애를 지닌 이들 역시 한 명의 독립적인 시민임을 일깨워주었다. 서구 국가의 민주주의 역사책에서나 보던 '시민권의 확대'가 대한민국에서 구현되던 시간이었다.

그래서 탈시설은 장애인만의 문제가 아니라 더 폭넓게 보면 민주주의의 증진과 관련돼 있다. 단적으로 말해서 시설거주 장애인들이 자립한 뒤 지역사회에서 자유를 누릴 수 있다면, 다른 시민들 역시 더 많은

장애, 시설을 나서다

자유를 보장받을 수 있을 것이다. 중증장애가 있는 이들조차 시설이 아니라 지역사회에서 자신들의 의사를 어떻게든 구현해가며 살아갈 수 있는 사회라면 노인과 아동을 포함하여 모든 국민이 행복을 추구할 권리가 있는 민주주의 사회에 좀 더 가까워진 것이라 말할 수 있다. 탈시설은 대한민국 민주주의의 시험지가 될 수 있다.

민주주의의 의미가 선거 절차와 투표에서 다수를 차지한 이들의 복리 정도로 축소돼버린 오늘날, 기본권을 보장하기 위한 수단으로서 민주주의를 환기하고 이를 구현하기 위해 가장 적극적인 목소리를 내는 영역이 바로 장애인권운동이다. 파도는 모든 이를 밀어 올린다. 탈시설을 중심으로 하는 장애인권운동의 파도는 장애인뿐 아니라 노인, 노숙인, 아동 등 시설적 삶의 경계를 넘나드는 모든 시민의 권리를 고양할 민주적 에너지의 원천이 돼주고 있다.

탈시설사회를 위해 여러분이 할 수 있는 것은 생각보다 많다. 나와 다른 존재를 격리된 공간에 둠으로써 우리의 인식과 사회에서 사라지게 만드는 기제는 무엇인지 질문하는 것부터 시작해볼 수 있다. 우리는 왜 학교에서 장애인 친구, 특히 자폐성 장애나 지적장애가 있는 친구를 쉽사리 만날 수 없었을까? 우리 동네에는 왜 장애인이 없는 걸까? 이동권을 보장해달라고 외치는 이들을 제외하면 내가 탄 버스와 지하철에는 장애인이 왜 이렇게도 없는가? 왜 영화관과 축구장의 장애인 지정석은 늘 비어 있는 것일까? 어쩌면 존재하는 이들을 보이지 않게 만드는 요인이 있는 것은 아닐까? 그 요인은 무엇일까? 질문의 방향을 내 쪽으로 돌릴 수도 있다. 나는 왜 나와 다른 몸과 인식 체계를 가진 사람들이 일상의 공간에 '등장'할 것이라고 상상하지 못하는가?

한 번 질문을 시작하다 보면 질문을 도저히 멈출 수 없다는 사실을 알게 될 것이다. 그리고 그 질문들이 우리 사회가 가진 차별의 지도를 그려줄 것이다. 지도를 쥐었다면, 함께 길을 나설 사람들을 찾아보자. 그들은 국경에 관계없이 전 세계 어디에나 있으니 찾기 어렵지 않다. 그게 어렵다면 최소한 이 책이 여러분들에게 하나의 지도가 돼줄 수 있기를 바란다.

나도, 너도, 우리 모두 각자도생하는 게 아니라 같이 살고 싶다는 이 전혀 새롭지 않으면서도 불가능해 보였던 이야기에는 물론 당신의 자리도 있다. 이 자리에 당신을 초대한다.

이야기를 시작하며

01 그동안 한국 사회에서 장애인의 주거는 사실상 가족의 전적인 돌봄을 전제로 한 주거 또는 장애인거주시설 입소, 두 가지 선택지밖에 없었다. 여기서 말하는 주거지원은 장애인이 살아갈 주택 제공, 그리고 개인의 욕구와 필요에 따라 주거생활을 유지하도록 하는 주거지원서비스를 포함한다. 그동안 각 지방자치단체는 탈시설장애인이 일정 기간 머물며 자립을 준비하는 체험홈, 자립생활주택 등의 임시적 전환주거정책을 펼쳐왔다. 서울시는 2019년부터 '장애인지원주택사업'을 시작했고, 중앙정부 차원에서는 2022년에야 '탈시설 장애인 지역사회 자립지원 시범사업'을 시작하며 탈시설장애인을 위한 주택 제공과 주거유지지원서비스를 함께 제공하고 있다. 장애계는 시범사업의 본사업 전환과 더불어 지원주택과 주거유지지원서비스 제도화를 요구하고 있다.

02 정식 명칭은 장애인활동지원으로, 장애인의 일상생활과 사회생활을 지원하기 위해 2011년부터 「장애인활동 지원에 관한 법률」에 근거해 도입한 제도다. 장애인 자립에 필수적인 제도로 꼽힌다. 장애인활동지원을 받으려면 서비스 지원 종합조사에서 활동지원등급 판정을 받아야 한다. 활동지원등급은 종합점수에 따라 1~15구간으로 구분되는데, 월 기준으로 15구간은 약 60시간, 1구간은 최대 약 480시간의 활동지원시간을 제공한다. 거주시설에서 퇴소해 자립을 준비할 경우에는 6개월간 월 20시간을 추가로 지원한다.

03 뇌병변장애는 뇌가 기질적 병변으로 손상돼 일상생활이나 사회생활에 제약을 받는 외부 신체 기능 장애다. 증상은 뇌성마비, 뇌졸중, 외상성 뇌손상, 뇌염 등 다양하며, 발생 원인과 시기, 양상에 따라 장애 유형과 정도도 개인마다 차이가 있다. 각자의 일상적 욕구와 사회적 필요도 사람에 따라 다양하다. 한국은 「장애인복지법」에서 뇌병변장애를 15개 장애 유형 중 하나로 규정하고 있다.

장애, 시설을 나서다

첫 번째 목소리: 조상지

01 고병권, 「목소리와 책임」, 『묵묵: 침묵과 빈자리에서 만난 배움의 기록』, 돌베개(2018).

02 '목소리 없는 자들을 위한 목소리'에 대한 비판은 수나우라 테일러가 『짐을 끄는 짐승들: 동물해방과 장애해방』의 5장 「비장애중심주의와 동물들」에서 자세하게 다뤘다.

03 이 장은 김유미가 만난 뇌병변장애인 조상지에 대한 이야기이다. 조상지를 직접 인터뷰한 내용으로 구성했다. 모든 내용은 공개적인 자료를 활용하거나 조상지의 동의를 받아 수록했다.

04 조상지가 거주한 A 시설의 법인대표는 장애인에게 돌봄서비스를 제공해야 하는 근무시간에 직원을 본인 일가의 농업, 축산업 등에 불법 동원하고 횡령을 저지르다가 징역형을 받았다.

01 시설은 어떤 공간인가

01 송병기, 『각자도사 사회』, 어크로스(2023), 40쪽.

02 송병기, 앞의 책, 41쪽; 대한요양병원협회, 「2020 요양병원 백서」(2021).

03 World Health Organization and World Bank, World Report on Disability, World Health Organization(2011), 305.

04 일반논평은 유엔 장애인권리위원회가 2006년 제정한 유엔 장애인권리협약에 대한 추가 설명문이다. 2022년 9월 현재까지 발표된 유엔 장애인권리위원회 일반논평은 총 8개다. 일반논평 국문 번역본은 국가인권위원회 홈페이지에서 확인할 수 있다.

05 유엔 장애인권리위원회, 「유엔 장애인권리협약 일반논평 제5호」(2017).

06 Autistic Women and Nonbinary Network, 'Liberating Webinars: Abolition, Deinstitutionalization, and Decarceration in the Pandemic', https://awnnetwork.org/wp-content/uploads/2021/04/AWN-transcript-of-Abolition-Deinstitutionalization-and-Decarceration-in-the-Pandemic-January-2021.pdf(2024.12.26. 검색).

07 조미경, 「장애인 탈시설 운동에서 이뤄질 '불구의 정치' 간 연대를 기대하며」, 장애여성공감 엮음, 『시설사회: 시설화된 장소, 저항하는 몸들』, 와온(2020), 285쪽.

08 시설이 효과적으로 작동하는 한 목적과 결과는 동의어가 된다.

09 조미경, 앞의 글, 장애여성공감 엮음, 앞의 책, 283쪽.

10 장애인을 재활과 치료의 대상으로 취급하는 전문가주의를 거부하고, 중증장애인 당사자가 삶의 주체로서 자립생활할 권리를 확보하려는 운동을 말한다. 외국에서는 1960년대 미국 시민권운동의 영향으로 시작해 전 세계로 확산했다. 한국에서도 장애인의 동등한 사회 참여를 위해 이동, 주거, 활동지원, 노동 등의 권리 보장을 요구하는 투쟁을 전개해왔으며, 이는 한국 장애인정책의 변화·발전에 기여했다. 현재 한

국에는 파악된 숫자만 대략 300여 개소의 장애인자립생활센터가 꾸려져 운영되고 있다. 이들은 장애인들의 자발적인 자조 모임의 성격, 그리고 정부와 계약을 맺어 서비스를 전달하는 정책 집행 주체의 성격을 동시에 지닌다.

11 영화숙·재생원은 1951년에 설치돼 부산시로부터 사업을 위탁받아 운영된 부산 지역의 부랑아 집단수용시설이다. 최대 1,200명이 수용됐고, 납치·강제노동·폭행 등 인권침해가 만연했다. 영화숙·재생원 피해생존자들은 2022년부터 시설수용의 피해를 알리기 시작했다. 이에 2023년 진실·화해를위한과거사정리위원회는 영화숙·재생원 시설수용 인권침해 사건에 대한 조사 착수를 의결했으며, 2024년 현재까지 조사가 진행 중이다.

12 인화학교는 광주에 있는 청각장애인 특수학교다. 2011년 영화 「도가니」를 계기로 교사 등 교직원이 약 20년 동안 장애학생의 인권을 유린해온 사실이 사회에 알려졌다. 사건 이후 학교는 폐교됐으며, 학교를 운영해온 사회복지법인도 설립허가가 취소되었다. 이 사건을 계기로 사회복지법인의 폐쇄적 운영과 관리 부실이 사회 문제가 됐으며, 「사회복지사업법」이 개정돼 외부이사제가 도입됐다.

13 선감학원은 일제강점기 당시 조선총독부가 대부도 인근 섬이었던 선감도 거주민을 강제 이주한 뒤 1942년 4월 소년 200명을 수용한 시설이었다. 해방 이후에도 선감학원은 정부의 부랑아 일제단속 등 1960년대 당시 정책에 따라 유지되다가 1982년에 이르러서야 폐쇄됐다. 원생들은 중노동, 굶주림, 학대를 겪었고, 아사, 병사, 탈주 도중 익사 등 다양한 이유로 사망하면 인근 야산에 매장됐다. 1960년대에 선감학원에 수감됐던 소년들은 현재 60대 이상의 노인이 돼 진상조사를 위해 활동하고 있다. 경기도 경기창작센터, 「선감학원」(2016).

14 전근배, '탈시설 장애인의 신체 기능, 시설화 경험, 지원제도 체감도, 사회자본 및 고립감 간의 구조적 관계', 대구대학교 대학원 박사학위논문(2024).

15 보건복지부, 「2022년 장애인복지시설 일람표」(2023).

16 단기 거주 장애인까지 포함하면 시설거주 장애인 총인원은 28,000명 정도이다.

17 조민제, '대구 장애인 운동의 역사', 대구대학교 대학원 석사학위논문(2023), 55쪽; 국가인권위원회, 16직권000170·16진정0246200(병합) 「다수인보호시설 종사자에 의한 폭행 등 인권침해 결정문」(2016).

18 진실·화해를위한과거사정리위원회는 2024년 9월 진실규명 발표에서 대구시립희망원을 비롯해 서울시립갱생원, 충남 천성원, 경기 성혜원 등 4개 기관에서 벌어진 강제수용, 폭행 및 가혹행위, 독방 감금, 강제노역 등을 확인했다.

19 '침묵의 카르텔'이라는 표현은 2005년 조건부 신고시설(신고시설로 전환 중인 미신고시설)의 인권상황 실태를 조사했던 국가인권위원회 보고서에 나온 표현이다. 당시 미신고시설의 열악한 환경이 "정부, 시설 운영자, 장애인의 가족, 국민 등 4자 간의" 이해관계 일치에 기인한 것임을 나타낸 말이다.

20 구술기록에 참여한 한 분은 다음과 같이 회고했다. "봉사하러 온 비장애인들도 발달장애인들을 함부로 대했습니다. …… 우리는 사람취급을 못 받았습니다." 프리웰, 「프리웰 지원주택 탈시설장애인 구술 기록집」(2022), 116~117쪽.

21 닐슨·킴, 『장애의 역사: 침묵과 고립에 맞서 빼앗긴 몸을 되찾는 투쟁의 연대기』, 김승섭 옮김, 동아시

아(2020).

22 곽귀병, 「규율의 환상과 폭력의 경제」, 서울대학교 사회학과 형제복지원연구팀, 『절멸과 갱생 사이』, 서울대학교출판문화원(2021), 199쪽.

23 고프먼·어빙, 『수용소: 정신병 환자와 그 외 재소자들의 사회적 상황에 대한 에세이』, 심보선 옮김, 문학과지성사(2018); 곽귀병, 앞의 글, 서울대학교 사회학과 형제복지원연구팀, 앞의 책 199쪽에서 재인용.

24 김재형, 「머리말」, 서울대학교 사회학과 형제복지원연구팀, 앞의 책, 14쪽.

25 박희정, 「나를 움직인 건 분노였어요」, 홍은전 외, 『집으로 가는, 길: 시설사회를 멈추다』, 오월의봄(2022), 216쪽.

26 김일환, 「'돈벌이'가 된 복지: 형제복지원 재단의 역사」, 서울대학교 사회학과 형제복지원연구팀, 앞의 책, 129~130쪽.

27 김일환, 앞의 글, 서울대학교 사회학과 형제복지원연구팀, 앞의 책, 129쪽.

28 김정하, 「하나의 시설이 사라지기까지」, 홍은전 외, 앞의 책, 61쪽.

29 김정하, 앞의 글, 홍은전 외, 앞의 책, 61쪽.

30 보건복지부, 「2022년 장애인 복지시설 일람표」(2023).

31 보건복지부·한국장애인개발원, 「장애인거주시설 전수조사」(2020).

32 송병기, 앞의 책, 41쪽.

33 손덕현, 『노인에게도 내일이 있다: 존엄케어, 4무2탈』, 메디마크(2015).

34 홍세미, 「자립생활에도 공동체가 필요해요」, 홍은전 외, 앞의 책, 247쪽.

35 홍세미, 「그들과 나 모두를 변화시킨 투쟁」, 홍은전 외, 앞의 책, 145쪽.

36 여름, 「쉼터는 어떻게 시설화를 넘어설 수 있을까」, 장애여성공감 엮음, 앞의 책, 247쪽.

37 한국장애인개발원·한국갤럽조사연구소, 「2020년 장애인거주시설 전수조사」, (2021).

38 김정아, '장애거주시설 촉탁의사, 의미 있나', 《TBS뉴스》(2015.3.5).

39 한진희, '장애인 거주시설 촉탁의 활동 전, '이것'이 궁금합니다', 《경기메디뉴스》(2022.7.14).

40 박해남, 「사회적 배제의 지속과 변형: 발전국가 시기의 사회정치」, 서울대학교 사회학과 형제복지원연구팀, 앞의 책, 78쪽.

41 김일환, 앞의 글, 서울대학교 사회학과 형제복지원연구팀, 앞의 책, 146쪽.

42 소준철, 「'자활'이라는 가면: 시설-국가-지역사회의 공모」, 서울대학교 사회학과 형제복지원연구팀, 174쪽.

43 김일환, 앞의 글, 서울대학교 사회학과 형제복지원연구팀, 앞의 책, 153~154쪽.

44 오늘날 장애인 인권에 대한 국제 규범의 총체인 유엔 장애인권리협약, 장애인탈시설에 초점을 둔 탈시설가이드라인은 제3장에서 자세히 설명한다.

45 유엔 장애인권리협약 탈시설가이드라인 143조 원문은 다음과 같다: "States parties should prevent volunteering by foreign tourists in institutions (known as "voluntourism"), by providing appropriate travel guidance and raising awareness about the Convention and the dangers of institutionalization."

46 이 표현의 기원은 장애와인권발바닥행동이 2013년 발간한 책 『나를 위한다고 말하지 마: 탈시설! 문제 시설이 아닌 시설 문제를 말하다』(삶창)에 수록된 배경내의 이야기 중 소제목 "문제시설이 아니라 시설문제를 고민한다는 것"(238쪽)이다.

47 임현주, 「최고로 행복한 지금처럼 한 명의 인격체로 자신의 삶을 살아가길 바랍니다」, '탈시설 당사자와 가족 증언대회: 분리가 아닌 공존의 시대로, 탈시설' 자료집(2021).

48 임현주, 「최고로 행복한 지금처럼 한 명의 인격체로 자신의 삶을 살아가길 바랍니다」, '탈시설 당사자와 가족 증언대회: 분리가 아닌 공존의 시대로, 탈시설' 자료집(2021).

49 홍세미, 「그들과 나 모두를 변화시킨 투쟁」, 홍은전 외, 앞의 책, 146쪽.

50 이정하, 「탈시설 당사자가 보여준 길」, 홍은전 외, 앞의 책, 165쪽.

51 임현주, 「최고로 행복한 지금처럼 한 명의 인격체로 자신의 삶을 살아가길 바랍니다」, '탈시설 당사자와 가족 증언대회: 분리가 아닌 공존의 시대로, 탈시설' 자료집(2021).

52 이정하, 「탈시설 당사자가 보여준 길」, 홍은전 외, 앞의 책, 176쪽.

53 박희정, 「시설 종사자의 탈시설을 그리며」, 홍은전 외, 앞의 책, 207쪽.

54 박희정, 앞의 글, 홍은전 외, 앞의 책, 198쪽.

55 홍세미, 「그들과 나 모두를 변화시킨 투쟁」, 홍은전 외, 앞의 책, 152쪽.

56 이호연, 「실패한 자립은 없다」. 홍은전 외, 앞의 책, 115쪽.

57 이정하, 앞의 글, 홍은전 외, 앞의 책, 175쪽.

02 시설에 대한 국가의 책임을 묻다

01 제4장에서 자세히 소개하는 김현수의 사례를 보라.

02 서울시, 「'24년 장애인거주시설 가정형 주거환경 조성 계획」, 2023.9.1 보도자료.

03 일리노이주의 추산에 따르면 일리노이주 직영 장애인거주시설 운영에 소요되는 비용은 1인당 350,000달러 수준이었고, 지역사회 거주를 위한 비용은 1인당 100,000달러 수준이었다(일리노이주 권익옹호기관 Equip for Equality와의 인터뷰, 2023.9.27).

04 샌델·마이클, 『정의란 무엇인가』, 이창신 옮김, 김영사(2010).

05 핀헤이로·루커스, 「비장애중심주의적 계약: 지적장애와 칸트의 정치사항에서 정의의 한계」, 아네일·바버라, 허시먼·낸시 엮음, 『장애의 정치학을 위하여』, 김도현 옮김, 후마니타스(2023).

06 김은빈, 「"실업급여 '시럽급여' 아니다" 당정 '최저임금 80% 보장' 재검토」, 《중앙일보》(2023.7.12).

07 노다혜, 「정신장애인의 안전할 권리 찾기: 치안이 아닌 '치료,' 관리가 아닌 '권리'」, 장애여성공감 엮음, 앞의 책, 180쪽.

08 김재형, 서울대학교 사회학과 형제복지원연구팀, 앞의 책.

09 엘리아스·노버트, 『매너의 역사: 문명화 과정』, 유희수 옮김, 신서원(2001).

10 김재형, 「머리말」, 서울대학교 사회학과 형제복지원연구팀, 앞의 책, 17쪽.

11 노다혜, 앞의 글, 장애여성공감 엮음, 앞의 책, 180쪽.

12 보건복지부·한국장애인개발원, 「장애인 거주시설 전수조사」(2020).

13 닐슨·킴, 앞의 책.

14 김재형, 「머리말」, 서울대학교 사회학과 형제복지원연구팀, 앞의 책, 17쪽.

15 후지하라 다쓰시, 『부패의 철학: 부패와 발효를 생각한다』, 박성관 옮김, 사월의책(2022).

16 노다혜, 앞의 글, 장애여성공감 엮음, 앞의 책.

17 김일환, 앞의 글, 서울대학교 사회학과 형제복지원연구팀, 앞의 책, 133쪽.

18 김일환, 앞의 글, 서울대학교 사회학과 형제복지원연구팀, 앞의 책, 134쪽.

19 김정하, 앞의 글, 홍은전 외, 앞의 책, 99쪽.

20 나영정, 「책머리에」, 장애여성공감 엮음, 앞의 책, 6쪽.

21 한수진, "'도가니' 국가 배상 패소… "국가 쏙 빠져, 무책임하다"', 《SBS》(2014.10.2).

22 고한솔, '피가 나도록 때려도 아무도 말리지 않았다', 《한겨레 21》(2021.2.19).

23 이 사례에서도 중앙정부조직인 보건복지부의 책임을 인정하지 않았다.

24 형제복지원 사건 피해자들에 대한 국가의 배상책임을 인정하는 판결은 2023년 12월~2024년 2월 사이에 세 차례 나왔다.

25 김일환, 「'돈벌이'가 된 복지: 형제복지원 재단의 역사」, 서울대학교 사회학과 형제복지원연구팀, 앞의 책, 132쪽.

26 김정하, 앞의 글, 홍은전 외, 앞의 책, 100쪽.

27 유시민, 『국가란 무엇인가』, 돌베개(2017).

28 김지혜, 「탈시설 운동은 '없애는 것' 넘어 '만드는 것'」, 장애여성공감 엮음, 앞의 책, 197쪽.

29 김재형, 「머리말」, 서울대학교 사회학과 형제복지원연구팀, 앞의 책, 20쪽.

30 나영정, 「책머리에」, 장애여성공감 엮음, 앞의 책, 6쪽.

31 UN OHCHR, COVID-19 and the Rights of Persons with Disabilities: Guidance(2020).

32 Bell, D., Comas-Herrera, A., Henderson, D., Jones, S., Lemmon, E., Moro, M., Murphy, S., O'Reilly, D. and Patrignani, P., COVID-19 Mortality and Long-Term Care: A UK Comparison(2020), In LTCcovid.org, International Long-Term Care Policy Network, CPEC-LSE, August 2020.

33 International Disability Alliance, 'COVID-19 and the Forgotten People(Indonesia)', https://www.internationaldisabilityalliance.org/covid19-indonesia(2020.4.16. 검색)

34 Newton,, P., 'Families Want Change after Neglect in Care Homes Proved to be Deadly during the Pandemic', 《CNN》(2021.3.8).

35 한국장애포럼, '제13차 유엔 장애인권리협약 당사국회의 사이드이벤트: 코로나19와 UN CRPD19'(2020.12.2).

36 United Nations, COVID-19 and Human Rights: We are All in This Together, United Nations(2020).

37 Streeck, W. and Thelen, K., eds, Beyond Continuity: Institutional Change in Advanced Political Economies, Oxford University Press(2005).

38 Pierson, P., Increasing Returns, Path Dependence, and the Study of Politics, Americal Political Science Review 94(2)(2000), 251~267.

39 조미경, 앞의 글, 장애여성공감 엮음, 앞의 책, 284쪽.

40 조미경, 앞의 글, 장애여성공감 엮음, 앞의 책, 284쪽.

41 Streeck, W. and Kathleen T., eds, 앞의 책.

42 김정하, 앞의 글, 홍은전 외, 앞의 책, 100쪽.

43 유엔 장애인권리협약(한국은 2007년 가입)에 가입한 국가별 이행 현황을 검토하고, 미가입국의 협약 가입, 가입국의 협약 이행 촉진을 위해 만든 위원회다.

44 Disabled Peoples Organisations-Annex on Reinstitutionalisation(INT_CRPD_CSS_DNK_18209_E), 2014.8.1, https://tbinternet.ohchr.org/_layouts/15/treatybodyexternal/Download.aspx?symbolno=INT%2FCRPD%2FCSS%2FDNK%2F18209&Lang=en(2024.12.26. 검색).

45 Quinn, G., 'Social Inclusion, Disability and Human Rights', https://srdisability.org/news/social-inclusion-disability-and-human-rights/(2024.12.26. 검색).

두 번째 목소리: 박만순

01 탈시설장애인상은 장애인거주시설에서 나와 지역사회에서 살아가는 장애인 당사자에게 수여하는 상이다. 탈시설장애인상 기금위원회, 420장애인차별철폐연대공동투쟁단 등이 매년 3월 26일 최옥란 열사 기일에 맞춰 시상식을 연다. 박만순은 2023년 제3회 탈시설장애인상 수상자로 선정됐다.

02 이 장은 김유미와 조아라가 박만순과 만나 직접 인터뷰한 내용으로 구성했다.

03 보호작업장은 「장애인복지법」상 '장애인 직업재활시설'에 속하는 시설로서 일반 노동시장 취업이 어려운 장애인을 고용하여 근로기회, 직업적응훈련 등을 제공한다. 장애인 분리고용(보호고용), 최저임금 미적용, 단순 조립·포장과 같은 장시간 단순노동 등의 문제점이 있다.

04 2024년 서울시는 이 사업을 폐지했다.

03 탈시설로 먼저 나아간 국가들

01 LiveWorkPlay, 'Premier Kathleen Wynne Issues Province of Ontario Apology for "Broken Trust" to Huronia Victims', https://www.youtube.com/watch?v=WUMUyLKbHJg(2024.12.26. 검색).

02 Toronto Star, 'Huronia: Pierre Berton Warned Us 50 Years Ago', https://www.thestar.com/news/insight/huronia-pierre-berton-warned-us-50-years-ago/article_920b0027-ea08-55b7-8145-9ef158cc1c06.html(2024.12.26. 검색).

03 '모든 이름을 기억하라' 사이트(https://www.remembereveryname.ca/the-history)에서 관련 증언과 사진을 볼 수 있다.

04 Dube, P., 「Nowhere to Turn」, Ontario Ombudsman Report(2016).

05 이 조사위원회의 공식 명칭은 '국가 및 종교단체 복지시설 인권침해 조사위원회Royal Commission of Inquiry into Historical abuse in State Care and in the Care of Faith-Based Institutions'다.

06 유엔 탈시설가이드라인을 비롯한 다양한 시설수용 진상규명 및 배·보상에 관한 학술적·정책적 논의는 시설의 위험성을 분명히 드러내기 위해 시설에 수용된 경험이 있는 이들을 '생존자Survivors'로 지칭한다.

07 Mirfin-Veitch, B., and Conder, J., Institutions are Places of Abuse: The Experiences of Disabled Children and Adults in State Care between 1950-1992, The Donald Beasley Institute(2017).

08 진실·화해를위한과거사정리위원회, 「집단수용시설 인권침해 조사 해외동향 연구-캐나다, 호주, 뉴질랜드를 중심으로」(2022).

09 2024년 7월 18일 기준, 16권 분량의 결과보고서가 정부에 전달되었다는 사실은 발표되었으나, 결과보고서 자체는 미공개 상태다. https://www.abuseincare.org.nz/our-progress/news/panui-25-june-2024/(2024.12.26. 검색).

10 White House, 'Special Message to Congress on Mental Illness and Mental Retardation', https://www.jfklibrary.org/asset-viewer/archives/jfkpof-052-012#?image_identifier=JFKPOF-052-012-p0002(2024.12.26. 검색).

11 'John F. Kennedy and People with Intellectual Disabilities', https://www.jfklibrary.org/learn/about-jfk/jfk-in-history/john-f-kennedy-and-people-with-intellectual-disabilities(2024.12.26. 검색).

12 Conroy. J. W., 「발달장애인의 탈시설과 지역사회거주Deinstitutionalization of Persons with Developmental Disabilities and Community Living」, 한국장애인개발원(2015).

13 김명연, '존엄한 삶과 장애인 탈시설정책', 공법연구 44(3)(2016), 71쪽; 미국 장애인법 조문 42 U.S.C. §12101 (a)(2), (3), (5).54.

14 오욱찬, 「장애인 탈시설화정책의 국가별 사례 연구」, 『한국보건사회연구원 정책보고서』(2021).

15 Karlsson, R-L. and Bolling, J., Freedom to Choose with Whom, Where, and How You Want to Live: Deinstitutionalisation (DI) in Sweden, Independent Living Institute. https://www.independentliving.org/files/English-Freedom-to-choose-Deinstitutionalisation-Sweden.pdf2024.12.26. 검색).

16 Karlsson, R-L. and Bolling, J., 앞의 책.

17 최한별, '국가주도 탈시설 추진, 스웨덴은 이렇게 해냈다', 《비마이너》(2017.9.18).

18 Strahlemo, A., Magnusson, V., Lago, A., and Wallenius, E., 'Nar ska staten beom ursakt for Vipeholm?', https://www.expressen.se/debatt/nar-ska-staten-beom—ursakt-for-vipeholm/(2024.12.26. 검색).

19 서울시장애인권익옹호기관, 「발달장애인의 도전적 행동 지원 가이드」(2019), 41쪽.

20 Newton, L., Rosen, A., Tennant, C., and Hobbs, C., Moving Out and Moving On: Some Ethnographic Observations of Deinstitutionalization in an Australian Community, Psychiatric Rehabilitation Journal 25(2)(2001): 152~162.

21 Emerson, E., and Hatton, C., Moving Out: The Impact of Relocation from Hospital to Community on the Quality of Life of People with Learning Disabilities, HMSO(1994).

22 Sanders, L., 'Lois Curtis on Life after Olmstead', https://publications.ici.umn.edu/impact/28-1/lois-curtis-on-life-after-olmstead(2024.2.12. 검색).

23 Inclusion Europe. 'I am No Longer Invisible, for the First Time People Notice Me in Society - Senada Halilčević for End Segregation Campaign', https://www.inclusion-europe.eu/ending-segregation-senada-halilcevic-story/(2024.2.12. 검색).

24 Inclusion Europe, 'I Have More Time for Other Things Now', https://www.inclusion-europe.eu/i-have-more-time-for-other-things-now/(2024.2.12. 검색).

25 제6조는 장애를 지닌 여성들이 다중적 차별에 노출될 가능성을 경고하며, 이들의 성장과 성취, 권능을 보장해 인권과 기본적 자유를 충실히 누릴 수 있도록 모든 조치를 취할 것을 당사국들에게 지시한다.

26 변용찬, 'UN 장애인 권리협약 진행 현황과 의의', 『국제사회보장동향』 1권(1호)(2006), 117~124쪽.

27 변용찬·임성은·이익섭·조형석, 「UN장애인권리협약 연구」, 한국보건사회연구원(2006).

28 최초의 유엔 인권조약인 유엔 인종차별철폐협약이 1965년, 장애인권리협약 채택 직전에 채택된 인권조약인 아동권리협약이 1989년에 만들어진 점을 생각했을 때, 2006년 12월 유엔이 채택한 장애인권리협약은 상당히 최근에서야 만들어진 인권조약임을 알 수 있다.

29 오승진, '국제인권조약의 국내 적용과 문제점', 『국제법학회논총』 56권(2호)(2011), 113~140쪽.

30 UN CRPD Committee 공식 홈페이지(https://www.ohchr.org/en/treaty-bodies/crpd)를 기준으로 삼았다.

31 《비마이너》, '한국의 유엔 장애인권리협약 이행 2·3차 보고에 대한 유엔 최종견해'(2022.10.18).

32 법무부, 「유엔 고문방지위원회, 우리나라 제6차 국가보고서 심의 최종견해 발표」(2024.7.26).

장애, 시설을 나서다

세 번째 목소리: 우리 잘 살고 있어요!

01 고병권. 「목소리와 책임」, 앞의 책.
02 고병권. 「목소리와 책임」, 앞의 책.

04 탈시설을 둘러싼 우려에 답하다

01 광주지방법원 2009. 12. 2. 선고 2009노1622 판결.
02 「발달장애인 권리보장 및 지원에 관한 법률」 제8조, 「보건의료기본법」 제12조, 「통합돌봄지원법」 제4조, 「장애인복지법」 제60조의4, 「장애인차별금지 및 권리구제 등에 관한 법률」 제7조, 「정신건강증진 및 정신질환자 복지서비스 지원에 관한 법률」 제2조.
03 규정은 다음과 같다.

> **제7조(자기결정권 및 선택권)**
>
> ① 장애인은 자신의 생활 전반에 관하여 자신의 의사에 따라 스스로 선택하고 결정할 권리를 가진다.
> ② 장애인은 장애인 아닌 사람과 동등한 선택권을 보장받기 위하여 필요한 서비스와 정보를 제공받을 권리를 가진다.

04 규정은 다음과 같다.

> **제2조(기본이념)**
>
> ⑦ 정신질환자는 원칙적으로 자신의 신체와 재산에 관한 사항에 대하여 스스로 판단하고 결정할 권리를 가진다. 특히 주거지, 의료행위에 대한 동의나 거부, 타인과의 교류, 복지서비스의 이용 여부와 복지서비스 종류의 선택 등을 스스로 결정할 수 있도록 자기결정권을 존중받는다.

05 규정은 다음과 같다.

> **제8조(자기결정권의 보장)**
>
> ① 발달장애인은 자신의 주거지의 결정, 의료행위에 대한 동의나 거부, 타인과의 교류, 복지서비스의 이용 여부와 서비스 종류의 선택 등을 스스로 결정한다. ② 누구든지 발달장애인에게 의사결정이 필요한 사항과 관련하여 충분한 정보와 의사결정에 필요한 도움을 제공하지 아니하고 그의 의사결정능력을 판단하여서는 아니 된다.

06 규정은 다음과 같다.

제3조 일반 원칙
이 협약의 원칙은 다음과 같다. 가. 천부적인 존엄성, 선택의 자유를 포함한 개인의 자율성 및 자립에 대한 존중
제19조 자립적 생활 및 지역사회에의 동참
이 협약의 당사국은 모든 장애인이 다른 사람과 동등한 선택을 통하여 지역사회에서 살 수 있는 동등한 권리를 가짐을 인정하며, 장애인이 이러한 권리를 완전히 향유하고 지역사회로의 완전한 통합과 참여를 촉진하기 위하여, 효과적이고 적절한 조치를 취한다. 여기에는 다음의 사항을 보장하는 것이 포함된다. 가. 장애인은 다른 사람과 동등하게 자신의 거주지 및 동거인을 선택할 기회를 가지며, 특정한 주거 형태를 취할 것을 강요받지 아니한다. 나. 장애인의 지역사회에서의 생활과 통합을 지원하고 지역사회로부터 소외되거나 분리되는 것을 방지하기 위하여 필요한 활동보조를 포함하여, 장애인은 가정 내 지원서비스, 주거지원서비스 및 그 밖의 지역사회 지원서비스에 접근할 수 있다. 다. 일반인을 위한 지역사회 서비스와 시설은 동등하게 장애인에게 제공되고, 그들의 욕구를 수용한다.

07 The Committee on the Rights of Persons with Disabilities, Role of local authorities in the implementation of deinstitutionalization policies and strategies(2024.6.21).

08 규정은 다음과 같다.

제60조의4(장애인 거주시설 운영자의 의무)
② 시설 운영자는 시설 이용자의 거주, 요양, 생활지원, 지역사회생활 지원 등을 위하여 필요한 서비스를 제공하여야 한다. ③ 시설 운영자는 시설 이용자의 사생활 및 자기결정권의 보장을 위하여 노력하여야 한다.

09 3년 주기로 보건복지부가 장애인실태조사를 시행하지만 재가 장애인을 대상으로 하고 있다. 이에 시설 거주 장애인의 이성교제, 결혼, 육아에 대한 실태조사가 시급하다는 지적이 있다. 김용진, '시설에서 자립한 지적장애인 부부의 자녀 생육권 행사 경험', 경기대학교 대학원 사회복지학과 박사학위논문(2021), 99쪽.

10 박경인, 「내 말 들어볼래?」, '탈시설 당사자와 가족 증언대회: 분리가 아닌 공존의 시대로, 탈시설' 자료집(2021), 15~17쪽.

11 조미경, 앞의 글, 장애여성공감 엮음, 앞의 책, 284쪽.

12 국가인권위원회, 「지적장애인거주지시설 방문조사 결과에 따른 법령 제도 개선 권고」(2022), 5쪽.

13 규정은 다음과 같다.

> **제10조(의사소통지원)**
>
> ① 국가와 지방자치단체는 발달장애인의 권리와 의무에 중대한 영향을 미치는 법령과 각종 복지지원 등 중요한 정책정보를 발달장애인이 이해하기 쉬운 형태로 작성하여 배포하여야 한다.
> ② 교육부장관은 발달장애인이 자신의 의사를 원활하게 표현할 수 있도록 학습에 필요한 의사소통도구를 개발하고 의사소통지원 전문인력을 양성하여 발달장애인에게 도움이 될 수 있도록 「초·중등교육법」 제2조 각 호의 학교와 「평생교육법」 제2조제2호의 평생교육기관 등을 통하여 필요한 교육을 실시하여야 한다.
> ③ 행정안전부장관은 국가와 지방자치단체의 민원담당 직원이 발달장애인과 효과적으로 의사소통할 수 있도록 의사소통 지침을 개발하고 필요한 교육을 실시하여야 한다.
> ④ 제1항부터 제3항까지에 따른 정책정보의 작성 및 배포, 의사소통도구의 개발·교육 및 전문인력 양성, 민원담당 직원에 대한 의사소통 지침 개발 및 교육 등에 필요한 사항은 대통령령으로 정한다.

14 규정은 다음과 같다.

> **제32조의7(민관협력을 통한 사례관리)**
>
> ① 특별자치시장·특별자치도지사·시장·군수·구청장은 복지서비스가 필요한 장애인을 발굴하고 공공 및 민간의 복지서비스를 연계·제공하기 위하여 민관협력을 통한 사례관리를 실시할 수 있다.
> ② 제1항의 사례관리를 실시하기 위하여 민관협의체를 둘 수 있으며, 해당 지방자치단체에 「사회보장급여의 이용·제공 및 수급권자 발굴에 관한 법률」 제42조의2제1항의 통합사례관리를 수행하기 위한 민관협의체가 이미 설치되어 있는 경우 그 소속의 전문분과로 운영할 수 있다.

15 사회복지법인 프리웰이 국가인권위원회를 상대로 권고 취소를 구하는 소송 중에 김경양 센터장을 인터뷰한 내용 중 일부.

16 대한소아청소년과학회, '공감력에서 감정조절까지, '협업능력'을 높이다', 2019.2.7. 블로그 포스팅, https://m.post.naver.com/viewer/postView.nhn?volumeNo=17797019&memberNo=45022715&navigationType=push(2024.12.23. 검색).

17 박희정, 「들릴 때까지 듣는 태도」, 홍은전 외, 앞의 책, 161쪽.

18 임현주, 「최고로 행복한 지금처럼 한 명의 인격체로 자신의 삶을 살아가길 바랍니다」, '탈시설 당사자와 가족 증언대회: 분리가 아닌 공존의 시대로, 탈시설' 자료집(2021), 22~23쪽.

19 이정하, 「탈시설이라는 시작점」, 홍은전 외, 앞의 책, 194쪽.

20 리처드 탈러·캐스 선스타인, 『넛지: 더 파이널 에디션』, 이경식 옮김, 리더스북(2022).

21 최정식, 「우리 주희, 대학로에 있어!」, '동네에서 계속 살고 싶습니다. 탈시설 사회를 바라는 가족 증언대회'(2023.10.11), 39~40쪽.

22 이가연, '내 수급비를 가족에게 징수한다니… "시설로 돌아가라는 겁니까?"', 《비마이너》(2020.11.26).

23 변재원, '장애인시설을 노인보호센터로 바꾸면서 '탈시설'이라고?', 《한겨레21》(2023.11.2).

24 이상직, 『한국의 장애인 탈시설정책-역사, 현황, 과제』, 국회미래연구원(2022).

25 송병기, 앞의 책.

26 이하에서 인용한 사례는 전국장애인차별철폐연대, 「국가 탈시설 시범사업 현황과 과제 토론문」, 「'장애인 탈시설 로드맵」 1주년 기념 토론회」(2022), 36~42쪽.

27 임현주, 「최고로 행복한 지금처럼 한 명의 인격체로 자신의 삶을 살아가길 바랍니다」, '탈시설 당사자와 가족 증언대회: 분리가 아닌 공존의 시대로, 탈시설'(2021), 24~25쪽.

28 《법률신문》에 실린 칼럼 '박현의 겨울'(2019.2.7)과 임성택 변호사 인터뷰 내용을 정리했다.

29 중앙사회서비스원, 「2025년 사회복지시설 평가 장애인거주시설 평가지표」(2023).

30 정인곤, 'CCTV 사각지대에서 아동학대…"퍽퍽 소리 났다"', 《울산MBC뉴스》(2020.11.3).

31 국무조정실·국무총리비서실, 「'거주시설에서 나와 지역사회에서 함께 살아가도록' 장애인의 온전한 자립을 뒷받침하겠습니다」, 2021.8.2 보도자료.

32 김성연·윤진철·임소연·전근배,정다운·조아라·최한별, 『코로나19 상황에서 장애인 인권 피해사례 조사』, 국가인권위원회(2020), 41쪽.

33 '친구·동료'라는 응답은 전년도의 13.3%보다 많이 감소한 수치이기도 했다. 김현지·강정배·김태용·이혜수, 「서울시 장애인 탈시설 종단연구」, 한국장애인개발원(2021), 203쪽.

34 전근배, 앞의 글, 178쪽.

35 관계부처 합동, 「제6차 장애인정책종합계획」(2023), 50쪽.

36 전근배, 앞의 글, 173~174쪽.

37 김정옥, '청암재단, 전국 최초 장애인 '탈시설화' 선언', 《에이블뉴스》(2015.4.21).

38 강혜민, '시설폐지로 고용승계 갈등 시작된 청암재단, '노조 비대위' 탈시설 왜곡 발언', 《비마이너》(2021.8.6).

39 허현덕, '고용승계 38%, 향유의집 시설폐지의 그늘', 《비마이너》(2021.7.8).

40 일리노이주 권익옹호기관 Equip for Equality와의 인터뷰(2023.9.27).

41 원문은 다음과 같다.

Guidelines on deinstitutionalization, including in emergencies

G. Involvement of persons with disabilities in deinstitutionalization processes
34. States parties should closely involve persons with disabilities, and their representative organizations – and give priority to the views of persons leaving institutions and survivors of institutionalization, and their representative organizations – in all stages of deinstitutionalization processes, in accordance with articles 4 (3) and 33 of the Convention. Service providers, charities, professional and religious groups,　trade unions and those with financial or other interests in keeping institutions open should be prevented from influencing decision-making processes related to deinstitutionalization.

42 조민제, 「장애인 거주시설 이용자 지역사회 전환 예산 분석 발제문에 대한 토론문」, 노들장애인자립생활센터, '장애인의 탈시설권리 보장을 위한 예산 분석 토론회' 자료집(2023), 65~68쪽.

43 강혜민, '시설폐지로 고용승계 갈등 시작된 청암재단, '노조 비대위' 탈시설 왜곡 발언', 《비마이너》(2021.8.6).

44 홍은전, '나의 소중한 사람 송국현', 《비마이너》(2022.11.24).

45 강정배, 「장애인 거주시설 이용자 지역사회 전환 예산 분석 발제문」, 노들장애인지립생활센터, '장애인의 탈시설권리 보장을 위한 예산 분석 토론회' 자료집(2023), 29쪽.

46 위 장애인 거주시설 운영지원 예산에는 학대피해장애인쉼터, 장애인 거주시설 인권실태조사, 인권지킴이지원센터 운영도 포함된다. 박보영, '2024년 보건복지 분야 예산안 분석: 장애인복지 분야', 『복지동향』 2023년 11월호.

47 Mansell, J., Beadle-Brown, J., Macdonald, S., and Ashman, B., Resident Involvement in Activity in Small Community Homes for People with Learning Disabilities, Journal of Applied Research in Intellectual Disabilities 16(1)(2003): 63~74.

48 Bigby, C., Social Inclusion and People with Intellectual Disability and Challenging Behaviour: A Systematic Review, Journal of Intellectual and Developmental Disability 37(4)(2012): 360~374.

49 Fakhoury, W., and Priebe, S., The Process of Deinstitutionalization: An International Overview. Current Opinion in Psychiatry 15(2)(2002): 187~192.

50 노들장애인자립생활센터, '장애인의 탈시설권리 보장을 위한 예산 분석 토론회' 자료집(2023).

51 송윤정, 「시설거주 장애인의 지역사회 전환 예산 토론문」, 노들장애인자립생활센터, '장애인의 탈시설권리 보장을 위한 예산 분석 토론회' 자료집(2023), 61, 63쪽.

52 송윤정, 앞의 글, 62쪽. 동일한 토론회에서 기조 발제를 한 강정배는 '서류상' 투입되는 예산을 1조 1,579억 원으로 계산했다. 이는 송윤정이 지적한 시설거주 장애인들에게도 이미 지급되고 있는 각종 지원을 모두 포함한 가상의 예산이다.

53 김진호, '657조 원 규모 내년도 예산안 국회 본회의 통과', 《KBS》(2023.12.21).

54 조민제, 「장애인 거주시설 이용자 지역사회 전환 예산 분석' 발제문에 대한 토론문」, 노들장애인자립생활센터, '장애인의 탈시설권리 보장을 위한 예산 분석 토론회' 자료집(2023), 65~68쪽.

55 최태현, 「장애인의 탈시설 권리 보장을 위한 예산 분석 토론회 토론문」, 노들장애인자립생활센터, '장애인의 탈시설권리 보장을 위한 예산 분석 토론회' 자료집(2023), 69~72쪽.

56 변진경, ''혜화동 흉기소지범' 박 아무개씨를 돕는 사람들', 《시사IN》(2023.9.15).

57 윤두선, '건담이 되어 정의를 위해 싸우는, '장애인을 악당'이라고 잡아가는 사회', 《이모작뉴스》(2023.9.15).

58 임현주, 「최고로 행복한 지금처럼 한 명의 인격체로 자신의 삶을 살아가길 바랍니다」, '탈시설 당사자와 가족 증언대회: 분리가 아닌 공존의 시대로, 탈시설' 자료집(2021), 21쪽.

59 박중엽, '제임스콘로이 박사 대구 강연…"중증장애인 탈시설 중요"', 《뉴스민》(2019.9.18).

60 Conroy, J. W., 「미국의 발달장애인 탈시설화와 지역사회 거주」, 『2015장애인정책국제포럼자료집』 (2015), 한국장애인개발원, 32~34쪽, 129~133쪽, 137쪽.

61 박숙경·김정애·노은비·Conroy·전근배, '중증·중복 발달장애인의 탈시설 이후 삶의 질 종단연구-대구 시립희망원 사례를 중심으로', 『심리운동연구』 9권(1호)(2023), 37쪽.

62 박숙경·Conroy·이상직·김정은, '거주시설에서 지역사회로 이전한 장애인의 삶의 질 변화: 사회복지법인 프리웰 지원주택 입주자를 대상으로', 『지적장애연구』 25권(1호)(2023), 148쪽.

05 탈시설정책은 어디까지 왔나

01 이준일, 『인권법』, 홍문사(2021).

02 헌법재판소 1991. 6. 3. 선고 89헌마204.

03 국가인권위원회, 「국가인권위원회 인권상황보고서 2022」(2022).

04 김재형, '한국 집단수용시설의 법제도화와 인권침해, 그리고 국가 책임', 『기억과 전망』 48호(2023).

05 장애와인권발바닥행동, 『나를 위한다고 말하지마: 탈시설! 문제 시설이 아닌 시설 문제를 말하다』, 삶창(2013), 284~287쪽.

06 이규식 외, 『이규식의 세상 속으로: 나의 이동권 이야기』, 후마니타스(2023), 144-145쪽.

07 국가인권위원회, 「장애인 탈시설정책 현황과 과제」(2022).

08 Pendleton, L., 'The Housing First Approach to Homelessness', https://www.ted.com/talks/lloyd_pendleton_the_housing_first_approach_to_homelessness?utm_campaign=tedspread&utm_medium=referral&utm_source=tedcomshare(2024.12.26. 검색).

09 Dunn, J. R., Van Der Meulen, E., O'Campo, P., and Muntaner, C., Improving Health Equity through Theory-Informed Evaluations: A Look at Housing First Strategies, Cross-Sectoral Health Programs, and Prostitution Policy, Evaluation and Program Planning 36(1)(2013), 184~190.

10 김미옥·김은주·남기철·민소영·서종균, 『자립을 위한 집』, 마음대로(2023), 211-219쪽.

11 하민지, '내 자녀는 존엄한 인간, 경기도 탈시설조례 제정하라', 《비마이너》(2023.5.11).

12 서울시는 장애인, 정신장애인, 노숙인, 노인을 대상으로 지원주택을 운영한다. 2024년 현재 정신장애인지원주택은 93호가 있으며, 서울시는 연내 116호로 확대한다고 밝혔다. 서울시, 「일상·직장생활가능 정신장애인, 지원주택 입주 자립정착금 지원…지역안착 돕는다」, 2024.7.2 보도자료.

13 윤한호, '"장애인과 부모 인권 대립하지 않아"…'탈시설 조례' 당사자 이야기 들어주길', 《세계일보》(2024.7.3).

14 고병찬, '1년 시한부 엄마 "제 목숨은 셋"…두 장애자녀, 누가 돌볼까요', 《한겨레》(2024.7.3).

15 보건복지부, 「2025년 기준 중위소득 및 생계·의료급여 선정기준과 최저보장수준」(고시 제2024-162호).

장애, 시설을 나서다

16 보건복지부, 「2025년 장애인연금 사업안내」.

17 국토교통부, 「2025년 주거급여 선정기준 및 최저보장수준」(고시 제2024 – 445호).

18 이윤지 외, 「2023년 하반기 장애인경제활동 실태조사」, 한국장애인고용공단 고용개발원(2024).

19 변재원, '장애인, 경비원, 외국인, 노인', 《경향신문》(2024.7.3).

20 원문은 다음과 같다.

> 제7조(최저임금의 적용 제외)
>
> 다음 각 호의 어느 하나에 해당하는 사람으로서 사용자가 대통령령으로 정하는 바에 따라 고용노동부장관의 인가를 받은 사람에 대하여는 제6조를 적용하지 아니한다. 1. 정신장애나 신체장애로 근로능력이 현저히 낮은 사람

21 한국장애인고용공단. '자회사형 표준사업장제도', https://www.kead.or.kr/spdstndsyst/cntntsPage.do?menuld=MENU0698(2024.7.3. 검색). 한국장애인고용공단은 자회사형 표준사업장을 "장애인을 간접 고용하여 사회적 책임CSR을 다하고, 기업의 이미지 상승효과까지 누릴 수 있는 새로운 장애인고용 모델제도"라고 홍보한다. 하지만 현실의 표준사업장은 하도급계약 이행을 목표로 설립된 사업장으로 장애인 노동자들은 자신에게 할당된 단순반복적 업무를 효율적인 방식으로 수행하여 목표를 달성해야 한다.

22 한국장애인개발원, '2024년 장애인일자리사업 안내', https://www.koddi.or.kr/webzine/didimdol/vol297/subpage_302.html(2024.7.3. 검색).

23 대한민국 정책브리핑, '복지부 금주 중 중증장애인 동료상담 국비예산 교부' https://www.korea.kr/news/estNewsView.do?newsId=148925478&cateId=fact&sectId=fact&tblKey=PMN#top50(2024.7.4. 검색).

24 이병선, '"이것도 노동이다"…권리중심 장애인 일자리', 《MBC》(2023.5.24).

25 안산시장애인복지관, '경기도 중증장애인 맞춤형(권리중심) 일자리 모집 공고', https://www.togetheransan.org/bbs/board.php?bo_table=0305&wr_id=855&sfl=mb_id%2C1&stx=rhwls21(2024.7.3. 검색); 보건복지부, '2024년 중증장애인 동료상담 사업지침', https://www.mohw.go.kr/board.es?mid=a10413000000&bid=0021&act=view&list_no=1480081&tag=&nPage=1(2024.7.3. 검색).

26 2024년 7월 기준으로 경기·전남·전북·경남·강원·인천·부산·광주 등 8개 광역시도와 강원춘천·충북제천·광주서구·경기시흥 등 4개 시군구에서 실시 중이며, 총 1,266명의 중증장애인이 일하고 있다. 서울시는 2023년까지 400명의 일자리를 지원하다가 2024년 사업을 폐지했다.

27 허혁, '탈시설 당사자 이야기 대회 "자원봉사, 나를 위한다고 말하지마!"'(2023.8.17).

28 김경혜, 「장애인자립생활센터의 운영 성과와 향후 과제」, 『서울시정개발연구원 보고서』(2004), 1~11쪽.

29 대구중증장애인생존권확보연대, '[투쟁속보] 농성43일차 대구 활동보조인제도화투쟁! 드디어 승리했

습니다', https://sadd.or.kr/news/?q=YToyOntzOjEyOiJrZXI3b3JkX3R5cGUiO3M6MzoiYWxsIjtzOjQ6InBhZ2UiO2k6MTUzO30%3D&bmode=view&idx=13994050&t=board(2024.7.3 검색).

30 김광백·전지혜, '장애인 활동지원서비스의 탈가족화 및 재가족화 현상과 대안 탐색', 『장애의 재해석』 5권(1호)(2024), 35~36쪽.

31 한정렬, "발달장애인 활동지원급여 하위 12~15구간에 몰려...정의당 "발달장애인 특성 반영 못 하는 종합조사 개편해야"", 《데일리메디팜》(2022.10.1.).

32 이창길, ""활동지원서비스 못 받는 장애인들"....이유는 '중증, 발달장애인!'", 《더인디고》(2021.10.6.).

33 오욱찬 외, 「장애인 탈시설화 정책의 국가별 사례 연구」, 한국보건사회연구원(2021).

34 Kyle, G., Finding the Way Home: The Ideas, Values, and Policies That Have Guided the Work of Community Living Ontario, Community Living Ontario(2019), 37.

35 Community Living Ontario, 'Celebrating Seventy Years of Community Living Part Ten: The Right to Make One's Own Decisions', https://communitylivingontario.ca/celebrating-seventy-years-of-community-living-part-nine-the-right-to-make-ones-own-decisions/ (2024.12.31.검색).

36 DeJong G., Independent Living: From Social Movement to Analytic Paradigm. Arch Phys Med Rehabil 60(10)(1979): 435~446.

37 Leon, J.. Ed Roberts. Encyclopedia Britannica. (2024.1.19. 검색).

38 야스토미 아유무, 『단단한 삶』, 박동섭 옮김, 유유(2018), 19~37쪽.

39 피플퍼스트서울센터, '탈시설 당사자 토크 이벤트'(2022.12.3).

40 Wolfensberger, W. P., Nirje, B., Olshansky, S., Perske, R., and Roos, P., The Principle of Normalization In Human Services, National Institute on Mental Retardation(1972).

41 Soyer, D., The Right to Fail, Social Work 8(3)(1963): 72~78.

42 노다혜, 「정신장애인의 안전할 권리 찾기: 치안이 아닌 '치료,' 관리가 아닌 '권리'」, 장애여성공감 엮음, 앞의 책, 182쪽.

43 영미권에서는 이를 두고 어원을 좇아 Dependence Leads to Independence로 표현한다. Dependence(의존)이라는 단어 없이는 Independence(자립)이 존재할 수 없다는 것이다.

44 김미옥·김은주·남기철·민소영·서종균, 앞의 책, 마음대로(2023), 179쪽.

45 김미옥·김은주·남기철·민소영·서종균, 앞의 책, 23~26쪽.

46 한국보건사회연구원, 「한국 장애인정책 재정지출의 구성과 추이: OECD 국가 비교를 중심으로」(2023).

47 한국장애인개발원, 「거주시설 장애인의 자립생활 지원체계 강화 방안 연구」(2023).

장애, 시설을 나서다

마지막 목소리: 활동가들이 띄우는 초대장

01 전근배·조한진, '시설폐쇄에 따른 장애인의 탈시설 및 전원의 경험', 『한국사회복지학』 72권(2호) (2020), 462쪽.

02 김민재, '탈시설 당사자와 가족 증언대회: 분리가 아닌 공존의 시대로, 탈시설' 자료집(2021).

03 김은정, 「'좋은 왕'과 '나쁜 왕'이 사라진 자리: 불온한 타자의 삶을 가능케 할 반폭력, 달시설의 윤리」, 장애여성공감 엮음, 앞의 책, 202쪽.

04 박경석·정창조, 『출근길 지하철: 닫힌 문 앞에서 외친 말들』. 위즈덤하우스(2024).

05 홍은전, '미래에서 온 장애인', 《비마이너》(2022.11.23).

06 조아라가 연락한 부모님 이야기다.

07 복건우, '발달장애인 당사자가 외친다…"우리의 집은 시설이 아니다"', 《비마이너》(2022.11.2).

08 장애와인권발바닥행동, '탈시설과 자립, 발달장애인 당사자가 말하다', 2023.9.14.

09 한국장애포럼, 「긴급상황을 포함한 탈시설가이드라인Guidelines on deinstitutionalization, including in emergencies 국문번역본」(2022).

10 홍은전, 『전사들의 노래: 서지 않는 열차를 멈춰 세우며』, 오월의봄(2023).

11 장애인 종합조사표는 서비스 지원 종합조사에 사용되는 조사표다. 조사항목은 크게 세 가지로 기능제한(X1)에서는 일상생활동작ADL, 수단적 일상생활동작IADL, 인지행동특성을, 사회활동X2에서는 직장 또는 학교생활 여부를, 가구환경X3에서는 독거 등 가구특성과 살고 있는 집에 이동의 제한이 있는지 등 주거특성을 체크한다. 신체적 기능 여부를 묻는 문항에 총 438점이 배정된 반면, 인지적·정신적 어려움을 묻는 문항엔 총 94점이 배정돼 있다. 따라서 신체 활동은 가능하지만 인지적 어려움 때문에 실제로 식사, 이동, 배변 등에서 어려움을 겪는 발달장애인의 활동지원 수요를 제대로 반영하지 못한다. 장혜영 의원실이 2021년 낸 보도자료에 의하면, 실제로 종합조사 도입 후 지적·자폐성 장애인의 90% 이상이 활동지원시간이 적은 하위 12~15구간에 포함된 것으로 밝혀졌다.

12 복건우, '발달장애 남매 둔 시한부 어머니 '이대로 죽을 순 없다'', 《비마이너》(2023.1.19).

13 박송이, '시한부 선고받자 두려웠다…내 죽음 말고, 내 발달장애 아이들 삶이', 《경향신문》(2023.3.25).

14 Sen, A., Capability and Well-Being, The Quality of Life 30(1993), 270~293.

15 통계청, 「2022년 고령자 통계」(2022).

16 보건복지부, 「2021년도 국가보호대상아동 3,437명 발생」, 2022.5.31 보도자료.

17 김현경·김재희·최지은·이지혜, 「코로나19 관련 보호대상아동 인권보장 수요조사 결과보고서」(2021).

18 이상직, '한국 장애인 탈시설 운동의 역사, 2005-2021: '장애와인권발바닥행동'의 활동을 중심으로', 『기억과 전망』 47호(2022), 134~187쪽.

19 국가인권위원회, 「장애인생활시설 생활인 인권상황 실태 조사」(2005); 국가인권위원회, 「중증·정신장애인 시설생활인에 대한 실태조사」(2017).

탈시설운동 연대표

시기	사건과 활동	정책 변화	국제 상황
1970-1990년대	- 형제복지원, 수심원, 양지마을, 소쩍새마을 한국자립원, 무장애육원, 대전종합복지관, 신망애, 신아원, 믿음의집, 사랑의집 등 시설비리 사건 발생 - 1996~2002, 에바다 대책위 활동, 에바다 정상화투쟁	-1942년 경기도 선감학원 설치 -1951년 부산 영화숙·재생원 설치 -1970년 「사회복지사업법」 제정, 사회복지법인 등장 -1984년 시설 인력에 대한 인건비 보조금 지급 시작	- 1950년대 스웨덴 칼 그룬발트 박사 활동 - 1967년 스웨덴 「발달장애인 돌봄법」 제정 - 1974년 미국 펜허스트 소송 시작 - 1985년 스웨덴 「발달장애인 특별돌봄법」 제정 - 1990년 미국 「장애인법」 제정 - 1997년 스웨덴 「시설폐쇄법」 제정 - 1999년 미국 옴스테드 판결
2000	- 장애인자립생활센터 설립 시작		
2001			- 뉴질랜드 총리 헬렌 클라크, 레이크 앨리스 정신병원 거주인들에게 공식 사과
2002	- 보건복지부 미신고시설 양성화 정책 발표		
2003	- 탈시설정책위원회 설립		
2004	- 성람재단 투쟁 - 정립회관 민주화투쟁		
2005	- 보건복지부 미신고복지시설 인권실태 민관합동조사 실시 - 국가인권위원회 미신고시설 실태조사 실시 - 탈시설주력 인권단체 '장애와인권발바닥행동' 설립 - 청암재단, 인화학교, 성람재단 투쟁		
2006	- 성람재단 비리척결 투쟁	- 중증장애인 활동지원서비스 제도 도입	- 유엔 장애인권리협약 제정
2007	- 석암재단 비리척결 투쟁 - 조상지 탈시설		
2008	- 경주 푸른마을 인권침해 대응 투쟁 - 석암재단 투쟁	- 서울시 탈시설조사 실시 - 「장애인차별금지법」 제정	

시기	사건과 활동	정책 변화	국제 상황
2009	– 마로니에 8인: 서울시 탈시설 투쟁(자립주택, 서울시장애인서비 스전환지원센터 설립 등)		– 유엔 장애인권리협약 한국 내 비준 및 발효 – 캐나다 온타리오주정부 운영 시설 폐쇄 완료
2010	– 석암 마로니에 8인, 서울시 탈 시설	– 광주 탈시설조사 실시 – 부산 탈시설조사 실시	
2011	– 광주인화학교 사건 해결과 「사회복지사업법」 개정 투쟁 – 영화 「도가니」 개봉	– 「장애인복지법」 개정(시설 규 모 30인 이하 제한) – 「장애인 활동지원에 관한 법 률」 제정	
2012	– 「사회복지사업법」 개정 투쟁 – 한국판 옴스테드 소송: 사회 복지변경신청권 소송 – 「사회복지사업법」 개정(공익 이사제 도입 2012.1) – 2012~2017: 장애등급제 부양 의무제 폐지 광화문 농성 투쟁 – 미신고시설 원주 귀래사랑의 집 사건 대응	– 대구 탈시설조사 실시 – 국가인권위원회 '시설거주인 거주 현황 및 자립생활 욕구 실태조사' 실시	
2013	– 형제복지원 진상규명 투쟁	– 서울시 '탈시설 1차 5개년 계 획' 발표	– 덴마크 집단주택 '카트린헤븐' 설립 – 캐나다 온타리오주 총리 캐슬 린 원의 시설 수용 공식 사과
2014	– 인권침해·비리횡령 인강재단 대응 투쟁		– 한국 제1차 유엔 장애인권리 협약 심의 및 최종견해 발표, 한국정부에 '효율적인 탈시설 정책 개발' 정책 권고
2015	– 탈시설장애인 '탈시설 권리 선 언문' 발표 – 청암재단 전국 최초로 재단 공공화·탈시설화 선언 – 인천 해바라기 거주장애인 의 문사 사건 대응 투쟁	– 전주 '장애인 거주시설 탈시설 화 추진계획' 발표 – 대구 '시설거주장애인 탈시설 자립지원 추진계획' 발표	
2016	– 인강재단 '송전원' 시설폐쇄 – 대구시립희망원 인권유린 및 비리척결 투쟁 – 남원 평화의집 대응 투쟁		

시기	사건과 활동	정책 변화	국제 상황
2017	- 장애등급제·부양의무제 폐지 광화문 농성 중단(박능후 보건복지부장관 농성장 방문, 장애등급제 폐지, 부양의무자기준 폐지, 탈시설을 위한 위원회 구성 합의. 2017.8.25) - 탈시설장애인 '수용시설폐쇄 선언문' 발표	- 국가인권위원회 '중증·정신장애인 시설생활인에 대한 실태조사' 실시 - 국가인권위원회 '장애인 탈시설 방안 마련을 위한 실태조사' 실시 - 대구시, 전국 최초 '대구시 탈시설자립지원팀' 신설 - 광주 '탈시설 자립생활 지원 5개년 계획' 발표	- 유엔 장애인권리협약 일반논평 5호 발표
2018	- 부산 사회복지법인 동향원 인권침해 대응 투쟁 - 경주 푸른마을 대응 투쟁	- 보건복지부 '탈시설 자립지원 및 주거지원 방안 연구' 실시 - 서울특별시 '지원주택 공급 및 운영에 관한 조례' 제정 - 서울 '서울특별시 장애인 탈시설 권리 선언문' 발표 - 경기 '경기도 중증장애인 탈시설 자립생활 중장기 계획' 발표	- 뉴질랜드 수용시설 독립조사 위원회 설립
2019	- 경기 성심동원 투쟁 - 경기 혜강행복한집 인권침해 대응 투쟁 - 전북 장수 벧엘의집 대응 투쟁	- 장애등급제 단계적 폐지 시작 - 국가인권위원회 '장애인 탈시설로드맵 마련' 권고 - 인천 '탈시설 및 지역사회통합지원 5개년 계획' 발표 - 부산 '부산광역시 장애인 탈시설·자립생활 지원 조례' 제정 - 서울시, 장애인지원주택사업 시작	- European Network on Independent Living, Validity, Center for Independent Living:CIL Sofia 등 3개유럽장애인인권단체, 유럽연합 집행위원회를 유럽연합재판소에 제소(불가리아 정부에 그룹홈 설립으로 유럽연합 기금 사용 중단할 것을 요구) - 콜롬비아, 장애인 후견제 폐지 및 대체지원프로그램 도입
2020	- 무주하은의집 투쟁 - 서울 루디아의집 탈시설 지원 및 시설폐지 투쟁 - 「진실·화해를 위한 과거사정리 기본법」 개정 - (21대 국회) '장애인 탈시설 지원 등에 관한 법률안' 발의 - 조상지, 탈시설 당사자 최초 국정감사 증언(환노위)	- 보건복지부 '시설거주인 전수조사' 실시 - 부산 '장애인 탈시설 자립지원 5개년 계획' 발표 - 서울 '장애인복지정책과 탈시설팀' 신설	- 코로나19 발발 - 청도대남병원 집단감염 - 캐나다 헤론 요양원 집단 감염 - '코로나19와 장애인권 모니터' 국제조사 진행 - European Network on Independent Living, Validity, 코로나19 팬데믹 상황에서 긴급탈시설 촉구 - UN장애인권리위원회 산하 '탈시설 워킹그룹' 구성 - Validity Foundation, Kumpuvuori 법률사무소, ENIL 유럽사회권위원회에 '핀란드정부 시설정책' 집단 진정

장애, 시설을 나서다

시기	사건과 활동	정책 변화	국제 상황
2021	- 인권 침해 시설 성락원 폐쇄 투쟁 - 박만순 탈시설 - 시설 '향유의집' 폐지	- 2021.8.2 정부 '탈시설 로드맵' 발표 - 생계급여 부양의무자 기준 단계적 폐지 시작	
2022	- 전북 익산 보성원 투쟁 - 한국장애포럼 유엔심의대응단 활동 - 탈시설장애인 당사자 조직 '전국탈시설장애인연대' 창립	- 서울시, 광주광역시 탈시설 조례 제정 - 정부, '탈시설 장애인 지역사회 자립지원 시범사업' 시작	- 유엔 장애인권리위원회 2·3차 병합보고 최종견해 채택 - 긴급상황을 포함한 탈시설가이드라인 발표
2023	- 우함복지재단 한사랑마을 투쟁 - 부산세계장애인대회 대응 활동 - 유엔 장애인권리협약 직권조사 신청 - 박만순 탈시설장애인상 수상 - 국회 탈시설 예산 분석 토론회 개최 - 문석영, 탈시설 발달장애인 당사자 최초 환노위 국정감사 증언 - (21대 국회) 유엔 탈시설가이드라인 이행법 「거주시설폐쇄법」, 「시설수용피해생존자보상법」 발의 기자회견 - 탈시설 사회를 바라는 가족 증언대회 개최 - 전국탈시설장애인연대 인천지부, 대구지부, 경기지부 출범	- 영화숙·재생원 인권침해 사건 직권조사 결정 - 한국장애인개발원, '거주시설 장애인의 자립생활 지원체계 강화 방안 연구' 실시 - 경기도, 지원주택 조례 제정	
2024	- 인권 침해 시설 송천한마음의 집 탈시설 투쟁 - 박초현, 탈시설 당사자 최초 복지위 국정감사 증언	- 서울시 "장애인 자립 지원 개편안" 발표 - 서울시 탈시설 조례 폐지 - 경기도, 최초로 지원주택 모델 도입 및 24시간 돌봄 제공 - 진실·화해를위한과거사정리위원회, 대구시립희망원, 서울시립갱생원, 충남 천성원, 경기 성혜원 진실규명 발표	- 유엔 고문방지위원회, 한국 정부에 "시설수용 피해자 보상/재활 등 효과적인 구제 및 배상을 보장할 것" 권고

<탈시설리플렛>(한국장애인자립생활센터협의회, 2024년)을 토대로 저자들이 보완한 것이다.

장애, 시설을 나서다
공존을 위한 탈시설 이야기

초판 1쇄 발행 2025년 3월 4일

지은이 김남희·김유미·김정하·변재원·이주언·조아라·최태현·최한별
펴낸이 박동운
펴낸곳 (재)진실의 힘 **출판등록** 2006제300-2011-191호(2011년 11월 9일)
주소 서울시 중구 세종대로 19길 16 성공회빌딩 3층 **전화** 02) 741-6260
truthfoundation.or.kr truth@truthfoundation.or.kr facebook.com/truthfdtion
기획 조용환·임순영 **편집** 김경훈 **디자인** 김선미 **제작·관리** 조미진

ISBN 979-11-985056-4-4 03330